親密關係暴力的交織性

沈慶鴻——著

原鄉現象與社工實務

Intersectionality of
Intimate Partner Violence:
Indigenous Communities and
Social Work Practices in Taiwan

親密關係暴力
的交織性：原
鄉現象與社工
實務

國家圖書館出版品預行編目（CIP）資料

親密關係暴力的交織性：原鄉現象與社工實務 / 沈慶
鴻作 . -- 初版 . -- 高雄市：巨流圖書股份有限公司，
2022.09
　　面；　公分

ISBN 978-957-732-664-5（平裝）

1.CST: 家庭暴力　2.CST: 犯罪防制　3.CST: 原住民族

544.18　　　　　　　　　　　　　　111007846

著　　　者	沈慶鴻	
責 任 編 輯	林瑜璇	
封 面 設 計	Lucas	

發　行　人	楊曉華
總　編　輯	蔡國彬

出　　　版　巨流圖書股份有限公司
　　　　　　802019 高雄市苓雅區五福一路 57 號 2 樓之 2
　　　　　　電話：07-2265267
　　　　　　傳真：07-2264697
　　　　　　e-mail: chuliu@liwen.com.tw
　　　　　　網址：http://www.liwen.com.tw

編　輯　部　100003 臺北市中正區重慶南路一段 57 號 10 樓之 12
　　　　　　電話：02-29222396
　　　　　　傳真：02-29220464

劃 撥 帳 號　01002323 巨流圖書股份有限公司
購 書 專 線　07-2265267 轉 236

法 律 顧 問　林廷隆律師
　　　　　　電話：02-29658212

出 版 登 記 證　局版台業字第 1045 號

ISBN 978-957-732-664-5（平裝）
初版一刷 · 2022 年 9 月

定價：460 元

致謝

本書能夠完成，感謝 2011 年起協助本人至今的單位與個人，包括：

科技部經費補助與暨大原鄉整合型研究計畫團隊的支持；

苗栗縣政府社會處、泰安婦幼服務中心；

桃園市政府家防中心、桃園市拾穗關懷服務協會；

屏東縣政府社會處及各區域社福中心、原住民族家庭服務中心；

以及 2012 年協助焦點團體的善牧基金會花蓮光復中心督導、

臺東原住民夥伴、屏東排灣族部落頭目、魯凱族社工朋友等；

您們的支持、開放，是本書得以完成的最大力量。

本人於此過程中若有學習，

皆是各機構長官、督導、社工願意提供機會和分享感受的成果。

還要感謝《社會政策與社會工作學刊》及暨大家暴研究中心

協助專書審查，和所有花費心思、提供審查意見的匿名審查委員們；

以及這些年來陪伴我的助理／學生們：

婉馨、道名、冠惟、珀妘、玉霜、文馨、淯琪、晏慈

煌嘉、小雯、宜庭、天維、秉霖

沒有你們的協助和分擔，我將在原鄉研究的路程中失去力量。

作者序

　　從 2010 年撰寫原鄉計畫、2011 年進入部落至今（2022），這實在是段不算短的日子；不過回首過往，相關研究經驗仍舊歷歷在目，我可以毫不費力的想起每個陪伴過的婦女、案家的孩子，甚至是路邊的雜貨店，以及曾經住過的部落民宿。雖然不論是桃園復興、苗栗泰安，還是屏東的春日，這段頻繁往來學校（埔里）與不同部落的路程，一晃眼已超過十年。

　　本書是科技部多次研究計畫的總和，也是本人閱讀、行走的紀錄；而這一切能夠開始，除了感謝暨大黃源協教授邀我加入原鄉整合型研究計畫團隊外，還有第一個歡迎我進入部落的苗栗縣泰安鄉婦幼服務中心的督導和社工，沒有你們的支持，就沒有後續的研究開展與文章發表。

一、相關研究計畫

　　除了感謝科技部多次研究經費的支持，更感謝 2010 年原鄉整合型研究計畫團隊[1]，在所有夥伴的鼓勵下，我才能在原鄉親密關係暴力研究上有些累積；雖然過程中，曾於研討會、專書或期刊發表部分研究成果，但為了能夠系統性的呈現原鄉親密關係暴力的概念、現況和

---

[1] 2011 年整合型研究計畫主持人為黃源協教授（當時為國立暨南國際大學人文學院院長、社會政策與社會工作學系教授），其組織了跨校、跨院研究團隊執行「原鄉部落社會福利體系之建構——從部落生活經驗出發」的整合型計畫，團隊成員包括：詹宜璋、沈慶鴻、吳書昀（暨大）、劉鶴群、陳竹上（亞洲大學）、黃松林（朝陽科大）、童尹迪（中山醫大）等教授。

實務運作，並與關心親密關係暴力議題、原鄉受暴婦女的夥伴們分享
此歷程中的所思、所想，而有了出版專書的想法。本書彙整之研究資
料包括：

（一）2011 年「原住民親密關係暴力之主體經驗」（NSC100-2420H-260-006-）

　　第一次整合型計畫的主題為「原鄉部落社會福利體系之建構」，
團隊成員依個人的研究專長，從家庭、照顧、產業等不同角度進行部
落社會福利體系的研究。本人長期關注「家庭、婚姻」議題，因此將
焦點放在「原鄉婦女的受暴經驗」和「暴力防治的社工處遇」兩部
分，計畫在社政（家防中心）、原政（原住民家庭服務中心，簡稱原
家中心）等系統的協助下，個別訪談了 14 位來自各地、不同族別的
親密關係暴力受暴婦女。

（二）2014 年「建構部落參與之原住民親密係暴力處遇模式」（NSC103-2402-H-260-00 4-MY2）

　　2013 年作者再次參與 大原鄉整合型研究計畫──「遠離悲情、
邁向幸福」，並於 2014-2015 兩年整合型研究計畫[2]期間，於部落中的
家暴機構蹲點（桃園市、苗栗縣之原鄉委外機構），除實際參與機構
的服務、陪同社工進行個案訪視外，還參與了機構各類型會議（含工
作會議、網絡會議）、進行部落機構的參訪，並分別透過焦點團體、
個別訪談，與部落家暴網絡成員（社政、警政、就業、衛生）、部落

---

2 2014 年整合型研究計畫為「遠離悲情‧邁向幸福──原住民族觀點」，作者負責的
　子計畫為：「家庭幸福感之追尋：建構『部落參與』之原住民親密關係暴力處遇模
　式之行動研究」（NSC103-2402-H-260-004-MY2）。

菁英對話，交換其對部落家暴案件的觀察，還收集了受暴婦女及其重
要家人、相對人等對親密關係暴力發生的想法；而有機會逐漸看見原
鄉親密關係暴力的特性和脈絡，瞭解原住民女性不願使用正式系統的
原因，並能進一步探索家暴防治資源在部落運作效率不佳之現況。

（三）2016 年「原鄉部落「以家庭為中心」之網絡整合行動」 （MOST105-2420-H-260-006）

　　2015 年年底，研究團隊再以「部落網絡治理」為焦點進行整
合型研究計畫的匯集工作，作者延續前次計畫主軸，續以行動研究
（action research）方法嘗試推動部落「以家庭為中心」的網絡整合工
作[3]。由於持續的部落蹲點，研究者得到苗栗縣、屏東縣家防中心和在
地家暴機構的支持與信任，不僅分別在泰安鄉、春日鄉以外展方式開
始接案，還嘗試推動「以家庭為中心」的網絡整合模式，企圖搭建原
鄉家暴家庭的公、私協力合作平臺。

（四）2017 年「原鄉親密關係暴力：現象探討與社工實務運作」 （MOST106-2410-H-260-038-MY2）

　　前述資料整理和投稿工作雖陸續完成，然其內容皆屬特定主題的
討論，無法完整論述原鄉親密關係暴力，也未能完全呈現原鄉工作者
所分享的心血結晶，以及作者近年在原鄉行動嘗試的成果，因此期待
在現有基礎上整理歷年累積的研究資料，專書寫作計畫的念頭於是形
成，2017 年起連續兩年也在科技部的經費支持下再次展開國、內外

---

[3] 2016 年執行從「原住民部落活化策略之研究：網絡治理觀點」的整合型研究計畫，
　　子計畫：從「家暴處遇」到「家庭處遇」：原鄉部落親密關係暴力「以家庭為中心」
　　之網絡整合行動」（MOST105-2420-H-260-006）。

文獻資料的收集。

　　而自 2015 年起，科技部要求與原住民族有關之研究應進行研究倫理審查，故本書所收納之研究發現亦經中區研究倫理委員會的審查（CRREC-104-102、CRREC-106-046），符合研究倫理要求。

二、曾發表之文章

　　前述整合型及專書計畫的成果，除已多次發表於暨南國際大學（2012、2015、2016）、屏東科技大學（2015）舉辦的學術研討會外，還參與過專書出版、期刊投稿等，若本書內容未充分說明之處，讀者還可搜尋以下相關資料進一步瞭解研究的細節。

（一）沈慶鴻（2014a）。親密關係暴力之特性與形成脈絡：原住民受虐婦女觀點。在黃源協（主編），*部落、家庭與照顧：原住民族生活經驗*（頁 104-134）。雙葉。

（二）沈慶鴻（2014b）。親密關係暴力防治之現況檢視：原住民觀點。在黃源協（主編），*部落、家庭與照顧：原住民族生活經驗*（頁 135-162）。雙葉。

（三）沈慶鴻（2018）。「你了解我的明白？」：原鄉親密關係暴力之知覺檢視。在黃源協、詹宜璋（主編），*原住民族福利、福祉與部落治理*（頁 123-156）。雙葉。

（四）沈慶鴻（2018）。「部落介入」親密關係暴力之經驗與態度：以四個族別的原住民部落為例。*社會政策與社會工作學刊*，21(2)，55-115。

（五）沈慶鴻、戴如玎、林妍廷、陳麗娟（2020）。原鄉網絡合作的建構歷程與服務成效：以屏東縣家暴個案「以家庭為中心」個

案服務理念之落實為例。*社區發展季刊*，169，154-172。

　　雖然整個研究和實務參與過程曾面臨前所有未有的困難，除了真實體驗到不少公部門對原住民案主的陌生、私部門對研究協助意願的有限，甚至親自感受到地理環境對家暴防治服務的限制、資源彙集上的干擾，部落社工服務過程中時時面臨的距離和交通限制，和颱風期間大雨、土石流的威脅。不過，少數願意提供研究機會的縣市政府，及開放、熱情的部落社工，讓我能從部落、機構的陌生人、研究者，轉變成為評鑑委員、外聘督導，甚至成為機構的社工、諮商師，才能在實質參與機構服務和活動的過程中，體會原鄉節酒工作和創造就業機會的重要性，並看見原鄉現場源源不絕的研究素材、創造不同處遇模式的可能性。因此我相信，伴隨原鄉社工的熱情和使命感，原鄉家暴防治工作是有無限可能的。

　　由於所有的研究和服務經驗都是獨特的，我想「凡走過，應留下痕跡」是豐富在地知識的起步，而紀錄原鄉工作經驗、建立以實證為基礎（evidenced-based）的知識，則是目前重要且刻不容緩的事；且為了感謝部落耆老、長輩、村長、代表，以及不同領域在地工作者（社政、警政、醫療、就業、教育、宗教，以及餐廳、民宿等業者）所提供的實務智慧與工作觀察，以及受暴婦女、相對人分享的生活經驗，因此我十分樂意將這些資料與更多關心原鄉議題的朋友們分享。

　　即使研究過程一路走來踏實、自在，仍須表示此專書的有限與不足；由於臺灣原住民族遍及各區、族別多元，親密關係樣態、部落生活、機構運作更是不同，縱然作者使盡全力，研究結果也只能反映資料提供者的生活經驗，呈現較多接觸的泰雅、排灣、阿美和魯凱等族別的部分樣貌，以及閱讀過的國內、外文獻資料和實務參與後的學習結果，而無法推論所有。

　　最後，除了「致謝」中感謝所有在研究及本書撰寫過程中一路幫忙的貴人外，巨流圖書沈主編的支持，編輯瑜璇及美編們在本書出版過程中展現的高品質校對、高效率回應，都讓人印象深刻及佩服；沒有你們的專業協助，我想本書無法展現這麼好的閱讀品質，真心感謝！

慶鴻　於南投埔里

2022.07.01

目　錄

參考書目   345

第一章

概況：
親密關係暴力的原鄉現象

本章說明原住民女性的雙重弱勢處境，並彙整國內、外有關親密關係暴力之調查和統計資料，比較一般人口群和原住民族在親密關係暴力的盛行率、發生率，引導讀者瞭解親密關係暴力於原鄉的現象。

　　親密關係暴力自古存在、中外皆然，女性長期、持續面對暴力傷害。直至 19 世紀末、20 世紀初，第一波女性運動在各地興起，為爭取婦女的投票權，展開全球第一次大規模改變女性處境的運動；直至 1960 年代的人權運動與第二波女性運動，才真正為反女性受暴運動（The Battered Movement）帶來嶄新的一頁，開啟至今反抗對女性暴力運動的大幅進展，也讓女性受暴議題從私人議題進展至公共議題。1971 年 Erin Pizzey 在英國建立了第一個女性庇護所、1975 年美國律師展開家庭暴力成文法的制訂後，相關政策、法律和服務逐漸受到重視，帶動了各國對女性權益的關注（Dutton, 2006）。

第一節　雙重弱勢：原住民女性的親密關係暴力

　　人權運動的目標是為了解放政治、經濟、教育和文化上的壓迫及控制；少數族群和原住民族因弱勢處境引發剝削、邊緣化、暴力、無權力感（powerlessness）等結構性壓迫引起全球人權運動的關注，其中原住民女性在親密關係中的受暴現象，使其同時面臨了性別、族群「雙重壓迫」形成「弱勢中的弱勢」[1]，更值得重視。不只美國、加拿大近二十年來的研究結果都顯示原住民女性面臨嚴重的親密關係暴力傷害（Brownridge, 2008），澳洲學者 Marcia Langton [2] 更以「民族危

1　「弱勢」一詞，相對於主流、優勢族群而言，泛指處於劣勢、邊緣處境者，指稱對象依不同指標，如性別、族群、收入等而定；「弱勢中的弱勢」則在強調某一指標的弱勢者（女性）中更被忽略的某一群體（老年女性），此名詞之起源不可考，但依作者所蒐集到的資料顯示，2007 年《生命力新聞》即以此詞形容外籍勞工（https://vita.tw/ 外籍勞工 - 弱勢中的弱勢 -ce8057b5fd95）；2009 年希雅特‧烏洛醫師則以此詞描述精神疾病患者（https://www.tahr.org.tw/new/377）。

2　Marcia Langton AM 為澳洲原住民學者，其於 2015 年 5 月 4 日於澳洲電台 Late

機」（national crisis）形容原住民女性親密關係暴力的處境和傷害，並以「這是個病態的情況，讓人無法接受，且嚴重偏差」（This is sick situation. This is an unacceptable situation. It is severely perverted.）強調暴力必須終止，改變原住民婦女受暴的問題刻不容緩。

一、性別暴力：源於性別不平等

不論國內、外，親密關係暴力的被害人大多數都是女性、施暴者是男性。例如根據衛生福利部家庭暴力案件通報資料統計，雖然過去十年（2010-2019 年）親密關係暴力通報案件中，男性被通報的受暴人數緩步上升，但女性被害人仍占 82%-90% 。美國全國親密伴侶和性暴力調查（The National Intimate Partner and Sexual Violence Survey, [NISVS]）也顯示，雖然每 3 位女性中有 1 位（35.6%）、每 4 位男性中有 1 位（28.5%）曾遭受親密關係暴力，但女性遭受到的傷害與影響遠大於男性：7 位女性中就有 1 位因男性伴侶的暴力而肢體受傷，男性則是 25 位中才有 1 位肢體受傷；另遭肢體暴力、性暴力或跟蹤行為，導致創傷後壓力症候群（Post-Traumatic Stress Disorder, [PTSD]）或傳染性病者，女性是男性的 2.5 倍（Black et al., 2011）。

原住民族亦是如此。根據澳洲政府 2016 年的統計（Australian Bureau of Statistics, [ABS]），過去一年遭受前任、現任伴侶肢體暴力的原住民女性是原住民男性的 4 倍（28% vs. 6%），因暴力住院的原住民女性則是原住民男性的 2.7 倍（73% vs. 27%）（Cripps et al., 2019）。簡而言之，不論是官方統計或調查資料、針對原住民或非原

---

night live 的現場節目中針對原住民女性的家暴問題表達此看法。

住民的調查，都指出親密關係暴力案件中，男性是主要的施暴者，女性是主要的被害者。

故親密關係暴力是「性別暴力」（gendered-based violence），施暴者與被害者在性別分布上極不平等，大部分是男性對女性的暴力（EIGE, 2017; 引自王珮玲等，2021）。性別暴力係根植於性別不平等的社會文化，男性擁有社會所賦予的特權、在家中扮演主宰的角色，對女性施展各式暴力與控制，包含性侵害、親密關係暴力與性騷擾等。

二、弱勢處境：源於族群不平等

受到殖民主義不公平的影響，原住民族長期被主流社會邊緣化，以致在結構上、經濟上皆是弱勢，資源不足、服務缺乏的現象持續存在（Hartmen, 2020）；而美國印地安及阿拉斯加原住民女性不只在暴力的終生盛行率上居高不下——84.3% 的原住民女性被暴力攻擊過、55.5% 的原住民女性經歷親密關係暴力、56.3% 經歷性暴力；在平均餘命上，印地安及阿拉斯加原住民比美國整體少了 5.5 歲，心臟疾病是美國整體的 1.3 倍、糖尿病是 3.2 倍、慢性肺病是 4.6 倍；不到 1% 的印地安及阿拉斯加原住民有自有住宅，遠遠低於美國整體 63.8% 的自有住宅率，但在自殺率部分，印地安及阿拉斯加原住民的自殺率卻是美國整體的 1.7 倍、原住民年輕人的自殺率則是整體的 2.5 倍（National Congress of American Indians [NCAI], 2020）。

臺灣的情形亦是如此，臺灣原住民族幾百年來不斷受到主流文化的入侵和壓迫，並在政治、經濟、社會與文化上受到多重的宰制與剝削，使得原住民族的社會結構與文化崩解，並淪為臺灣社會中弱勢的

「黃昏民族」，面臨人數減少、生活空間狹窄且生活不易、母語嚴重流失，以及社會制度與風俗習慣瓦解的處境（孫大川，2000；引自劉鶴群等，2011）。

例如根據莊俐昕、黃源協（2019）整理相關統計資料後發現（表1-1）：臺灣原住民不僅平均餘命少了全體國民約 8 歲（原住民 72.57 歲、全體國民 80.69 歲）、原住民老人人口的比例較全國老人人口的比例少了一半（原住民 8.1%、全體國民 15.2%），原住民的失業率較全體國民高（原住民 4.06%、全體國民 3.80%）、大專以上教育程度則是全體國民的一半（原住民 20.75%、全體國民 48.62%）；而原住民單親家庭的比例卻是全體國民的 1.78 倍、隔代教養的比例是 2.6 倍。值得注意的是，在略高於全國整體勞動參與率的狀況下（原住民 59.35%、全體國民 58.65%），原住民的個人平均所得、家庭平均所得卻都遠低於全體國民（原住民的個人月平均所得只是全體國民月平均所得的 3/4；家庭平均年所得只是全體國民家庭年平均所得的六成），貧窮率更是全體國民的 4 倍（原住民 7.30%、全體國民 1.79%）。

可見原住民族在健康、經濟及社會指標上，相較於總人口，皆居於相對「劣勢」的狀態，顯示原住民族與全體國民間存在著相當程度的落差。雖然形成此一劣勢狀態的原因可能很多，但應與原住民族被殖民的歷史、不正義的社會制度密切相關，而原住民女性即在性別、族群雙重壓迫下面臨相當艱辛的處境，親密關係暴力的普遍和嚴重更成為原住民女性人身安全最大的威脅之一（王增勇，2001；黃源協、童伊迪，2010；Brownridge, 2008; Evans-Campbell et al., 2006; Rosay, 2016）。

表 1-1 原住民族與全體國民社經狀況比較表

項目／時間	原住民族	全體國民
65 歲以上老年人口比例（2019/11）	8.1%	15.2%
平均餘命（2018）	全體：72.57 歲 男性：68.28 歲 女性：76.86 歲	全體：80.69 歲 男性：77.55 歲 女性：84.05 歲
個人平均月所得（2015）	28,525 元／月	37,911 元／月
家庭平均年所得（2014）	658,117 元／年	1,071,427 元／年
貧窮率（2013）	低收入戶 7.30%	低收入戶 1.79%
失業率（2019/09）	4.06%	3.80%
勞動參與率（2015）	59.35%	58.65%
教育程度（2015）：大專以上	20.75%	48.62%
高中以下隔代教養（2014）／單親家庭比例	隔代：4.95% 單親：17.48%	隔代：1.89% 單親：9.82%
家庭連網率（2014）	60.71%	85.09%

資料來源：莊俐昕、黃源協（2019: 107）。

第二節　親密關係暴力的定義與類型

我國《家庭暴力防治法》(《家暴法》) 涵蓋了親密關係暴力、兒少虐待、直系血／姻親卑親屬虐待尊親屬、其他家庭成員間的暴力等四大類。要瞭解「親密關係暴力」，須先釐清兩個概念，一是「親密關係」、二是「暴力類型」。

一、親密關係定義

「親密關係」指的是與他人具有親密的個人關係，包含情感的

連結、經常的交往、持續的肢體接觸與發生性行為（但不一定須具有），且雙方在認知上認為是彼此的親密伴侶，熟悉、瞭解對方的生活（Breiding et al., 2015）。

而在研究親密關係暴力時之「親密關係」則分為狹義和廣義兩種概念，狹義概念以婚姻關係為基礎，聚焦在婚姻關係存續中發生的暴力攻擊行為；廣義的定義則擴及無婚姻關係的親密伴侶關係，國際上針對親密關係暴力的探討，普遍以廣義定義為主；再者，「親密關係」不論是異性或同性別的伴侶皆屬之，也不一定要共同居住才符合親密關係的定義；亦即親密關係包含異性或同性間約會、同居與婚姻等狀態。

1998 年《家暴法》立法通過時，對親密關係暴力中的「親密關係」界定即採廣義定義，包括了「配偶或前配偶，現有或曾有事實之夫妻關係」；依《家暴法》施行細則第 24 條規定，「親密關係伴侶」之判斷得參酌下列因素認定：（一）雙方關係之本質；（二）雙方關係之持續時間；（三）雙方互動之頻率；（四）性行為之有無及頻率；以及（五）其他足以認定有親密關係之事實（圖 1-1）。之後為呼應社會現象、符合民眾期待，陸續將親密關係的範疇擴大，例如 2007 年《家暴法》修法時將「同志伴侶」的關係型態納入保護令的保護對象、2015 年修法又將「未同居的伴侶關係」[3] 包括在內，故《家暴法》親密關係暴力的適用對象，包括了「配偶或前配偶、現有或曾有親密關係、同志伴侶關係，以及未同居的伴侶關係」中的受暴者。

3　2015 年修法將「被害人年滿十六歲，遭受現有或曾有親密關係之未同居伴侶施以身體或精神上不法侵害之情事者」納入保護對象（第 63-1 條）；親密關係伴侶，指雙方以情感或性行為為基礎，發展親密之社會互動關係。

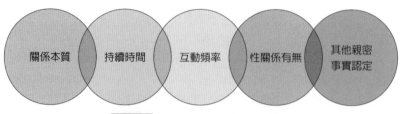

圖 1-1　親密關係之認定因素

資料來源：《家暴法》實行細則。

　　簡而言之，只要是曾具有親密關係，且被害人年滿十六歲者，不論目前雙方是否仍在交往、同居或婚姻狀態，若遭受到親密伴侶（現任或前任）之暴力行為，皆符合現今《家暴法》的保護範圍。

二、暴力類型

　　所謂的「暴力」，每個國家依暴力類型的樣態差異有不同的分類方式，聯合國、歐盟等國際組織在親密關係暴力的調查分類上，基本包括了肢體暴力、性暴力、心理／精神暴力及經濟暴力等四種類型；我國《家暴法》則認為「暴力」是遭受「身體、精神、經濟上的騷擾、控制、脅迫或其他不法侵害之行為」，將親密關係暴力分為肢體暴力、性暴力、精神暴力、經濟暴力、跟蹤與騷擾等五種暴力類型。

《家庭暴力防治法》第 2 條：

✓ 家庭暴力：指家庭成員間實施身體、精神或經濟上之騷擾、控制、脅迫或其他不法侵害之行為。

✓ 騷擾：指任何打擾、警告、嘲弄或辱罵他人之言語、動作或製造使人心生畏怖情境之行為。

✓ 跟蹤：指任何以人員、車輛、工具、設備、電子通訊或其他方法持續性監視、跟追或掌控他人行蹤及活動之行為。

不過實際上，暴力通常混合出現，較少單獨存在。除了前述四種暴力類型外，歐盟及美國特別將跟蹤、騷擾行為單獨提列，及數位時代所衍生的「數位親密關係暴力」則是較新的暴力型態（以下引自王珮玲等，2021）：

（一）肢體暴力

肢體暴力係指用身體的力量、或使用物品、武器等，攻擊、傷害或恐嚇他人，導致對方恐懼、受傷或死亡之行為。具體的行為諸如打、推、拉、扯、踢、踹、丟東西、掐脖子，用棍棒、刀子、槍攻擊，或潑硫酸、放瓦斯等。肢體暴力是所有親密關係暴力行為中最容易辨識的類型，除可能導致身體發生各式傷害外，嚴重者也可能導致長期的器官功能損害，最嚴重者甚或可能因而死亡。

（二）心理／精神暴力

心理／精神暴力是所有親密關係暴力行為中最常見的類型，但心理／精神暴力不同於肢體暴力，無法從肢體外表的傷痕加以判斷，主要指損害伴侶自尊、控制感或安全感的一切非肢體的傷害行為。

心理／精神暴力的行為態樣多元，基本上可歸為五類：

1. 威脅施暴（threats to physical health）：包括威脅傷害、阻止就醫、威脅傷害其家人等；

2. 控制行動自由（control over physical freedom）：例如不讓伴侶睡覺、出門、與人聯繫等；

3. 使喪失自主性（general destabilization）：諸如透過恐嚇、貶抑、監督、孤立、獨斷以及控制等手段，使伴侶的情緒與認知受到傷害，喪失自主性；

4. 掌控／控制（dominating/control）：例如忌妒、懷疑、孤立、限制、獨裁、拒絕、冷漠、口語攻擊、散布不實指控等行為；

5. 建構關係中的失衡狀態（ineptitude）：指在關係中要求女性的服從、扮演刻板性別角色、拒絕溝通等。

（三）性暴力

性暴力指涉一切使用力量或脅迫的手段，違反對方的意願，迫使做出有關性方面的行為；而女性經常在親密關係中面臨伴侶各式的脅迫，迫使其必須配合或服從發生性關係，但在傳統社會對性暴力隱而不談的氛圍下，受害者多數選擇噤聲，親密伴侶性暴力問題因而長期被社會大眾所忽視。

性暴力行為的內涵有不同的區分，包含性侵犯（例如強迫發生、違反對方意願的性行為）、性脅迫（例如使用操控性手段去獲得各式性行為）、強迫的性活動（例如違反意願之觸摸、愛撫、性展示、觸摸性器官等）及性虐待（例如利用操控或精神虐待手段，要求非接觸但違反意願的性經驗，或是對生殖與性的控制）。

（四）經濟暴力

經濟暴力指的是施暴者在經濟層面掠奪被害人的各式資源，或是控制被害人獲得與使用經濟資源，藉以對被害人展現權力與控制的一種手段，因而威脅、傷害被害人的經濟安全與經濟自主能力；雖然經濟暴力的本質是「剝奪與控制」，展現的手段相當多元。而根據《家暴法》施行細則第 2 條列舉經濟暴力包含下列足以使被害人畏懼或痛苦之舉動或行為：

1. 過度控制家庭財務、拒絕或阻礙被害人工作等方式；
2. 透過強迫借貸、強迫擔任保證人或強迫被害人就現金、有價證券與其他動產及不動產為交付、所有權移轉、設定負擔及限制使用收益等方式；
3. 其他經濟上之騷擾、控制、脅迫或其他不法侵害之行為。

（五）跟蹤與騷擾

跟蹤與騷擾行為是親密關係中常見的暴力類型，且目前許多國家對跟蹤騷擾已有專門的法律。雖然各地法律對於跟蹤行為的定義有差異，但均包含下列四個要素：有意圖、行為重複發生、他人所不願意以及會引起害怕。《家暴法》第 2 條第 1 項第 4 款，對跟蹤的定義係「指任何以人員、車輛、工具、設備、電子通訊或其他方法持續性監視、跟追或掌控他人行蹤及活動之行為」以及第 2 條第 1 項第 3 款，對騷擾的定義是「指任何打擾、警告、嘲弄或辱罵他人之言語、動作或製造使人心生畏怖情境之行為」。

（六）數位親密關係暴力

數位親密關係暴力包含數位科技、親密關係以及暴力行為三個要素，指具親密關係之一方，利用數位科技對另一方施以各式暴力傷害行為。數位親密關係暴力行為態樣隨著科技的發展仍持續擴增中，至目前為止，數位親密關係暴力的態樣大致可歸納下列三種類型：

1. 數位跟蹤／騷擾：例如透過電子郵件、簡訊、行動電話、APP、社群媒體等數位科技平臺，對伴侶進行各種騷擾、跟蹤、監控等，或掌握伴侶各式的網路帳號與密碼，隨時監控通訊、交友、行蹤等。

2. 數位精神暴力：例如透過電子郵件、簡訊、行動電話、社群媒體等數位科技平臺，對伴侶進行羞辱、威脅、孤立、處罰、控制等，或散布不實言論、私人資訊、相片或影像，以及透過物聯網等科技設備進行遠端控制等；或是竊取被害者網路帳號密碼，假冒身分、盜取資訊、散布不實訊息等，藉以脅迫被害人。

3. 數位性暴力／性脅迫：例如傳送具性意涵之文字、影像或羞辱之訊息，或脅迫對方透過網路視訊展示身體、動作或進行性愛聊天，拍攝裸體或性器官的相片與影像，未經同意錄製性愛影片，展示與傳送性私密影像，以及威脅散布性私密影像等。

第三節　國際親密關係暴力發生概況

下列四種層次的資料常用來說明暴力在某一地區的發生狀況

（European Institute for Gender Equality [EIGE], 2020; 引自王珮玲等，
2021）（如圖 1-2）：

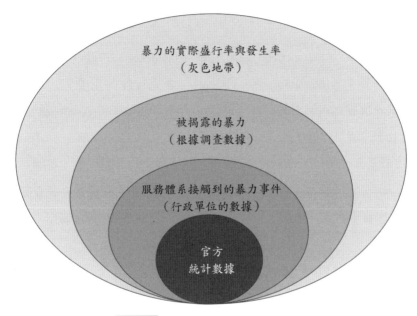

圖 1-2　暴力發生狀況資料來源

資料來源：EIGE（2020）（引自王珮玲等，2021: 2）。

　　第一層是官方的統計數據，例如衛生福利部（簡稱「衛福部」）
的家暴通報統計，資料來源是正式通報、記錄的案件，此部分呈現出
來的數據最為保守，範圍最小。第二層是曾經諮詢、求助於服務體系
的暴力事件，可能包括未正式通報的案件，屬各單位行政服務統計，
通常較官方發布的統計數據來的多；第三層是各式研究調查依受調
查樣本所揭露的暴力，推估出來的調查統計數據，例如衛福部 2016
年、2020 年分別委託學者進行的「臺灣婦女遭受親密關係暴力統計
資料調查」；第四層則是暴力真正發生的盛行率與發生率，然因有些

受暴事實不見得反映在調查結果中，故範圍應比調查數據更大，實際上很難確切掌握發生數，因此稱之為「灰色地帶」（grey zone）。這四層資料中，以第一層的官方統計與第三層的調查數據，最具有代表性與公信力。

　　盛行率[4]（prevalence）或發生率[5]（incidence）的調查，是瞭解親密關係暴力（intimate partner violence）普遍程度的主要方式；盛行率又分為遭遇過暴力經驗的「終生盛行率」（lifetime prevalence），或最近十二個月內發生的「一年盛行率」（the last 12 months prevalence）（潘淑滿等，2017）。雖然為瞭解親密關係暴力的普遍程度，各國都會進行親密關係暴力調查，但國際社會常採用的親密關係暴力調查結果主要來自聯合國、歐盟、世界衛生組織等三個國際組織的調查。

一、全球女性受暴狀況

　　聯合國將「親密關係暴力」定義為「全體或特定年齡層女性遭受伴侶（現任或前任）肢體、性或心理上的脅迫或傷害」；世界衛生組織（World Health Organization, [WHO]）認為「親密關係暴力」，係指「15-69歲婦女曾遭受來自親密伴侶肢體或性暴力的情形」，各組織也會針對不同年齡層、收入、區域或國家進行調查（潘淑滿等，2017）。而根據世界衛生組織有關親密關係暴力調查資料（UN Women, 2016），全球親密關係暴力肢體或性虐待終身盛行率約30%，各國不同暴力型態之終生盛行率則如下表呈現（表1-2）。

4　盛行率指一個特定人口學群體（如男性或女性）在一段時間內的受害人數。
5　發生率指一個特定人口學群體（如男性或女性）在一段時間內事件發生的次數除以該人口群的人數。發生率也稱受害率（victimization rate），通常用千分率表示，即每1,000人發生過幾次。

表 1-2　WHO 親密關係暴力各國終身盛行率調查

國家	肢體暴力	性虐待	精神虐待
美國	30%	13%	34%
英國	25%	16%	34%
愛爾蘭	43%	-	76%
瑞典	32%	17%	21%
澳洲	23%	11%	26%
紐西蘭	17%	13%	-
日本	32%	18%	76%
中國大陸	36%	16%	-

資料來源：UN Women（2016）。

「歐盟促進基本人權署」（The European Union Agency for Fundamental Rights, [FRA]）在 2012 年以面對面問卷訪談的方式調查歐盟二十八個國家，總計 42,000 名 18-74 歲婦女，瞭解「對婦女施暴」（violence against women）的情形；調查結果發現精神暴力是歐盟國家婦女最常見的親密暴力類型，有十五個國家高於平均數（43%），包括：德國、匈牙利、斯洛伐克、丹麥、拉脫維亞、芬蘭、瑞典、立陶宛、荷蘭、愛沙尼亞、盧森堡、捷克、法國、比利時和英國，而北歐三國甚至都超過 50%——丹麥（60%）、芬蘭（53%）、瑞典（51%）；性暴力的盛行率則多低於 10%（引自潘淑滿等，2021）。

　　至於我國的狀況，衛福部委託進行的「臺灣婦女遭受親密關係暴力統計資料調查」，最新調查結果發現：2020 年我國 18 歲以上（18-74 歲）婦女遭受親密關係暴力的終生盛行率為 19.62%、近一年的暴力盛行率為 8.99%；各暴力類型中以精神暴力最高 16.76%，其次是肢體暴力 7.97%（潘淑滿等，2021）；此一比例低於 2016 年的調查結果——2016 年親密關係暴力終生盛行率為 24.45%、近一年的暴力盛

行率為 9.81%，其中精神暴力最高 20.92%，肢體暴力其次 8.63%（潘淑滿等，2017）。另將 2020 年調查結果與 2016 年 WHO 調查的結果相較，我國的親密關係暴力盛行率（19.62%）遠低於西方國家、日本（32%）、中國大陸（36%），僅高於紐西蘭（17%）。

二、原住民女性的受暴狀況

以美國、加拿大、澳洲為例說明原住民女性親密關係暴力的嚴重程度。

（一）美國

美國有世界第三大的國土面積、第三多的人口（2022 年 6 月有約 3 億 3,272 萬人，次於中國和印度）；一直以來，美國都是民族、文化最多元的國家之一，官方承認的族群就有包括：白人、美國印第安人、阿拉斯加人、亞裔美國人、非裔美國人和夏威夷及太平洋島嶼原住民等六大族群，有時也會用「其他種族」來指同時歸屬於兩個及兩個以上族群的人（維基百科，2022a）。

美國原住民族（Native Americans、Indigenous Americans）又稱美國印第安人（American Indians）或印第安人（Indians），指美國境內逾五百個保留部分主權之原住民部落成員的統稱；根據 2010 年美國政府的人口普查，印第安及阿拉斯加原住民約占美國人口的 0.9%（約 290 萬人）、夏威夷與其他太平洋島嶼原住民則約 0.18%（約 59 萬人），父或母一方為印第安及阿拉斯加原住民的人口則有 1.7%（約 520 萬人）；美國原住民人口集中的前五州，分別是：阿拉斯加州（27.9%）、奧克拉荷馬州（17.4%）、新墨西哥州（14.5%）、南卡羅拉

納州（12%）及蒙大拿州（9.2%）（NCAI, 2020）。

2000 年時，Tjaden 與 Thoennes 彙整 Women Survey 資料庫及美國印第安人及犯罪報導（American Indians and Crime Reporting）研究資料，美國印第安及阿拉斯加原住民是所有群族中受到家庭成員或親密伴侶暴力攻擊最嚴重的族群，幾乎 65% 的印第安女性遭遇家庭成員或伴侶的性侵害或肢體暴力，此數字約是非裔美國人的 2 倍、白人女性的 3 倍、亞裔女性的 12 倍；該資料亦顯示印第安女性親密關係暴力的終身盛行率介於 46%-91% 之間，明顯高於非原住民的 7%-51%；而印第安女性婚後第一年受暴的盛行率有 15.5%（其 7.2% 是嚴重的暴力），亦高於白人女性 14.8%（其中 5.3% 是嚴重的暴力）（Evans-Campbell et al., 2006; Jones, 2008; Oetzel & Duran, 2004）。

Black 等（2011）進一步分析美國疾病管制局（Centers for Disease Control and Prevention, [CDC]）建立之「全國親密關係暴力和性暴力調查」（The National Intimate Partner and Sexual Violence Survey, [NISVS]）2010 年的調查報告，比較四個族裔的親密關係暴力，印第安或阿拉斯加原住民女性遭受親密關係伴侶強暴、肢體暴力或跟蹤的終身盛行率最高（46%）、非裔女性（43.7%）、再來則是白人女性（34.6%）、亞裔女性（19.6%）（如圖 1-3 所示）。

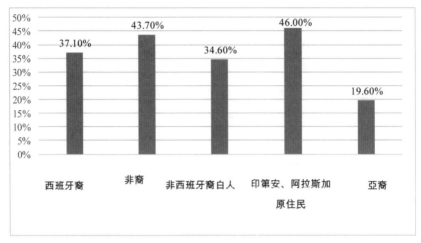

圖 1-3　美國不同族群親密關係暴力盛行率比較

資料來源：Black 等（2011）。

　　美國司法部（U.S. Department of Justice）提供委託 Rosay（2016）使用 NISVS 調查資料分析發現，印第安或阿拉斯加女性遭受親密關係伴侶暴力傷害的終生盛行率分別是：心理暴力 66.4%、性暴力 56.1%、肢體暴力 55.5%，以及跟蹤 48.8%；一年內（最近十二個月內）的親密關係暴力盛行率則是：心理暴力 25.5%、性暴力 14.4%、肢體暴力 8.6%，以及跟蹤 11.6%；這樣的結果，顯示原住民女性親密關係暴力的終生盛行率是白人女性的 1.2 倍、一年的暴力盛行率是白人女性的 1.7 倍（如表 1-3 所示）。

| 表 1-3 | 美國原住民與白人女性暴力盛行率比較 |

暴力類型 族群	終生盛行率				最近 12 個月的盛行率			
	性暴力	肢體暴力	跟蹤	心理暴力	性暴力	肢體暴力	跟蹤	心理暴力
非西班牙裔的白人女性	49.7%	34.5%	26.8%	52%	5.4%	4.1%	7.0%	16.1%
印第安或阿拉斯加原住民女性	56.1%	55.5%	48.8%	66.4%	14.4%	8.6%	11.6%	25.5%

資料來源：Rosay（2016）。

（二）加拿大

加拿大為全球面積第二大的國家、有約 3,853 萬的人口；然由於地廣人稀，為全球人口密度最低的國家之一。雖然原住民族的人口增長速度是加拿大全國人口的 2 倍，但根據 2021 年的人口普查資料，加拿大原住民族只占全國人口的 4.3%；其中以占 4% 的第一民族（The First Nation）為主，約有 600 個族群被認定為第一民族原住民（維基百科，2022b）。

根據加拿大司法統計中心（Canadian Centre for Justice Statistics）依犯罪資料進行推估，2001 年有 37% 的原住民女性、30% 的原住民男性遭受伴侶的情緒虐待；雖然原住民女性對警方有許多不滿，但向外求助的原住民女性仍高於非原住民——54% 原住民女性會求助，高於 37% 的非原住民女性（Bopp et al., 2003）。

另 Brownridge（2008）為了呈現原住民族親密關係暴力的變化情形，曾收集美國和加拿大 1986 到 2006 年二十年來十一篇有關原住民族親密關係暴力的研究（九篇非隨機取樣、兩篇隨機取樣），發現美國和加拿大原住民族的親密關係暴力盛行率介於 12%-91% 間，

一年內的暴力發生率介於 3.8%-47.9% 間；其更引用加拿大社會調查（Statistics Canada's general Social Survey, [GSS]）資料比較原住民和非原住民的家暴受暴經驗後發現：1999 年的調查顯示：原住民女性伴侶暴力的盛行率是 12.6%、非原住民女性是 3.5%；2004 年的調查則顯示：原住民女性的伴侶暴力盛行率是 10.5%、非原住民女性是 3%；此兩次的調查皆顯示了原住民女性的伴侶暴力盛行率明顯高於非原住民女性，支持了美國和加拿大的原住民族人數雖少（當時加拿大原住民族的人數占其總人口的 3.3%、占美國人口的 1.5%），親密關係暴力的盛行率卻顯著多於其他族群的說法。

　　加拿大一般社會調查（Statistics Canada's general Social Survey, [GSS]），係是加拿大非常重要的調查資料來源，每五年一次，透過電話針對境內 10 個省、15 歲以上人口群進行之大規模隨機調查，自 1988 年起迄今（2019 年）已進行了七次；根據 2009 年 GSS 的調查結果，原住民女性比非原住民女性經驗到較高的伴侶暴力——原住民女性（15%）遭遇現任和前任伴侶的暴力是非原住民女性（6%）的 2 倍多，不僅暴力傷害如此，情緒虐待和經濟虐待亦是如此（原住民女性 34%、非原住民女性 17%）；且原住民女性承受的伴侶暴力傷害嚴重度也較高（如 58% 的原住民女性受到實質的肢體傷害，非原住民女性為 41%），且將近一半（48%）的女性經驗到性攻擊、毆打或面臨被伴侶持刀、槍威脅的處境。

　　2014 年 GSS 的調查結果，全體原住民受暴盛行率為 9%，是非原住民全體受暴盛行率（4%）的 2 倍，而原住民女性受暴盛行率 10%，則是非原住民女性盛行率（3%）的 3 倍，其中超過半數（52%）是經歷了性攻擊、被毆打、以槍或刀威脅等嚴重的暴力形式、45% 有外傷，而非原住民女性只有 23% 是嚴重的暴力、30% 有

外傷（Boyce, 2014）；2019 年最新調查資料，原住民較非原住民有更高的親密關係暴力──過去五年有 7.5% 的原住民經歷親密關係暴力，而此比例是非原住民（3.4%）的 2 倍多。而 2014 年至 2019 年，只占全國人口 5% 的原住民，親密關係暴力謀殺被害人就有 26% 是原住民，其中 37% 的原住民女性是被親密伴侶殺害（Statistics Canada, 2019）。

表 1-4　加拿大原住民女性親密關係暴力調查

資料來源	時間	原住民	非原住民
Canadian Centre for Justice Statistics	2001	37% 女性經歷情緒虐待	
Statistics Canada's general Social Survey [GSS]	1999	12.6%	3.5%
	2004	10.5%	3%
	2009	15% 肢體暴力 34% 情緒和經濟虐待	6% 肢體暴力 17% 情緒和經濟虐待
	2014	原住民全體 9% 原住民女性 10% 52% 嚴重暴力、 45% 有外傷	非原住民全體 4% 非原住民女性 3% 23% 嚴重暴力、 30% 有外傷
	2019	5 年的暴力盛行率 7.5%	5 年的暴力盛行率 3.4%
Brownridge et al.	2017	1 年的暴力盛行率 3.3% 5 年的暴力盛行率 8.9% 嚴重的親密關係暴力 7.3%	1 年的暴力盛行率 1.1% 5 年的暴力盛行率 3.8% 嚴重的親密關係暴力 2.6%

資料來源：作者自行整理。

Brownridge 等（2017）使用加拿大全國性樣本（20,446 樣本），檢視兒童虐待和親密關係暴力危險因素間的關係，並比較原住民與非原住民在親密關係暴力上的差異，發現原住民與非原住民在親密關係

暴力上呈現顯著差異，一年的暴力盛行率原住民是 3.3%、非原住民是 1.1%；五年的暴力盛行率原住民是 8.9%、非原住民是 3.8%；在嚴重的親密關係暴力上，原住民是 7.3%、非原住民是 2.6%。前述研究結果彙整於表 1-4。

（三）澳洲

澳洲是世界上土地面積第六大的國家，2019 年年底人口約有 2,522 萬，其中原住民族約占總人口數的 0.5%（維基百科，2022c）。依據 WHO（2018）的調查資料，澳洲女性遭遇親密伴侶肢體暴力的終生盛行率是 23%、精神暴力是 26%、性暴力是 11%。另根據澳洲政府統計部門（Australian Bureau of Statistics, [ABS]）2014-2015 年全國原住民和托雷斯島民的社會調查報告（National Aboriginal and Torres Strait Islander Social Survey, 2014-2015）顯示，15 歲以上的原住民女性，約有 72% 曾遭受來自伴侶或家人的暴力傷害，43% 的原住民女性因肢體受傷而就醫，但 60% 的女性卻告知警察是「意外」受傷，顯示原住民女性親密關係暴力問題嚴重，卻未向正式系統呈現真實的狀況；其中 43% 的受傷情形需醫療協助、60% 有報警（ABS, 2019）。

而在偏遠的北領地（Northern Territory）是澳洲親密關係暴力和性侵發生率最高的區域，每天有超過 61 件親密關係暴力案件發生；北領地警方通報的親密關係暴力案件自 2010 年起穩定上升，然因受暴者擔心安全問題，以致被確認的親密關係暴力攻擊事件則有下降的趨勢——2016 年至 2017 年北領地被指認的家暴、兒少虐待和疏忽，只有實際發生案件的一半。以 2015 年為例，北領地每 10 萬人中就有 1,730 位家暴受害者，這個受害率約是其他犯罪行為的 3 倍；而

每 10 萬人中有 4 件與家暴有關的殺人案件數，也比其他犯罪行為高（Northern Territory Government, 2017）。

　　與其他族群相較，北領地原住民（尤其是女性）是高比率的家暴受害者，與非原住民比較，北領地原住民的家暴盛行率是非原住民的 18 倍，在與家暴有關的攻擊事件中，受害人 9/10 是原住民——例如以 2015 年為例，澳洲北領地與家暴有關的攻擊事件中 89% 的被害人是原住民；因家暴攻擊而就醫的案件，原住民女性是非原住民女性的 40 倍；性侵害案件 91% 的被害人是原住民女性，其中半數（51%）受害者在 19 歲以下；另 2016 年 3 月到 2017 年 3 月北領地有 531 位女性、438 位兒童被庇護，尋求庇護者中 96% 為原住民（Northern Territory Government, 2017）（前述研究結果彙整於表 1-5）。

表 1-5　澳洲原住民女性受暴調查

資料來源	時間	調查結果
Australian Bureau of Statistics [ABS]	2002	原住民女性和女童因家暴而住院的比率是非原住民女性與女童的 35 倍
National Aboriginal and Torres Strait Islander Social Survey	2014-15	原住民女性 72% 遭受來自伴侶的暴力 43% 的外傷需要醫療協助；60% 有報警
Northern Territory Government	2016-17	北領地原住民的家暴盛行率是非原住民的 18 倍；家暴事件中，被害人 9/10 是原住民；因家暴而就醫的原住民女性是非原住民女性的 40 倍

資料來源：作者自行整理。

　　此外，澳洲政府 2012 年進行的個人安全調查（Personal Safety Survey, [PSS]）報告中指出，對女性和其子女的暴力是違反人權的犯罪行為，經歷暴力會對被害人及其子女、家庭、朋友、雇主、同事等帶來長期的社會、健康、心理、財務、經濟上的損害，此調查預估：家庭暴力會讓 2015-2016 年的澳洲付出 220 億的社會成本；此外，由於原住民女性、身心障礙女性和女性遊民之問題被嚴重低估，澳洲還會為此多付出 40 億的成本，因此亟需政府提供適切的服務以回應其各項不同的需求（KPMG, 2016）。

　　綜合前述各國親密關係暴力調查可發現，我國親密關係暴力整體的終身盛行率（24.45%）低於全球親密關係暴力肢體或性虐待的終身盛行率（約 30%），也低於美國（30%）、日本（32%），但接近英國（25%）與澳洲（23%）。另比較不同族群親密關係暴力的結果則發現，美國、加拿大、澳洲原住民女性親密關係暴力的終生盛行率、暴力嚴重程度皆高於非原住民女性。

第四節　國內親密關係暴力發生概況

　　親密關係暴力現象長期存在，相關防治工作則自《家暴法》通過後才逐步展開，相關統計資料亦自此才有系統性的累積。

一、全國概況

　　衛福部是國內家庭暴力防治之中央主管機關，根據其所公告之統計資料：家暴通報案件逐年上升，《家暴法》通過的第十二年

——2010 年當年度家暴通報案件已超過 10 萬件（10 萬 5,130 件），
2021 年更增至 15 萬件（14 萬 9,198）；其中除 2011 年不到 10 萬件
（9 萬 6,482）外，其餘皆呈現逐年上升的趨勢；以 2021 年為例，親
密關係暴力（含婚姻／離婚／同居）的通報件數，占所有家暴案的
47.1%，遠多於兒少保護（16.4%）、老人虐待（6.6%）的通報數和比
率（衛生福利部，2022）（如表 1-6 所示）。

表 1-6　2011 至 2021 年家庭暴力事件各類型通報件數

年分	婚姻／離婚／同居關係暴力	兒少保護	老人虐待（65 以上）	其他	總計
2011	**56,734**	17,907	3,193	18,648	96,482
2012	**61,309**	20,229	3,625	18,916	104,079
2013	**60,916**	21,458	3,624	25,692	111,690
2014	**60,816**	22,140	3,375	28,278	114,609
2015	**61,947**	21,360	13,932	19,503	116,742
2016	**64,978**	16,198	16,775	19,599	117,550
2017	**64,898**	15,799	7,473	30,436	118,586
2018	**65,021**	15,188	7,745	32,048	120,002
2019	**63,902**	20,989	6,935	36,372	128,198
2020	**67,957**	25,181	8,520	40,214	141,872
2021	**70,328**	24,481	9,821	44,568	149,198

資料來源：衛生福利部。

　　再將衛福部之通報統計資料依「親密關係暴力」及「國籍及族
別」進一步分析（表 1-7），顯示 2008-2017 年間，原住民族親密關係
暴力通報的被害人數逐年上升（2008 年 1,778 人至 2017 年的 2,410
人）。雖然就通報的被害人數而言，原住民受暴的被害人數看似不多
（介於 1,700 至 2,400 件）、所占比率也不高（2008 年至 2017 年約占

通報人數的 4.1%-4.8% 間）；但在納入族群人口數後（以 2017 年為例），占全國人口 2.3% 的原住民族，親密關係暴力通報率為 4.8%、暴力發生率為 4.3‰ [6]；此比率雖低於外籍配偶（9.9‰）和大陸配偶（4.6‰），卻是非原住民人口暴力發生率（1.7‰）的 2.5 倍（沈慶鴻、王珮玲，2018）。

表 1-7　**通報之親密關係暴力被害人：國籍及族別統計**

年分別	本國籍非原住民	本國籍原住民	大陸籍	港澳籍	外國籍	無國籍	資料不明	合計
2008	31,239	**1,778**	2,786	19	3,458	44	3,718	43,042
2009	34,335	**2,079**	3,239	28	3,932	40	4,255	47,908
2010	38,036	**2,556**	3,547	30	3,906	41	6,805	54,921
2011	35,308	**2,323**	2,488	19	2,894	75	6,787	49,894
2012	35,808	**2,381**	2,108	13	2,361	58	7,886	50,615
2013	33,976	**2,261**	2,062	10	2,178	67	9,079	49,633
2014	35,182	**2,230**	1,894	35	1,999	88	8,132	49,560
2015	37,041	**2,250**	1,637	34	1,838	68	6,840	49,708
2016	39,299	**2,430**	1,552	33	1,664	53	5,884	50,915
2017	40,039	**2,410**	1,375	37	1,547	53	4,969	50,430

資料來源：衛生福利部。

二、原住民親密關係暴力相關研究

除了衛福部之通報統計資料可呈現不同族群親密關係暴力的概況外，不同研究資料，亦可呈現原住民的親密關係暴力概況。

（一）陳淑娟（2004）以次級資料分析法，分析楊美賞 2002 年透

---

6 通報人數除以人口數。2017 年 9 月全國原住民人口數共有 557,920 人、新住民有
　529,685 人（其中大陸和港澳合計有 346,968 人，外籍配偶有 167,694 人）。

過公衛護士在屏東縣進行排灣族婦女受暴經驗調查的資料庫，整理 555 份有效樣本後發現，排灣族婦女的親密關係暴力盛行率為 41.6%（231 人）；而最近一年內肢體暴力盛行率為 19.5%。

（二）黃增樟（2005）利用問卷收集花蓮賽德克族 94 位原住民女性家暴受害者及 113 位警察的經驗後發現，超過 1/2（55.7%）的受暴女性認為原住民地區的家暴問題嚴重；約六成（62%）警察認為原住民地區經常發生家暴、近四成（39%）警察認為原住民家暴問題嚴重。

（三）陳秋瑩等（2006）於 2002 年在布農和泰雅族為主的南投縣信義和仁愛鄉進行家庭暴力盛行率調查，針對隨機抽取的 600 位 31-65 歲婦女進行居家訪視，整理回收 543 份問卷、432 份有效問卷後發現，受訪原住民婦女最近一年來自伴侶暴力傷害的盛行率為 31.6%，明顯高於樣本中非原住民的 17.6%。

（四）Yang 等（2006）利用系統隨機取樣，由公衛護士針對 18-50 歲 840 位南臺灣原住民女性進行結構式問卷的面訪，發現 15% 的原住民女性經歷親密關係暴力，最近一年的盛行率是 10.1%，此研究結果較 2002 年臺灣社會變遷調查的一般已婚婦女一年 8.3% 的婚暴盛行率要高。

雖然各研究調查的對象、區域、族別、方法不同，研究顯示來自伴侶暴力傷害的盛行率也不同；由於國內缺乏原住民受暴概況可推論的大樣本調查，故彙整前述研究結果，大致顯示國內原住民女性親密關係暴力盛行率約介於 15%-41.6% 之間（參考表 1-8）。而不論是哪位研究者所做的研究結果，原住民女性親密關係暴力的盛行率皆高於

非原住民女性，與前述國際調查的發現相同。

表 1-8　親密關係暴力盛行率與發生率：通報統計和研究結果彙整

	資料來源	樣本／抽樣方法	非原住民婦女	原住民婦女
全國性	衛福部（2017）	通報資料	79.4% （發生率 1.7‰）	4.8% （發生率 4.3‰）
	潘淑滿等（2021）	隨機調查	終身 19.62%； 一年內 8.99%	×
區域性	陳淑娟（2004）	次級資料庫	×	排灣族 41.6%； 一年內 19.5%
	陳秋瑩等（2006）	隨機調查	一年內 17.6%	布農和泰雅族； 一年內 31.6%
	Yang 等（2006）	隨機調查	8.3% （2002 調查）	南臺灣 15%； 一年內 10.1%

資料來源：作者自行整理。

三、受暴類型

「親密關係暴力」依類型不同，分為肢體暴力、精神暴力、性暴力、跟蹤與騷擾、經濟暴力等五種暴力類型。

（一）全國性資料

依衛福部（2017）的通報統計資料可發現，2017 年親密關係暴力通報案件近八成是肢體暴力（79.2%），精神暴力則約六成（62.4%），之後依序是經濟暴力（5%），最後則是占 1.5% 通報量的性暴力。

而根據衛福部委託、2020 年進行之「臺灣婦女遭受親密關係暴力

統計資料調查」的調查結果，我國 18 歲以上（18-74 歲）婦女親密關係暴力仍以精神暴力最高（16.76%），肢體暴力（7.97%）和經濟暴力（7.20%）的比率則差異不大，再來則是性暴力（4.85%）與跟蹤騷擾（4.80%）（潘淑滿等，2021）（如圖 1-4 所示）；此針對各類暴力盛行率的調查結果多低於 2016 年的調查──精神暴力由 20.92% 降至16.76%、肢體暴力由 8.63% 降至 7.97%，不過經濟暴力（6.25%）、性暴力（4.39%）、跟蹤騷擾（3.79%）則是微幅上升（潘淑滿等，2017）。

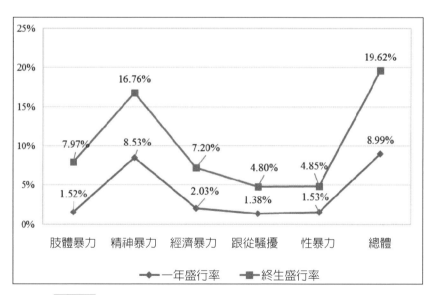

圖 1-4　2020 年我國 18-74 歲女性親密關係暴力盛行率

資料來源：整理自潘淑滿等（2021）。

（二）原住民資料

由於衛福部的通報統計資料未進行族群與暴力類型的統計資料，潘淑滿等（2021）的全國調查也因原住民樣本的抽樣過少，而無法呈

現不同類型的暴力概況；因此想要瞭解原住民被害者的受暴型態，只能從現有研究中窺知一二了。

1. 陳淑娟（2004）運用次級資料分析後發現：排灣族婦女最近一年受暴盛行率為 41.6%；各類暴力樣態分別是：精神暴力為 20.7%、肢體暴力的比率為 19.5%、經濟暴力 10.6%、性暴力 7.2%。

2. 陳秋瑩等（2006）針對南投縣布農和泰雅族婦女調查後的分析顯示，其最近一年肢體暴力的盛行率是 31.6%、口語暴力是 13.1%、伴有威脅和恐嚇的暴力是 5.4%。

3. Yang 等（2006）由公衛護士進行的南臺灣原住民女性面訪，除發現 15% 終生盛行率外，還呈現了一年內肢體暴力的盛行率是 10.1% 及性暴力是 3.4% 的調查結果。

表 1-9　各類親密關係暴力之盛行率：通報統計資料和研究結果彙整

	來源	肢體暴力	精神暴力	經濟暴力	性暴力	受暴人數／樣本數
全國性	衛福部（2017）	79.2%	62.4%	5%	1.5%	55,070（通報數）
	潘淑滿等（2021）	7.97%	16.76%	7.20%	4.85%	17.1%（256/1503）
區域性	陳淑娟（2004）	19.5%	20.7%	10.6%	7.2%	41.6%（231/555）
	陳秋瑩等（2006）	31.6%	13.1% 口語 5.4% 威嚇控制			31.6%（106/335）
	Yang 等（2006）	10.1%		×	3.4%	15%（126/840）

資料來源：作者自行整理。

　　比較各國不同暴力類型的調查結果會發現，多數國家皆是精神暴力的盛行率高於肢體暴力，例如：美國（30%、34%）、英國（25%、34%）、澳洲（23%、26%），日本的精神暴力更是肢體暴力的 1 倍多（32%、76%）；國內暴力調查精神暴力的比率（16.76%）亦明顯多於肢體暴力（7.97%）（潘淑滿等，2021）。此現象與衛福部通報統計資料中肢體暴力（79.2%）高於精神暴力（62.4%）不同，可能與受暴婦女較輕忽精神暴力，或認為肢體暴力有明顯外傷，較易經通報獲得服務有關。

　　至於原住民女性的受暴類型，在比較有限的調查結果後仍可發現，美國、加拿大原住民女性的心理／精神暴力亦多於肢體暴力——印地安或阿拉斯加原住民（心理／精神暴力 66.4%、肢體暴力 55.5%）（Rosay, 2016）、加拿大原住民女性的情緒和經濟暴力皆多於肢體暴力（精神暴力 34%、肢體暴力 15%）（Boyce, 2014）；不過國內陳淑娟（2004）針對排灣族婦女的暴力調查，精神暴力與肢體暴力的比例差異並不大（20.7%、19.5%），陳秋瑩等（2006）針對南投縣布農、泰雅族婦女的調查結果，則是肢體暴力（31.6%）遠高於精神暴力（口語 13.1%、威嚇控制 5.4%），此部分是否因我們的原住民婦女較忽略精神暴力，或受到其他因素的影響，有待未來進行更多的討論。

　　除了前述以問卷調查進行的大樣本調查外，透過訪談進行的質性研究結果，例如直接調查受暴婦女的研究，包括：顏婉娟（2000）以烏來泰雅族婦女、黃淑玲（2000）針對女性都市原住民、陳慈敏（2007）以 3 位阿里山鄒族受暴婦女、黃尚文（2015）以 2 位花蓮阿美族受暴婦女為研究對象，以及沈慶鴻（2014a）綜合 14 位不同族別婦女（含泰雅族、排灣族、阿美族、布農族等）的受暴經驗等，受訪

的受暴婦女都認為來自伴侶的親密關係暴力在原鄉普遍存在。

　　原鄉暴力防治網絡成員的調查亦得到相同的結果，例如：林芳如（2008）透過花蓮縣新城分局 112 位警察（含泰雅族及漢人）、洪翠苹（2008）收集高雄縣四個原住民部落的網絡成員、謝欣芸（2011）在花蓮訪談部落社工討論社工專業實踐的研究、張憶純（2015）接受桃園市政府委託在復興鄉提供二線社工服務的經驗，以及沈慶鴻（2018）收集了四個不同族別（泰雅、阿美、布農和排灣族）27 位部落成員的意見等，這些受訪的防治網絡成員，不論是警察、社工，還是部落民眾都認為原鄉親密關係暴力的問題值得關心。

……

　　綜觀前述所言，親密關係暴力是性別暴力，係植基於性別不平等之社會文化的暴力。而原住民女性之親密關係暴力不僅與性別不平等有關，也與族群不平等有關，以致不論國內、外，原住民女性親密關係暴力的受暴率皆高於非原住民女性。因此，原住民女性同時面臨族群、性別等「雙重壓迫」之弱勢處境，不僅應被看見、也應被理解，關注威脅原住民女性人身安全的親密關係暴力問題，正視暴力的普遍性與嚴重度，才能進一步思考減少暴力發生、減緩暴力影響的可能性。

討論與反思

一、本章國內、外原住民女性被害人的研究結果，有什麼共同點？

二、為什麼原住民女性親密關係暴力的盛行率、發生率，皆高於非原住民女性？

三、原住民女性的雙重弱勢處境是如何形成的？

第二章

成因：
解讀親密關係暴力原鄉現象

本章介紹親密關係暴力理論觀點，再藉由國外經驗探討促成原鄉親密關係暴力發生的可能觀點，還參考澳洲、加拿大原住民社區之研究資料，回應前述親密關係暴力的理論觀點，引導讀者思考影響原住民女性親密關係暴力發生的可能因素。

　　由第一章有關原住民族與全體國民社經狀況的比較，可清楚看見兩群體間存在顯著落差；原住民族各項指標皆劣勢的現象究竟如何產生，值得深入探討，否則非常容易根據表面資訊而陷入誤解原住民族的現象；就如同親密關係暴力問題，不論國內、外的調查結果皆顯示，原住民女性親密關係暴力的終生盛行率、一年暴力盛行率皆高於非原住民女性，而此現象應非巧合，須針對促發原住民族親密關係暴力發生的可能原因進行探究，才不至於將結構性問題以個人化因素予以解釋的陷阱裡。

第一節　親密關係暴力的理論觀點

　　19 世紀起，來自伴侶的暴力攻擊就被認為是應重視的社會問題，引發暴力的原因也成為研究和實務關心的焦點；至目前為止，親密關係暴力發生的原因尚無定論，且不同時代、文化所推崇的主流觀點並不相同。

　　周月清（1995）在《家暴法》尚未通過前即表示，分析暴力不能只從單一因素來思考，多元因素分析較符合實際狀況；其也在蒐集國內、外相關資料後彙整出親密關係暴力四大觀點／理論：

一、心理學觀點：側重個人因素探討，如權力動機、親密焦慮引發暴力。

二、社會學習理論：重視由個人和微視系統，如社會化、家庭系統來看暴力攻擊行為。

三、系統理論：Straus 在 1973 年提出一般系統理論（general systems theory），認為暴力是一種系統與系統間，環環相扣所導致的持續

性情境，這些系統包括個人、家庭和社會。

四、生態學理論：1984 年 Carlson 以生態學架構分析家庭暴力的發生，從個人、家庭、社會結構、社會文化等四個不同系統來解釋；Dutton 在 1988 年採用生態網絡模式解釋婦女受虐原因，他從四個系統——鉅視系統（macrosystem）、中視（exosystem）、微視（microsystem）、個人因素（ontogenetic level）分析暴力發生的原因，其內容與 Carlson 的論點相似。

《家暴法》通過後，親密關係暴力防治工作陸續展開，由於暴力成因與服務策略密切相關，故暴力成因的探討成為防治網絡各專業體系都關心的主題，不少研究者投入時間、心力進行理論／觀點的整理；例如：柯麗評等（2005）提出親密關係暴力的三種理論，包括心理學、家庭社會學、女性主義；表示以個人人格特質與心理異常解釋親密關係暴力的發生是最早被提出的觀點；之後家庭社會學觀點以有別於心理學由個人角度切入，將家庭視為一社會體制，認為親密關係暴力、家庭暴力等家庭衝突是整個家庭失功能的現象；另外女性主義則以性別與權力為基礎，關注父權文化對女性帶來的壓迫與傷害，希望改變父權文化與社會結構以改善親密關係暴力的發生。

宋麗玉（2013）在討論婚姻暴力受暴婦女處遇模式時，同樣以多元觀點整理出暴力成因的三大學門觀點，包括：心理學之下的人格違常；社會學之下的女性主義、系統觀點、社會學習理論，以及交換理論；和社會心理學之下的符號互動論、施虐傾向論，以及成長發展論。游美貴（2015）也同意多元看法的親密關係暴力詮釋觀點，其參考 Kemp 於 1998 年提出的生態系統觀點，將親密關係暴力彙整出三層次的詮釋觀點，分別是：認為暴力發生是被害人（習得無助感與受虐婦女症候群）和相對人（人格特質、精神或物質濫用等疾病）個人

因素微視層次之精神病理觀點；及認為親密關係暴力與社會結構、家庭互動有關之中視層次的資源論和社會互動論；及探討親密關係暴力鉅視層次之性別權力與文化觀點。

之後，潘淑滿等（2017）透過 PubMed 資料庫，歸納國際社會二十年來對親密關係暴力發生的三種詮釋觀點，分別是社會文化觀點、性別與人權觀點、健康衛生觀點等：

一、社會文化觀點：認為不同族群或文化對暴力的觀點是不同的，而多數亞洲國家對親密關係暴力的詮釋明顯受到「父權意識」和「家族主義」的影響；認為暴力是家務事，外人不應過問，男性加害人則「正當化」其對女性的控制，女性則礙於羞恥、家族名聲、道德行為等因素而未向外求助。

二、性別與人權觀點：此觀點以女性主義為代表，認為「暴力」是社會控制之機制，不同性別、權力配置對暴力的感受有差異；並強調國家機器經常以男性觀點看待親密關係暴力，企圖透過合法機制強化「男主外、女主內」之傳統家庭價值觀念。

三、健康衛生觀點：此觀點較關注親密關係暴力對個人身心健康的影響，強調應從人權與健康立場關心婦女遭受親密關係暴力的現象，認為受害者會在多次暴力後形成創傷反應（如：無助感、無希望感），直接、間接影響其使用求助資源的態度。

近來，陳又敬等（2019）進行文獻搜尋，透過 PubMed、Google Scholar、Airiti Library 華藝線上圖書館，匯整親密關係暴力四大類觀點、19 個理論成因（如圖 2-1 所示）：

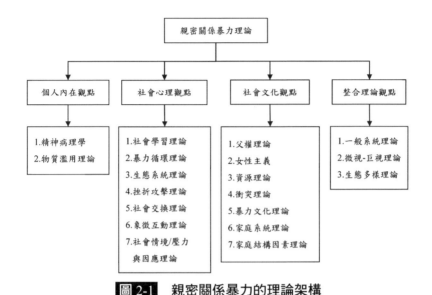

圖 2-1　親密關係暴力的理論架構

資料來源：陳又敬等（2019）。

一、個人內在觀點：認為暴力源於施暴者的個人特質，其有心理、情緒或精神上的疾病，或酒精／藥物濫用的問題。

二、社會心理觀點：著重個人層面來解釋親密關係暴力發生的原因。

三、社會文化觀點：有別於個人與家庭角度，屬於鉅視面的分析，認為親密關係暴力的問題核心，是在社會結構和文化影響下施暴者權力控制的延伸。

四、整合理論觀點：此觀點認為親密關係暴力成因多元、複雜，單一理論無法完整解釋暴力行為的發生和持續，故主張以整合模式說明親密關係暴力。

最近王珮玲等（2021）分析親密關係暴力的理論成因時則表示，由於親密關係暴力十分複雜，各式的暴力態樣、嚴重程度、施暴動機均有差異，因此強調親密關係暴力的行為模式無法單一化，認為親密

關係暴力理論觀點由微視至鉅視大致包括了四大類觀點，分別是：個別特徵觀點（生物學、心理學觀點、物質影響）、互動系統觀點（社會學習理論、資源理論、交換論、家庭系統論）、社會文化觀點（女性主義觀點、權力控制理論）、以及包含個人層次、關係層次、社區層次、社會層次，且四層次相互影響的整合理論——生態觀點等。

　　綜合前述內容，可見親密關係暴力十分複雜，多數學者在解讀親密關係暴力的發生成因時均持多元觀點，並強調單一理論無法完整說明親密關係暴力的現象與發生原因。

第二節　親密關係暴力原鄉社會文化分析

　　前述彙整出的理論觀點雖適用於一般人口群親密關係暴力問題的理解上，但對同時面臨性別、族群「雙重弱勢」的原住民女性而言，前述的理論視框明顯不足；而除了前述諸多觀點外，原住民較非原住民顯著經歷了殖民文化、壓迫經驗，成長過程也被傳遞了更多的歷史性創傷。

一、殖民文化

　　與非原住民女性相比，原住民女性有較高親密關係暴力發生危機（Brownridge et al, 2017; Daoud et al., 2013），Daoud 等（2013）、Hartmen（2020）都認為殖民主義（colonialism）可能是加拿大、美國原住民家庭暴力、對女性暴力的主因，特別是與性別有關的集體暴力，殖民主義具有毀滅性的效果，它限制了被殖民者的土地、資源，

控制了他們的自我決定，這些限制會為被殖民者生活的物理環境、文化、家庭和健康帶來長期的負向效果。

　　加拿大許多原住民族是母系社會、母系結構，長期以來原住民女性將她們在經濟、社會、靈性上的付出貢獻給她家族和社區，也得到社區民眾的尊敬；傳統原住民社區是無法接受親密關係暴力的，一旦暴力發生，施暴者需接受包括流放、公開屈辱、放棄部落重要地位的嚴苛懲罰，因此尊重的文化規範和對暴力的懲罰與制裁，是過去原住民社區親密關係暴力不常發生的原因（Daoud et al., 2013）；然而此一傳統規範明顯不同於歐洲殖民者的父權信念——英國的法律和天主教會認為丈夫的權力高於妻子，妻子應以丈夫為主，違反者將受到處罰、威嚇與毆打[1]（Burnette, 2015）。

　　其實加拿大原住民族和殖民者原有合作關係，但在經過 1812 年的英美戰爭[2]後，不斷增加的英國和歐洲移入者帶來他們在文化、經濟、政治、宗教和種族上的優越感，相信他們自己的生活方式優於原住民族，並認為同化（assimilation）才能將原住民族納入較優質的文化環境裡（Hoffart & Jones, 2018）；這些與同化政策有關的一系列政治決定，不僅剝奪了原住民族的自我決定權，也造成原住民族的邊緣化；1876 年的《印第安法案》（Indian Act），讓聯邦政府的權力超過印第安原住民族，長期剝奪原住民的家庭生活，讓原住民賴以為生的土地列入保留區，還制訂了限制原住民自由行動和出入的法律（pass system）；更有甚者，《印第安法案》（Indian Act）還成為文化同

1　例如古老英國普通法採用「拇指法則」（the rule of thumb），賦與丈夫管教妻子之權利，允許丈夫使用不超過其拇指粗厚的棍杖懲戒其妻，僅規定於週日上教堂禮拜期間不准打。

2　1812-1815 年美國向英國宣戰（美國第二次獨立戰爭，為美國獨立後第一次對外戰爭），美國攻擊英國的北美殖民地——加拿大各省，原住民部落因此捲入。

化的機制，禁止原住民參與傳統宗教、文化事務，此等均造成原住民健康和繁榮的長期傷害，也限制了原住民在司法系統上的參與權利（Hoffart & Jones, 2018）。

　　Daoud 等（2013）認為殖民主義透過以下三個路徑對親密關係暴力產生影響，第一個路徑是透過集體暴力，包括結構性的歧視和違反婦女人權；第二個路徑則是改變性別角色，殖民者帶來歐洲和基督教的父權價值，破壞了原住民文化中原有性別平衡的權力關係，及原住民社區中男性和女性的共有關係，促成新的暴力型態；另影響家庭暴力發生的第三個路徑，則是因文化優越感而將原住民孩子從原生家庭強迫帶至住宿學校（residential school）的行徑，不允許他們在學校裡認識自己的文化、說自己的語言，住宿學校裡普遍發生的肢體、心理、文化和性虐待，更影響原住民數代子孫，成為原住民社區暴力傷害的來源。

　　而後 Daoud 等（2013）再發現了殖民主義影響親密關係暴力發生的第四個路徑；其利用母職經驗調查 2006-2007 年全國性資料庫之 54,129 個在加拿大出生、15 歲以上的女性有效樣本，進行邏輯迴歸分析後發現，原住民女性的親密關係暴力顯著高於非原住民女性，雖然社經地位（教育程度、收入）上的差異可解釋其中 40% 的差異來源，但在控制了社經地位、年齡、婚姻等變項後，發現原住民女性的虐待和暴力仍是非原住民女性的 2 倍，Daoud 等人認為這些社經地位未能解釋的因素，應是受到與殖民化有關之脈絡因素的影響；其進一步指出，許多研究皆證實低社經地位與對女性高暴力行為有關，而原住民低社經地位所代表的財務缺乏、社會支持不足、酒精和藥物濫用、生活在低所得地區、低的集體效能和社會資本等皆證實與殖民（colonization）經驗有關。

O'Neil 等（2016）針對原住民的研究也發現住宿學校經驗與物質濫用間的關係，住宿學校倖存者有 43.5% 到 27.3% 有問題性酒精和藥物濫用經驗，此結果與其他調查研究相似，證實了原住民親密關係暴力、創傷經驗和物質濫用間的關係（引自 Hoffart & Jones, 2018）。

Hartmen（2020）強調殖民化和性別暴力的關係是無法否認的；Daoud 等（2013）、Burnette（2015）也認為殖民文化／殖民主義，讓原住民族居高不下的兒虐、親密關係暴力高危機現象得到解釋。

二、結構性壓迫

壓迫（oppression）與歧視（discrimination）被視為是一種區分社會結構的做法，反映出階級、種族、性別、年齡、障礙與性趨向的差異；壓迫是「對待特定人或團體不公正及不平等的行動，被壓迫的範疇包括性別、年齡、身心障礙、少數族群、有色人種、宗教信仰、階級與文化差異；其特徵在差異對待，民眾依某些特徵，如階級、種族或性別等類屬，形成社會區隔（Thomas & Pierson, 1999; 引自黃源協等，2008）。

Young（1990）認為少數族群受到的結構性壓迫（oppression as a structural concept）呈現五種型態（引自黃源協等，2008）：

（一）剝削（exploitation）：是一種結構性關係，使某些人在他人控制下付出自己的勞力，以滿足他人的利益。

（二）文化帝國主義（cultural imperialism）：統治族群以主流文化做為普遍性規範，使被統治族群的觀點完全消失。

（三）邊緣化（marginalization）：被排除於勞力體系及社會生活的情境。

（四）無權力感（powerlessness）：受到他人權力的指使，卻缺乏相對的機會；是一種沒有權力的處境，也缺乏發展的機會。

（五）暴力（violence）：某些族群易受到任意、非理性的攻擊，這些攻擊包括嘲諷、威脅及身體傷害，這類壓迫與文化帝國主義侵犯相關。

除了結構性壓迫外，Burnette（2015）認為對原住民族而言，不應忽視歷史性的壓迫（historical oppression）；這些壓迫包括了強迫搬遷、同化、收回土地，以及死亡和疾病散播等，壓迫經驗和壓迫結構其實是長期、持續存在的；這些去人性化的經驗，透過壓迫、不正義、剝削限制了原住民族的選擇自由，使長期經歷壓迫情境的原住民只能適應、服從，這種被動性特質的產生非原住民族原有，而是不正義壓迫的結果。Burnette（2015）強調，這些壓迫影響了原住民女性、改變了許多女性的權威和地位，及傳統母系社會有關靈性的信念和社會生活、否認第一民族女性的人格和神聖性，這些壓迫架構慢慢的、潛伏的、跨代的影響著加拿大的原住民族、進入他們的生活裡，並透過貧窮、歧視、邊緣化等不公平、不正義方式持續至今。

Burnette（2015）透過 Paulo Freire 的理論架構、批判民族誌（critical ethnography）角度檢視親密關係暴力的歷史性壓迫，認為對原住民族的不公平和壓迫是跨代存在的，而此跨代存在的壓迫與原住民女性經驗到親密關係暴力之生活脈絡直接相關；Freire 指出，使用歷史性壓迫觀點來瞭解親密關係暴力是適切的，因為經歷壓迫者只能對他們的處境做有限度的反應，以致他們只能對自己的家人施暴或藉由酒精逃離壓迫；事實上，被壓迫者也會內化壓迫者的父權想法，採取壓迫者的世界觀和行為準則對待、壓迫身邊的女性。

因此原住民女性受到的區隔不只一種，與其他弱勢族群相較，原

住民女性同時經歷了殖民主義（colonialism）、種族主義（racism）、性別主義（sexism）和父權殖民主義（patriarchal colonialism）的多重壓迫；由於原住民社區的傳統文化，在經歷了父權的殖民主義後產生了歷史性的改變，使原住民女性經驗到更多的貶抑和壓迫，就像種族主義者對待少數族群一樣，殖民主義者也讓原住民族、原住民女性持續處在附屬和被壓迫的狀態（Burnette, 2015）。

三、歷史的、跨代的創傷

在殖民文化、結構壓迫下，個人、家庭、社區、文化等未解決的創傷，經過數個世代的傳遞，就會累積成環繞在原住民生活和社會關係中的惡化處境；Brownridge 等（2017）認為殖民政策和依此政策發展的各項措施改變了原住民族，讓不同族別的原住民在經驗、期待和外在行為上出現一致性——根據殖民化理論，原住民族長期內化的壓迫經驗，影響了他們的想法、信念、感受、行為和關係，讓原住民族代代經驗著壓迫、憤怒、痛苦、悲傷、無助感；Brownridge 等人甚至認為：現今原住民親密關係暴力的高危機，就是過去歷史創傷和殖民化跨代累積的結果。

Evans-Campbell（2008）指出：歷史創傷（historical trauma）是個模糊的概念，指的是「集體的、複雜的創傷」、是「經歷許多創傷事件的特定群體，經驗數代後對某些事件擁有心理的和社會的反應」（引自 Clement, 2020）；Clement（2020）認為歷史創傷是個惡毒的（vicious）循環，讓過去原住民族的創傷仍持續影響今日原住民個人的健康和幸福（如圖 2-2 所示）。

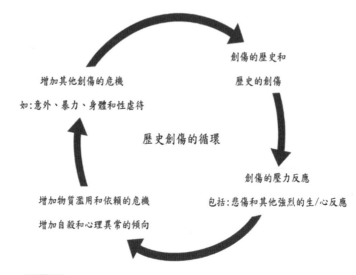

圖 2-2　歷史創傷的循環（Cycle of Historical Trauma）

資料來源：Clement（2020: 24）。

　　Clement（2020）指出，歐洲殖民化和後續美國政府採取的政策，是美國印地安原住民族歷史創傷的來源，各種心理的、生理的種族滅絕（genocide）、種族清洗（ethnic cleaning）手段，使原住民族的歷史創傷持續數代[3]；殖民和其他政策（如土地政策）的壓迫、醫療資源不足、不明確及不適當的知後同意損害生育權等都讓原住民經歷深刻的身、心傷害，而強迫將印第安兒童從其原生家庭帶離的寄宿學校措施（boarding schools, 1800s-1900s）、印第安領養方案（the

---

3　種族滅絕（genocide）是國際法名詞，1948 年由聯合國大會定義並確認種族滅絕是種犯罪，應接受國際法的懲罰（UN General Assembly）。種族滅絕包括兩種，一是心理上、一個是生理上的。心理因素的滅絕，是指意圖破壞一個國家、種族、族群、宗教團體的整體或部分；生理上的滅絕則包括五個形式：1. 殺害某群體的成員；2. 造成某群體嚴重的生理或心理傷害；3. 故意破壞某群體的生理或心理而影響其族群的生命延續；4. 阻止某群體生育、繁衍下一代；5. 將某群體的兒童從其原生家庭強制帶離（Clement, 2020）。

Indian Adoption Project, 1959-1967）等的同化政策更成為跨代影響、歷史創傷及原住民族邊緣化的來源，顯示了美國政府不相信原住民家庭適合養育孩子，剝奪原住民父母的角色示範、切斷了傳統照顧的文化和宗教、語言傳承。此種 McLachlin 稱之的「文化滅絕」（cultural genocide），讓原住民族的子孫持續經驗與其祖父母、父母一樣，因同化政策帶來的破壞性效果，也讓原住民兒少長大成人後無法扮演有效的親職角色（引自 Hoffart & Jones, 2018）。

　　近來 Hoffart 與 Jones（2018）透過訪談檢視住宿學校、代間創傷、親密關係暴力間的關係後，也認為原住民族高比例的親密關係暴力應與其曾經歷的壓迫經驗有關；其並認為住宿學校男、女隔離的做法，以及學校行政人員的疏忽、虐待、暴力行為，讓原住民兒少產生了角色混淆，導致其與不同性別互動關係上的困難，而難以維持健康的家庭關係；長期目睹校園暴力的經驗，亦使他們將暴力一般化、視暴力為問題解決的方法。

　　Brownridge 等（2017）則使用加拿大全國性樣本（20,446 樣本），檢視原住民和非原住民在兒童虐待和親密關係暴力危險因素間的關係，發現原住民樣本雖是少數，但在許多部分明顯具有脆弱性的（vulnerability），並認為這個脆弱性是殖民化的結果，還指出原住民家暴的高危機係植基於長期創傷，這些累積數代的歷史性創傷，增加了原住民兒童受虐、酒精濫用的機會。Kenny 與 Singh（2016）在童年逆境（adverse childhood experiences, [ACEs]）的研究中也發現，在九個逆境項目中，有八個逆境經驗是印地安和阿拉斯加原住民兒童比白人兒童多的，且家暴、物質濫用、父母入獄的逆境經驗顯著存在；其並發現：比沒有逆境者來說，多經歷一個逆境經驗會增加 1.77 倍性侵害危機，當逆境經驗增加到五個或更多個時，性侵害危機將增至

8.32 倍（引自 Clement, 2020）。

　　美國物質濫用與心理衛生服務部門（The Substance Abuse and Mental Health Services Administration, [ASAMHSA]）認為：歷史創傷對原住民族的影響普遍存在，這些影響包括了酒或其他物質濫用、被切斷的傳統家庭價值，以及憂鬱、焦慮、自殺、兒童虐待或疏忽、家暴、創傷後壓力症候群（PTSD）、內化壓迫、自我仇視（self-hatred）、意義或希望感的失落等，歷史性創傷顯著影響了原住民族的社區結構，使他們對外界、政府部門或官員有很深的誤解（ASAMHSA, 2014; 引自 Clement, 2020）。

　　傷害似乎還不只於此，O'Neil 等（2016）在綜合加拿大許多研究與調查結果後，語重心長地表示，原住民族幾乎就是加拿大社會的底層，其不僅在就業、住所、教育程度、薪資所得等調查中皆處於弱勢位置，連罹患精神疾病的比率都居高不下，且顯著高於其他族群（約 70 ％ 的原住民有精神疾病），而 64% 住宿學校的倖存者有 PTSD、自殺意念，有自殺企圖的原住民更常發生在祖父母或父母曾為住宿學校的學生，因此 O'Neil 等人認為這些影響皆是跨代創傷的結果（引自 Hoffart & Jones, 2018）。

　　至今印地安原住民族從未從歷史創傷中復原，至今印地安原住民在健康差距（health disparities）的調查或統計皆是美國最嚴重的族群（Clement, 2020）；例如根據 2019 年美國健康與人群服務、印地安健康服務等部門（U.S. Department of Health and Human Service, Indian Health Service）的統計，印地安原住民族的平均壽命比美國整體人口的平均壽命少了 5.5 年、酒精致死的原住民人數是全美平均人數的 6.6 倍（660%）、因糖尿病而死的原住民人數是平均人數的 3.2 倍（320%）、因意外事件而死的原住民人數是平均人數的 2.5

倍（250%）、自殺而死的是 1.7 倍（170%）、死於肺炎或流行性感冒的是 1.8 倍（180%）；這些針對平均壽命、致死原因、自殺人數等的統計結果，在在顯示了原住民族在美國社會中的邊緣和弱勢（NCAI, 2020）。

　　可見，歷史創傷是一個跨代傷口，透過部落長老、家中長輩傳遞給後代子孫，成為影響數代的集體記憶；這些歷史創傷傳遞數代後，會對後代子孫的生理、心理、經濟造成影響，促發 PTSD、憂鬱或其他心理疾病；原住民少年也透過模仿、學習家庭成員的物質濫用、自殺、身體或性虐待等不適應行為，影響他們的未來。暴力的、歷史的創傷循環，讓下一代產生新的、現代的創傷，如此新、舊創傷的循環互動下，創傷持續存在（Clement, 2020）。

第三節　促發原住民親密關係暴力的相關因素

　　前述分別介紹了親密關係暴力的理論觀點，及根據原住民族特殊經驗分析歸納原住民族親密關係暴力之社會文化，提醒研究者在思考和分析原住民族親密關係暴力成因時，除了多元因素外，還需將族群生活的背景經驗和脈絡考慮在內。

一、第一類因素和第二類因素

　　Cripps 與 Adams（2014）對原住民社區家暴發生原因的分析，融合了前述的理論觀點，不僅認為一般的親密關係暴力觀點可部分說明原住民社區親密關係暴力發生的原因，原住民族專屬的脈絡經驗也

應涵蓋在內；例如 Cripps 與 Adams 整理澳洲原住民社區親密關係暴力發生因素時，發現有兩類因素對原住民親密關係暴力的發生有影響（如圖 2-3 所示）；其將兩類因素分別區分為第一類因素（Group1）和第二類因素（Group2），這些因素可能單獨出現，也可多重出現；其中的第二類因素（Group2）對任何人口群的親密關係暴力發生都有影響，而第一類因素（Group1）則是專屬於原住民族和原住民社區，這些因素持續影響原住民家庭，並促發親密關係暴力的發生；之後，Cripps 與 Adams 再分析「全國原住民及 Torres Strait 島民社會調查」（The National Aboriginal and Torres Strait Islander Social Survey, [NATSIS]）2002 至 2008 年資料庫亦證實了：原住民家暴受害者的經驗與政府將他們從核心家庭被帶離的經驗是有關的。

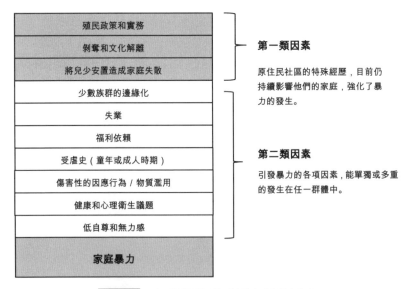

圖 2-3　**促發原住民社區家暴的因素**

（Factors Contributing to Family Violence in Aboriginal Community）

資料來源：Cripps 與 Adams（2014: 405）。

　　Cripps 與 Adams（2014）進一步表示，酗酒在第二類因素（Group2）中，被認為是促發肢體暴力最強的危險因子，其他的物質濫用、單親、經濟壓力亦是發生肢體暴力的預測因子；Hayes 等人曾發現除了童年受虐史會增加原住民母親產後憂鬱的可能性外，家暴也是造成產後憂鬱的預測因子之一。

　　Cripps 與 Adams 還認為，對原住民社區而言，第二類因素（Group2）會被第一類因素（Group1）影響，這些植基於移民、壓迫、代間創傷、種族主義和歧視等帶來的經驗，容易累積成憤怒、害怕和恐懼的感受，極易受到流言（gossiping）、嫉妒、霸凌、羞辱、暗算（backstabbing）、世仇（family feuding）和孤立等情境的刺激而引發暴力，使個人、家庭暴露在暴力的脈絡中而傷害到整個原住民社區。

　　Cripps 與 Adams 最後仍強調，第一類因素是第二類因素形成的主因，其明顯影響了第二類因素的產生；第一類因素的存在不僅讓暴力發生，也讓暴力問題逐漸複雜，然多數人在分析原住民族家暴／親密關係暴力問題時常忽略或不瞭解第一類因素已扮演和持續扮演的角色，因此其提醒工作者，需審慎、仔細的瞭解這些因素的影響，及其對原住民案主和家庭在安全感、能力上造成之立即性和長期性影響。

二、引發家暴和虐待的十二項決定因素

　　Bopp 等（2003）也認為環境、脈絡因素對家暴的發生和維持有關，因此其也在歸納相關研究資料和觀察社區生活後，提出了加拿大原住民社區引發家庭暴力和虐待的十二項一般性決定因素（generic determinants）（如圖 2-4 所示）：

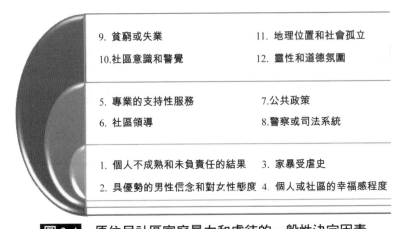

圖2-4　原住民社區家庭暴力和虐待的一般性決定因素

資料來源：作者自行繪製。

（一）個人不成熟和未負責任的結果
（Personal Immunity and Absence of Consequences）

家暴和虐待是個人無法適當因應親密關係困境或家庭互動不良的不成熟表現，但施暴後施暴者沒為施暴行為付出代價——不論有形或無形、直接或間接的代價，則是施暴行為持續存在的原因；有時，施暴行為會因家族或社區成員的介入，而讓施暴者不需要面對、承擔施暴的結果，或者家族、政治連結、社區權力結構和虐待行為互有關係，保護了施暴者使其不須付出代價；一旦暴力發生，長老、社區領袖、宗教負責人等有影響力者選擇沉默，或是介入保護施暴者的行為時，就會喪失受暴者對他們的信任。

（二）具優勢的男性信念和對女性態度
（Prevailing Male Beliefs and Attitudes Regarding Women）

暴力表現與個人對種族主義、性別主義、理想化暴力英雄、貶抑

女性、男性優越、容忍暴力和虐待行為等的信念系統有關；而此種信念會受到社區氛圍的增強，如果社區未曾質疑施暴者的信念和態度，或者將施暴行為視為理所當然、常態化暴力行為，那麼施暴者的施暴或虐待行為就會得到滋養而擴大。

（三）家暴受虐史（Past History of Domestic Abuse）

不少研究證實，受虐史是施暴或受虐的顯著預測因子，而目睹暴力的經驗也會使施暴者更易進入虐待關係；成人在暴力關係中的角色示範，例如性別態度、權力表現、控制行為等皆會使目睹暴力的孩子經內化過程而由上一代傳至下一代，雖然此一傳遞並非絕對，但當與其他因素組合時（如藥／酒癮或社區容忍暴力的信念系統）就會大大增加施暴行為出現的可能性。

（四）個人和社區的健康程度
（Levels of Personal and Community Wellness）

多數原住民社區皆經歷過歷史性的創傷，並掙扎在藥／酒癮、家暴、青少年危機、自殺、貧窮、經濟依賴等困境中，但也有不少社區推動的療癒方案（healing programs）能逐漸走出前述問題的挑戰，幫助民眾走出未解決的傷害和失落。因此，個人、家庭或社區具有多少改變社區不良規範或行為的力量，是影響社區能否面對困境挑戰的決定因素。這些具有決定性的指標包括：

　✓ 藥／酒癮的程度。
　✓ 兒少階段出現創傷或處於危機的程度。
　✓ 家暴和虐待的程度。
　✓ 家庭衝突的程度。

✓ 社區具有信任、凝聚、合作的程度。

✓ 社區傳遞耳語、八卦、惡毒言語的程度。

✓ 社區內無藥／酒癮的戶數。

✓ 社區內參與療癒的戶數。

✓ 社區內參與療癒或努力促進社區改變的成人數量。

✓ 社區內參與療癒或努力促進社區改變的青少年數量。

✓ 社區領袖對療癒和改變社區活動的支持度。

✓ 社區內投入對公共有益、有生產力等事務的人數。

✓ 社區成員對建立社區未來和願景事務的涉入程度。

　　除了前述指標外，當然還有其他評估社區健康（wellness）的指標，其概念與原住民社區家暴和虐待問題的產生或嚴重度，以及與社區民眾對於社區健康有關議題上的參與強弱度有關；當民眾愈重視、愈參與此類議題，干擾民眾幸福、平衡、健康，及社區繁榮等的問題就較不會出現。

（五）專業的支持性服務（Professional Support Services）

　　社區支持性服務的專業程度和取向會影響家暴和受虐者的求助意願，例如當工作者無法保密、求助後被施暴者或其家人報復、機構或工作者對民眾有敵意，以及第一線工作者的安適度低（low levels of personal wellness）、缺乏知識和經驗、受暴者因求助而導致二度傷害，或施暴者的阻擾或控制等，都會影響受暴者的求助行為。此外，求助的便利程度，有無可近的服務（accessible services）、可使用的庇護場所等，不僅會影響受暴者的求助態度，也會影響對其同情者的通報意願；若社區對暴力零容忍、有良好的暴力因應系統、協同合作的網絡、重視家庭療癒的方案，相信就會有較高的通報件數，暴力的發

生數和嚴重度也會降低。

（六）社區領導（Community Leadership）

　　暴力是否停止，社區領導者扮演重要的角色，由於社區管理系統和領導型態可控制和管理社區裡的經費、人員、設備等重要資源，因此領導者的參與和支持是社區療癒過程中的重要部分；另因社區管理者具有示範作用，民眾會觀察領導者的態度而決定自己的行為表現，並期待社區領導者能發揮四種功能：

1. 在個人或專業上樹立健康的角色楷模。
2. 表現對家暴療癒方案的支持，並肯定方案的重要性。
3. 傾聽民眾，並在民眾有進步時給予肯定。
4. 建構機會、方案、政策和系統，以能持續協助民眾的療癒工作。

（七）公共政策（Public Policy）

　　指的是正式系統已建立的態度、系統、規則、機制等，例如政府對家暴或虐待的法律依據、法定業務的內容和執行程度、資源分配，及對暴力相關問題的回應方式等；這些機制或系統，不僅能彰顯政府對暴力和虐待問題的重視程度，也影響公部門工作者對暴力和虐待問題的投入程度，而上級政府（如中央）的態度也會影響地方領導者和工作者對此議題的重視程度。此外，政府的公共政策不只需考慮居住於原鄉的原住民，都市原住民的服務也應一併規劃之。

（八）警察和司法系統（Policing and Justice System）

　　警察和司法系統對原住民社區內家暴和虐待的反應大多是不適

切、無效的，例如對家暴事件的反應太慢、民眾對警察的不信任，而政府預算編列的不足也持續影響警察的服務；在社區警力不足的狀況下，很難落實警察保護人民的責任並與社區建立較強的連結。此外，由於種族歧視和部分警察的不良行為，使民眾不信任警察、不願向警察求助，亦是警察對家暴和虐待事件無法展現成效的原因。而若警察未能和社區機構、第一線服務危機家庭的工作者維持良好的合作關係，就很難在暴力發生時提供及時的服務。

（九）貧窮和失業（Poverty and Unemployment）

貧窮、失業是最能預測各種不健康身心的重要因素之一，許多的因素也會造成貧窮及失業，例如不佳的身體、情緒、心理和社會健康，過度擁擠的居住環境、財務壓力、心理壓力（特別是與男性性別角色有關的心理壓力）、缺乏有用的和有意義的工作、藥癮或賭博等，皆可能導致貧窮和失業。一般來說，愈貧窮、失業，幸福感就愈低，家暴和虐待的發生率就愈高。

（十）社區意識和警覺（Community Awareness and Vigilance）

社區對暴力、暴力影響、目睹兒童議題的瞭解和警覺程度，及對法律和人權知識等都會影響社區民眾願意介入或停止家庭暴力的意願；一旦民眾能意識到這些，社區成員的安全和幸福就會被重視，而當發生危及民眾個人幸福感的事件時，整個社區的信任度也會增權社區民眾，做出通報或介入暴力或虐待事件的行為。

（十一）地理位置和社會孤立（Geographical and Social Isolation）

社區的地理位置和孤立情形，不僅會增強施暴者對受暴者的孤立

和控制，也會阻擾受暴者的求助行為，特別是位於沒有交通設施、沒有電話、沒有資源的偏鄉，或與其他社區相隔遙遠的地方；Bopp 等人認為加拿大原住民就是生活在這種類似惡魔島（Devil's Island）的環境中，這裡通常沒有受暴者可使用的專業和社區服務，反而有政治、社會網絡被施暴者或其家族成員控制的情況。

（十二）靈性和道德氛圍（Spiritual and Moral Climate）

靈性是療癒的基礎，原住民會使用祈禱、聚會，或任一種可使靈性甦醒的方法來處理失落和痛苦；長老的教導，也可讓社區民眾獲得理解生命和環境的力量。社區的靈性和道德特性，與社區有效表達對家暴和虐待等核心療癒議題的能力直接相關，靈性的強度、認可和連結度可提供療癒過程更多的意義和力量，當社區愈投入、愈重視療癒，靈性和道德對生活的影響就會愈強。

前述這十二項因素通常不會單獨存在，而是相互增強；Bopp 等人也提醒，由於沒有一個社區是完全相同的，因此這些環境因素在不同社區中也會以不同的方式呈現，或互相影響形成不同的現象；故在與社區接觸時，需要謹慎評估和充分觀察，當對環境因素有較佳掌握時，它們就能成為發展完整介入策略的基礎。

第四節　原住民女性親密關係暴力的交織性

前述不論是由殖民化、歷史創傷的角度，還是 Cripps 與 Adams（2014）提出的促發原住民社區家暴／親密關係暴力發生的第一類因素、第二類因素，或是 Bopp 等（2003）歸納的十二項因素，都在提

醒親密關係暴力的發生原因複雜，各族群有其特定的社會文化脈絡，及引發暴力的遠因或近因，只從個人角度進行的分析不足以完整說明暴力發生的複雜性。

交織性（intersectionality）是論及有色人種女性處境時的重要概念，1989 年由美國黑人女性主義者 Kimberlé Crenshaw 提出，交織性概念強調每個人同時擁有多重社會類屬／位置（social categories or position），這些社會類屬（如族群、系別、階級、教育程度、宗教、職業、性傾向等）代表社會身分與認同，每個社會類屬在其所處的社會文化脈絡中都有不同位置，也擁有不同資源與權力，多重類屬交織形成的個人認同與生活經驗，將不同於單一類屬的主體（Crenshaw, 1989; McCall, 2005）；Crenshaw（1989）認為由於黑人女性同時面臨兩個類屬——不只承受「性別」的壓迫，也遭受來自「種族／族群」的壓迫，此一同時經歷的族群、性別交織造成的邊緣化與多重困境，是理解有色人種女性必須看見的特殊性。

為詮釋性別與族群的「交織性」視角，Crenshaw（1989）還強調：雖然女性主義（Feminism）挑戰父權（patriarchy），反對性別主義（sexism）及種族主義（racism）造成結構或系統上的歧視、不平等，然而女性主義的政治理論無法實質表達黑人女性的處境，以白人女性主義者為主所發展的女性主義、由白人經驗分析的父權主義，無法充分反映黑人女性的生活，因為黑人女性不僅承擔許多傳統不屬於女性的責任，還得承受種族主義者的控制和壓迫，因此其提醒白人女性主義者，當女性主義反對性別主義之論述時，就不應忽略族群於其中所扮演的角色，否則將使女性主義成為「白人的」女性主義，讓其原本企圖擴大、深化的覺醒或變革無法實現。

Crenshaw（1991）還說，二十年來暴力已成為女性生活的一部

分，曾被認為是個人隱私（家庭事務）、暫時性異常行為的毆打或強暴，已廣泛被認為是社會、系統壓迫的一部分；不過當原先用來分析偏見、壓迫跡象的族群、性別或其他認同類屬，排除或邊緣化不同類屬者時，反種族主義者（antiracism）、反性別主義者卻未意識到，且當有色人種的反種族主義者只強調特定性別（男性）的經驗、反性別主義者只強調特定族群（白人）的經驗時，他們的論述都無法有效反映有色人種女性在族群或父權中的例外經驗。

面對有色人種女性遭受到貶抑或忽略，且同時面臨族群、性別兩個邊緣類屬的交織性去權（disempowerment）現象時，Crenshaw（1991）呼籲女性主義、反種族主義者，關注有色人種女性交織呈現的多重弱勢應成為他們的核心理論和政治目標，因為若當女性主義者無法關注、質問族群議題時，也意味者女性主義者的對抗策略可能複製或增強了有色人種的附屬位置。

而除了族群、性別類屬外，Collins（2000）、McCall（2005）在思考交織性概念時，還加入階級（教育程度、薪資收入）類屬，McCall（2005）針對薪資公平性進行研究時，比較美國四類城市（高科技、工業、後工業、移民等）後發現，雖然薪資差異有程度上的不同，但不論哪一類城市都存在著種族、性別、階級（教育程度）間薪資不平等的現象——不僅不同性別間（男性、女性）存在著薪資、教育程度上的不平等，即使是同一性別（女性）間，也存在族群、階級上的不平等現象。Collins（2000）因此建議應以交織性典範（intersectional paradigms）思考族群、階級、民族（nation）等以進行黑人政治經濟（Black Political Economy）的分析，因為黑人的政治經濟與美國社會結構、非裔美國人的文化型態互有關聯，群族、階級、民族不只是個別認同的類屬，也是形成非裔美國人地位、貧窮、權力

等社會階級的基礎。

Collins（2000）還提醒，雖然族群、階級構成的權力系統是解釋黑人政治經濟的重要概念，性別（gender）卻很少被視為是瞭解黑人女性特殊環境之個人類屬，黑人反性別主義者也很少挑戰男性化權威；其引 20 世紀初美國第一位黑人社會學家 William E. B. Du Bois 的說法來強調，黑人女性不只是黑人、窮人、次等公民，也是女性，她們雖然承接了許多負擔，她們的經驗也提供了獨特的視角，然黑人女性卻一直是知識上的客體，她們的經驗持續被忽略、被否認（Collins, 2000）。

此種忽略、否認，不只存在於種族主義者，也存在於有色人種的社區內；因為有時為了維持社區的完整性，有色人種也會衡量他們自己的利益、逃避面對可能增強某些扭曲的公共知覺而否認社區內的家暴問題，甚至因未意識到問題的嚴重性而阻止、壓制家暴問題的討論；然此現象不只讓黑人女性受害、讓兒童陷入險境，也讓整個的黑人社區成為家暴問題的受害者，因此 Crenshaw（1991）不斷呼籲，所有類屬都是社會建構的，以交織性做為理解對有色人種女性暴力的框架時，被邊緣化的群體當然也參與其中。

交織性形成的多重弱勢現象，除了引發女性主義者、反種族主義者的反思，也引起聯合國所屬之《消除對婦女一切形式歧視公約》（*Convention on the Elimination of all forms of Discrimination Against Women*, [CEDAW]）委員會的重視，在其第 35 號一般性建議中除再次強調親密關係暴力是「基於性別暴力侵害婦女的行為」，也呼籲各國不應忽視對婦女暴力問題的理解與多重交織帶來的挑戰，在制定法律政策或專業服務時不應將暴力視為個別問題，忽視女性受暴與其他

形式歧視是多重交織的結果（A/HRC/17/26）[4]；並提醒減少暴力發生與傷害之性別人權導向的相對應措施，除需從人權不可分割和相互依存的角度出發，瞭解施暴行為態樣與人權議題的關連性（如阻止婦女工作影響工作權、跟縱控制或脅迫影響安全、限制婦女社交活動影響自主權等），還需從結構制度如何促發或容許暴力行為存在的角度著手，以減少身障、低社經、高齡、原住民或新住民等多重弱勢婦女遭受暴力侵害的可能性（引自沈慶鴻、王珮玲，2018）。

交織性觀點近來也被融入暴力防治的處遇計畫中——例如：Kulkarni（2018）根據暴力交織性，提出交織性親密關係暴力取向（Intersectional IPV Approaches），提醒暴力、歧視並非單純存在，受暴婦女可能同時面臨了脈絡、結構等多重障礙；Tarshis 等（2021）也以交織性理論為主軸，針對身處族群、性別、階級、性取向等多重弱勢處境之受暴者，提供就業支持方案以排除其可能面臨的就業歧視和就業障礙。

......

原住民族經歷的殖民文化、壓迫經驗，成長過程中被傳遞的歷史性創傷，均是非原住民族未曾經歷與感受到的，因此「酗酒、家暴、自殺成為全球原住民族共同問題」的現象（王增勇，2001；Brownridge, 2008; Shepherd, 2001）應非巧合，亦提醒了我們，透過歷史、社會脈絡和殖民經驗分析、理解原住民族議題的重要性，且惟有如此，才不至於將結構性問題以個人因素加以解釋的陷阱裡。

---

4 CEDAW 及其他組織有關對女性暴力之相關內容請參考本書第八章國際經驗。

討論與反思

一、「責備受害者」是將結構性問題以個人化因素進行的歸因。在討論或思考原住民族親密關係暴力的案件中,有什麼例子或說法會讓你有「責備受害者」歸因的聯想?

二、Bopp 等(2003)提出加拿大原住民社區家庭暴力和虐待的十二項一般性決定因素;你認為形成我們原鄉親密關係暴力發生的環境決定因素有哪些?

三、看完本章後,試試看你會如何敘說原住民族親密關係暴力的發生原因?

第三章

脈絡：
臺灣原鄉親密關係暴力與部落民眾暴力知覺

本章將關注聚焦於國內，進行促發臺灣原住民族親密關係暴力的社會文化分析，喚起讀者對結構、脈絡與歷史因素的重視；另因民眾對性別暴力、對女性暴力的理解和態度，決定其對親密關係暴力倖存者的支持行為，因此本章透過國內、外相關態度調查，提醒營造友善環境的重要性。

本書第二章探討原鄉親密關係暴力的理論觀點及社會文化分析，均在提醒我們親密關係暴力的複雜和多變，引導我們思考不同族群、區域引發親密關係暴力的可能成因，及其專屬的結構與脈絡因素。本章將聚焦於臺灣原住民親密關係暴力的社會文化分析，以及原鄉部落民眾對親密關係暴力的態度和介入經驗，以能對原住民受暴女性處境有更多理解。

第一節　臺灣原鄉親密關係暴力現象分析

其實和一般人口群相較，原住民親密關係暴力發生的原因並不特別，與一般民眾親密關係暴力發生的原因差異不大。例如：綜合國內、外有關原住民親密關係暴力的研究均會發現：酗酒、失業、經濟壓力，以及家庭失功能、社會支持少，和溝通不良、子女管教等皆是促成親密關係暴力發生的原因；成長在暴力普遍存在的家庭和社區中，目睹暴力的原生家庭經驗亦會影響施暴者和受害者面對暴力的因應作為。

不過需要提醒的是：前述看似相似的原因，是會因脈絡環境和族群文化的差異而有不同的內涵和意義（沈慶鴻，2011、2014a）；王增勇（2001）曾引 1996 年加拿大皇家原住民族事務委員會（Royal Commission on Aboriginal Peoples, [RCAP]）發表的報告指出，雖然原住民社區與白人社會的家庭暴力現象有許多相似之處，但仍有以下三項基本上的差異：

第一：原住民家暴現象不僅是特定夫妻或家庭中的傷害事件，暴力更傷害了整個部落；

第二：原住民家庭問題的根源，可追溯至政府對原住民曾執行不
　　　當的同化政策；

第三：原住民部落內部的暴力問題，其實反映了一個充滿種族歧
　　　視的社會環境，整體社會對原住民的刻板印象，尤其是對
　　　原住民婦女的貶抑，剝奪她們做為人的基本尊嚴與權利。

　　此三項差異提醒了從社會文化、結構理解原住民問題的重要性，
其不僅顯示原住民生活中，個人、家庭、部落、族群間的緊密關連，
更反映出微視個人經驗受到鉅視社會結構因素影響的重要性；因此親
密關係暴力的發生並非單一因素，各因素間互有相關，暴力可能是原
因、也可能是結果。

　　臺灣原住民族的經驗亦是如此，不當的同化政策、資源分配的不
平等、充滿歧視的社會壓力等影響了原住民的生活態度和生活方式；
不同於主流社會的歷史經驗和文化價值，讓原住民親密關係暴力問題
須結合結構鉅視和個人微視的觀點進行探究。

一、歷史因素：殖民文化與歷史創傷

　　2016 年 8 月 1 日蔡英文總統發表的〈總統向原住民族道歉文〉，
應能概括描述臺灣原住民族的受苦經歷（總統府，2020: 21-24）：

　　……臺灣這塊土地，四百年前早有人居住。這些人原本過著
自己的生活，有自己的語言、文化、習俗、生活領域。接
著，在未經他們同意之下，這塊土地上來了另外一群人。歷
史的發展是，後來的這群人剝奪了原先那群人的一切。讓他
們在最熟悉的土地上流離失所，成為異鄉人，成為非主流，

成為邊緣。……

荷蘭和鄭成功政權對平埔族的屠殺和經濟剝削，清朝時代重大的流血衝突及鎮壓，日本統治時期全面而深入的理蕃政策，一直到戰後中華民國政府實施的山地平地化政策。每一個來臺灣的政權，透過武力征伐、土地掠奪、強烈侵害原住民既有的權利……

原住民族依傳統慣習維繫部落的秩序，並以傳統智慧維持生態平衡，但是，現代化國家體制建立的過程中，原住民對自身事務失去自決、自治的權利。傳統社會組織瓦解，民族集體權利也不被承認。……

原住民族本來有他們的母語，歷經日本時代的同化和皇民化政策，以及 1945 年之後，政府禁止說母語，導致原住民族語言嚴重流失，絕大多數平埔族的語言已經消失……

臺灣號稱「多元文化」的社會，但是一直到今天，原住民族在健康、教育、經濟生活、政治參與等許多指標，仍然跟非原住民存在著落差。同時，對原住民族的刻板印象、甚至是歧視，仍然沒有消失……

　　前述內容描述的即是原住民族四百年來的被迫害史——由葡萄牙人發現福爾摩沙島（1544 年），接著荷蘭人、西班牙人進入（17世紀，分占臺灣北、南土地），至明朝鄭成功驅逐荷蘭人建立王朝

（1662年），開始大規模引進漢人進行土地開發，再至滿清甲午戰敗將臺灣割讓給日本，第二次大戰後日本戰敗，盟軍將臺灣還給中華民國，而後國民政府敗給中國共產黨，來到臺灣（1949年）統治迄今；當臺灣被日本「納入版圖」之際，成為原住民族被剝奪一切的開始（施正鋒，2002），日本五十年的文明入侵，埋下了今日原民文化沒落的種子（黃同弘，2005）。

在原住民族的眼中，入侵的不論是帝國主義（imperialist）、殖民政府（colonialist government），還是外來政權（alien regime），原住民皆是帝國主義擴充版圖、殖民統治時必須加以征討（conquest）、綏靖（pacification）、治理（rule）的障礙（施正鋒，2002）；日本殖民者將異文化的臺灣原住民視為「蕃」，並以帝國文明之姿，進行以武力討伐為主的「理蕃計畫」（黃同弘，2005）。日本帝國在「蕃地」領域裡，將蕃地視為殖民者所有，以追求經濟利益為優先前提，在「蕃人」政策上則徹底運用「弱肉強食」的帝國主義殖民地統治論，掃蕩殲滅那些強烈抵抗日本政府掠奪土地及山林資源的原住民，並運用「威輔兼用」的理蕃政策取得資源、減少阻礙（猶浩彼厚，2004）。

之後國民政府延續日本殖民政府開發森林經濟利益的政策，一方面以「國有化」方式在原住民傳統領域上劃設無形的界線，以國家權力禁止原住民依循傳統既有方式生活；一方面又以「開發」之名，將資本主義機制下的商人、財團、大量人潮送至原住民傳統領域，使不熟悉資本主義貨幣經濟規則的原住民，受到引誘而私下變賣土地，讓原住民失去賴以維生的保留地，失去了與土地的連結（包正豪，2017；猶浩彼厚，2004）。

這些被殖民、入侵、傷害、欺騙的歷史創傷，變成部落的傳說、母親的眼淚或模糊的夢境，透過部落長老、家中長輩傳遞給後代子

孫；長期的同化政策又使其傳統文化喪失、自我認同模糊。由於部落缺乏工作機會，為了生活，不少原住民只得離開部落到都市謀生；沒有一技之長和不高的教育程度，使其缺乏就業競爭力，低薪、不易就業和適應困難普遍存在。低落的社經地位、就業挫折、自我認同模糊、生活的無力感、被貶抑的自我等因素，交互形成憤怒、妒嫉、猜疑和受傷的情緒，增加其在親密關係中成為加害人的可能性（王增勇，2001；黃淑玲，2000；黃增樟，2005）。

二、多重壓力下的因應作為：過度飲酒

「過度飲酒」（酗酒）和「暴力」的顯著關係獲得許多研究實證上的支持，酗酒成為催化家暴、親密關係暴力發生的危險因子（陳若璋，1992；沈慶鴻，1997；沈慶鴻，2001；鄭瑞隆、王文中，2002；沈慶鴻、郭豐榮，2005；Cripps & Adams, 2014; Gondolf, 1997; Juliet, 1999; Rosenbaum & O'leary, 1981; Semiatin et al., 2017）；原住民族的「過度飲酒」（酗酒）與殖民過程中的壓迫、文化失落顯著相關（Brownridge, 2008; Hoffart & Jones, 2018; Evans-Campbell et al., 2006; Jones, 2008; Oetzel & Duran, 2004; Shepherd, 2001; Wahab & Olson, 2004），透過酒精進行的情緒抒解，成為部分原住民面對控制、壓迫無力回應時僅能有的反應，卑南族學者孫大川於是感嘆：「我常常在那些飲酒的臉孔中，看見整整一百年的悲哀。」（引自黃同弘，2005）

（一）困境下的因應行為

原住民族傳統文化中，飲酒時機和情境皆受到習俗的規範，早期有關原住民文史的記載，酒為原住民族祭典儀式中的備品，祭典儀

式完畢後男女群起歡樂歌舞，飲酒因此具有重要的文化意義；然而1980 年以後有關原住民族飲酒行為的調查，則關注了原住民族酗酒及由酒衍生的各項問題與現象（達西屋拉彎‧畢馬，2001；陳全成，1999；引自洪翠苹，2008）；部分研究者推測，1970 年代起原住民女性的外婚熱潮、1980 年代部落歷經農業經濟的困境和都市工作機會的誘因，使得多數原住民離開部落至都市謀生，然少數個體在主流文化衝擊下出現不適應狀況，酗酒因此成為個體面對文化差異的因應行為；飲酒不再成為文化禮儀中的重要儀式，原住民的過度飲酒不僅透露出文化不適應的深層無奈（黃淑玲，2000），也成為外界認識原住民的框架，及原住民自我認知的一部分（洪翠苹，2008）。

雖然，酒精與暴力的關聯性眾說紛紜，但彙整相關實證資料看來，「喝酒不等於暴力，但酒精具有催化暴力發生或使暴力嚴重程度增加的影響力」，以及「酒精會降低自我控制，催化攻擊行為產生」之說法成為共識（陳若璋，1992；沈慶鴻、郭豐榮，2005；Gondolf, 1997; Juliet, 1999; Rosenbaum & O'leary, 1981），亦即成癮行為只是二級症狀，多數物質濫用者在其生活中可能經歷了深刻、卻無法處理的無力感，使其只能求助成癮行為掩飾內心的痛楚與憤怒（Herbert & McCannell, 1997; 引自王增勇，2001）。

（二）新的人際結盟方式

不少研究發現：在原住民族的親密關係暴力中不只男性施暴者酗酒，原住民女性受暴者亦有過量飲酒的行為，甚至施暴、受暴雙方皆飲酒的現象（王增勇，2001；丁文彬，2004；沈慶鴻，2014a；陳秋瑩等，2006；陳淑娟，2004；陳慈敏，2007；顏婉娟，2000；Jones, 2008; Oetzel & Duran, 2004; Wahab & Olson, 2004）。

沈慶鴻（2014a）發現，原住民男性相對人的飲酒其實具有人際連結的重要意義，多數人是在朋友、同事的邀約下飲酒，也覺得飲酒邀約是其生活中重要、愉快的事；顏婉娟（2000）則認為原住民女性的酗酒行為，與婦女共同生活與結盟儀式的消逝有關，飲酒替代了過去織布、烹煮小米酒的生活型態而成了新興的結盟活動，喝酒後彼此放鬆、真誠對待成為部落婦女認同的新符號，因此當其面臨無法扭轉的壓迫經驗時，飲酒成為婦女在關係脈絡下心理和實體的空間場域。

（三）原生家庭的學習經驗

此外，原住民的過度飲酒，也與父母皆飲酒的原生家庭經驗有關，使其成年後學習藉由飲酒來麻痺創傷帶來的憤怒與自責。另在性別分工的社會化過程中，原住民女性被賦予過多的家庭照顧者責任，為了抒解照顧壓力，只得訴諸酗酒藉以掩飾內心的痛楚與壓力（王增勇，2001）；而原住民女性遭受配偶施暴的創傷、無法解決配偶施暴行為的無力感，都讓原住民女性陷入過度飲酒行為的惡性循環中（陳慈敏，2007；沈慶鴻，2014a）。

三、社會隔離、資源缺乏

地理上的隔離、孤立，亦是原住民社區的特殊之處；由於多數部落位於鄉村或山區偏遠處，距離上的障礙很難克服，交通不便、資源不足使得向外求助並不容易，暴力因此易被隱藏、被低估（Bopp et al., 2003; Hartmen, 2020; Jones, 2008; Palmer & Chino, 2016; Shepherd, 2001）；缺乏醫療資源不僅影響救治，也影響證據的取得（Palmer & Chino, 2016）。

此外，隔離亦與經濟弱勢、文化弱勢、低教育程度、不足的就業機會，以及資源缺乏、專業人力不足等現象密切相關（陳若璋，1992；Palmer & Chino, 2016; Shepherd, 2001）。由於教育資源上限制，原住民的教育程度普遍不高，不高的教育程度連帶影響其就業機會和就業競爭力，使其即使有工作，也多屬收入不高的經濟弱勢（Shepherd, 2001）；另因部落缺乏就業機會，不少原住民父母為了工作必須到處遷移，忙碌的工作使其不易同時兼顧孩子的照顧和課業，孩子亦會因經濟壓力影響其升學意願和就學態度（林芳如，2008）。另近幾年，政府的外勞政策和全球化經濟型態的轉變，亦影響了原住民的就業機會，原住民持續處在社會資本弱勢的循環中，失業、經濟壓力、酗酒和親密關係暴力等問題更是互相影響（黃增樟，2005；陳淑娟，2004；楊美賞，2003；顏婉娟，2000）。

第二節　原鄉婦女受暴歷程與脈絡分析

為實際瞭解原住民女性親密關係暴力的發生原因與歷程，在2012 至 2013 年間透過縣市家庭暴力暨性侵害防治中心（家防中心）、原住民族家庭服務中心（原家中心）[1]、滾雪球、人際管道（已畢業的原住民學生）等四種管道，曾以個別訪談蒐集 14 個原鄉受暴婦女性的受暴案例（沈慶鴻，2014a），並將其基本資料整理於後（受訪者基本資料請見本章附件一）。

1　原住民族委員會自1998 年起陸續委外成立，至2019 年止全國已有55 處原家中心。

一、暴力發生歷程

14 位受訪者包括了 12 位原住民、2 位住在原鄉的非原住民（施暴者為原住民）；12 位原住民受訪者的族別包括了泰雅族（3 人）、布農族（3 人）、排灣族（2 人）、太魯閣族（2 人）、阿美族（1 人）、賽德克族（1 人），其中有 3 位的配偶為非原住民、9 位的配偶是原住民（所以 14 位受訪者中，有 5 位是原住民與非原住民的跨族通婚）。這些受訪者分散在中北部、南部和東部等不同縣市；年紀最長為 54 歲、最年輕為 22 歲，多數集中在 30-39 歲。整理 14 位受訪者的暴力發生歷程，歸納出暴力發生歷程的六個步驟。

（一）經濟壓力、重回部落

多數原住民因就學、就業而至外地打拚，數年後多因經濟因素而回鄉，例如第四、第十三位婦女（以 V4、V13 代號呈現）因孩子陸續出生後花費增加、工作又拿不到薪水（如 V4 的相對人），為減輕負擔，因此決定重回部落；另 V8 的施暴者與老闆衝突後辭職，在找不到新工作的空檔中只好先回鄉休息。雖然，遊子回鄉再自然不過，然受訪婦女同時表示，原想展開回鄉新生活，沒想到卻為其暴力行為埋下伏筆。

> 「……他工作的錢都拿不到，連續換了三個老闆，三個老闆都沒給錢……他要我先帶小孩子回山上，減輕負擔……沒多久他也不想待在外面，就跟我們一起回來了。」（V4-029）

（二）工作斷續、藉「酒」度日

　　不論是新回部落（4 位）、還是原即生活於部落的原鄉婦女（如 V7），都會發現「喝酒」在施暴者生活中的重要性。原本返鄉是要展開新生活，不過部落裡全職、穩定的工作不好找，在尋找、等待工作的日子裡沒有其他休閒，聊天、喝酒成為打發時間的主要方式；雖然多數施暴者在外地工作時就會喝，然回部落後，在沒穩定工作的情況下，飲酒的量和次數明顯增加。

> 「回來之後，不是喝酒就是不務正業……山上工作太少，他
> 本身就很會喝，回來更糟糕，變成說喪失鬥志，不想工作！
> 變得越來越懶……」（V4-029）

　　酒喝多了，問題隨之出現──健康受損、工作能力和工作意願同時下降；沒有工作，自然就沒有收入；沒有收入，衝突就多、心情就不好，只好喝酒忘憂。這樣的循環下，夫妻間因缺錢而引發的衝突接續而來。據瞭解，14 位受暴婦女的 11 位原住民配偶（另 3 位為非原住民）皆有長期喝酒的行為，且每次暴力攻擊前都有喝酒，因此「聞酒色變」成為受暴婦女生活心情的寫照。

（三）面子掃地、怒從中來

　　「喝酒」，不僅可以放鬆心情、忘記煩惱，還可以交到朋友、得到認同，因此和朋友一起喝酒，對施暴者而言是件重要又快樂的事；不過，當飲酒過量影響工作、影響安全、也影響家庭生活時，身為妻子（如 V1、V8、V15）就會對邀約施暴者喝酒的朋友十分不滿，會透過

各種方式阻止、甚至要求施暴者早點回家，然而被破壞的酒興、在朋友面前「沒面子」的感受，讓其成為施暴者遷怒的對象。

> 「他不喜歡人家在他旁邊講，在他朋友面前，你不要喝了怎麼樣怎麼樣，沒面子啊……我們做老婆的會擔心嘛，怕路上臨檢之類……沒看到人，我會打他手機，等於是連環 call、call 到最後他不耐煩……他一氣就啪在妳身上。」（V1-393）

此外讓施暴者沒面子的，還包括鄰居、朋友的嘲諷，依受暴婦女的經驗，這些嘲諷包括：老婆和他人的曖昧傳聞（4 位）、老婆比施暴者會賺錢（1 位）或有能力的嘲笑（1 位）等；這些鄰居、朋友嘲諷的玩笑話，讓施暴者覺得丟臉、不舒服，累積成為引發衝突的原因，以致「酒精濫用、為錢衝突、疑妻外遇」成了受訪原住民發生親密關係暴力的主因。

（四）藉「酒」表意、僵局難解

11 位受暴婦女就有 9 位表示，沒喝酒的施暴者平時多是沉默寡言，並不瞭解他們內在的想法；不過由酒「後」施暴者說出來的話——「妳要走就走啊！」、「妳去啊，去告我啊！」，可推測他們應該知道配偶不滿現狀及想離開的想法，只是酒「前」，他們對於工作、婚姻及自己的狀態不說、也不談，酒「後」衝動表達的心意更無法解決生活中的僵局，反讓配偶覺得酒精影響下的施暴者不僅無法溝通、無法相處，更無法控制自己的行為。

> 「……平常就不講話，一句話也不講，就是聽人家說……我

說如果你喜歡這樣的生活，我們各過各的，他也不說話，他
不講話你要怎樣跟他溝通？他只會酒醉的時候跟妳講『妳們
要走，全部走！』，喝酒才這樣，清醒跟他談，他不會回答
妳的。」（V4-058）

（五）家人無力、鄰居怕受牽連

施暴者喝酒、不工作、打人的狀況，家人都清楚，但也無力勸
阻，他們只期待受暴婦女忍耐、避免和酒醉的施暴者起衝突；V4 的
施暴者認為，對自己的太太施暴是他的家務事，別人無權置喙，鄰居
也不想得罪施暴者而惹禍上身。

「……不會管啦，他家裡的人都知道，也沒說啊，叫我要
忍耐，不要理他，看到他喝酒要打人，叫我趕快走……」
（V10-022）

也許因暴力困境長期存在、家人及鄰居也未能積極介入和協助，
以致不少（10/14）受暴婦女在無助的心情下也出現飲酒習慣（14 位
受訪者中，8 位原住民婦女、2 位非原住民婦女皆有飲酒習慣）。透過
V10 的描述，其飲酒行為也成為夫妻衝突的原因之一（如「有關係，
我老公不喜歡我喝酒」）；而由 V8 醉後對施暴者說出「你沒用……沒
工作……沒錢」的話，就能反映即將臨盆的她，對先生不工作、沒收
入的焦慮，然在酒精影響下減弱了口語表達上的控制能力，反而增加
衝突發生的機會。

（六）「酒伴」圍繞、改變不易

由於常常喝，有工作時小喝、沒工作時大喝，讓多數施暴者可能已有「酒精濫用」的現象，要控制飲酒本來就不是一件容易的事，何況在常有人邀請「一起喝」的部落中，節酒（節制飲酒）、戒酒更是困難；尤其「酒」具有多重意義，除了喝酒外，還伴隨著被朋友重視、認可等的意義（有 4 位施暴者都表示「不喝酒，就沒有朋友」），因此非常容易在他人說服、邀請下持續飲酒。

> 「他有一個觀念就是說，我把酒戒掉了，等於是說我沒有朋友了……就像我們兩個是麻吉好了，妳有空來找我，然後我酒已經戒了，一次、二次，沒關係。第三次人家不來了，妳又不喝酒，我去找妳幹什麼……」（V1-372）

前述整理自 14 位原鄉受暴婦女的受暴經驗，可依發生順序形成「親密關係暴力發生步驟與歷程」圖像（如圖 3-1 所示），各步驟環環相扣，從緩解經濟壓力的返鄉決定起，再到就業機會少、工作斷續，婦女對施暴者頻繁、過度飲酒的不滿，及對收入不足造成經濟困境的擔憂，使衝突頻繁出現，而自尊受挫的施暴者以不良的溝通方式因應，並在酒精影響下讓暴力重複的發生與存在。

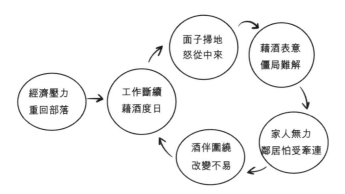

圖 3-1　原鄉親密關係暴力的發生步驟與歷程

資料來源：作者自行繪製。

二、暴力發生之社會文化分析

前述六個因素與步驟中，其中三個關鍵因素：「經濟壓力」、「就業機會」、「過度飲酒」看似單獨存在，其實是具有重要之結構和脈絡意義，例如：受暴婦女與配偶因「經濟壓力而重回部落」，就與教育政策、勞動政策密切相關，主要因原住民無競爭力的教育程度，讓婦女及其配偶找不到條件較好、又較穩定的工作；而至都市謀生，不佳的景氣、不良的勞動政策、雇主的剝削，使原住民面臨工作機會少、工作不穩定、工作後拿不到薪水（如 V4 先生在工地工作，三個老闆都沒給錢）等直接、間接的困境，因此為了減輕經濟負擔只得回鄉生活；然回部落後，全職就業機會不足，季節型或臨時工式的工作型態，讓「等待機會、工作斷續」成為施暴者形成「藉酒度日」生活型態的主因；婦女雖然持續勸告、提醒，但是「無工作、無收入」讓自尊受挫的施暴者，在酒精影響及不良互動下使暴力頻繁出現。

此一結構和脈絡的提醒，除了看見教育程度不高、競爭力不足的

個人因素外，鉅觀面的教育政策與資源分配、就業政策（如外勞引進政策）、勞動保障法令的不完善，造成了社會排除、資源分配不均及原住民權益的受損，而主流社會內的階級壓迫、欺騙或歧視（如工作卻領不到薪水、雇主不公平的工作分派），更傷害了本應和諧的雇傭關係，間接強化了原住民挫折、無力下的酒精濫用行為。其實，原住民的就業競爭力不佳、原鄉工作機會不足，追溯起來應與政府的殖民政策、土地政策、自然（山林）資源管理和教育政策密切相關；「過度飲酒」成為施暴者「多重壓力下的因應作為」，更可能源自於部落或家族長輩跨代創傷傳遞、模仿學習的結果——根據受暴婦女提供之家庭背景，其與施暴者多在不穩定的家中成長，從小即是目睹兒少或直接受虐者、有自我傷害行為，甚至不少婦女、施暴者的父母、親友亦是親密關係暴力的施暴者或被害人，不少家人也因從事高危險工作發生公安意外而受傷、死亡，或因過度飲酒而損及健康。

　　這些歸納原鄉受暴婦女個人經驗之親密關係暴力歷程圖像（圖3-1），在加入結構、脈絡因素後，就有了開闊的視野，讓我們看見較整體、鉅視的角度，找到解釋此現象的可能答案（圖3-2）；根據原住民親密關係暴力之社會文化觀點（第二章），殖民化、殖民主義（colonialism）可能是加拿大、美國原住民家庭暴力和對女性暴力的主因（Daoud et al., 2013; Hartmen, 2020），似乎亦適用於我們的原鄉，Paulo Freire 批判民族誌（critical ethnography）論述的結構性壓迫（Burnette, 2015）、Evans-Campbell 的歷史性創傷（historical trauma）（Clement, 2020），皆可說明結構、脈絡因素對原住民親密關係暴力發生的影響，甚至澳洲原住民社區家暴原因的第一類因素（Group1）和第二類因素（Group2）（Cripps & Adams, 2014），也符合我們原鄉受訪者的經驗——酗酒是第二類因素中促成肢體暴力最強的

危險因子，單親、經濟壓力亦是肢體暴力的預測因子，而植基於移民、壓迫、代間創傷、種族主義和歧視等的第一類因素影響，也會轉化成施暴者懷疑、憤怒、害怕和恐懼等的複雜感受，直接、間接促發原住民親密關係暴力。

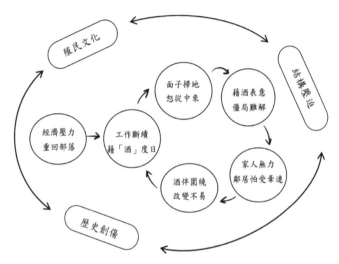

圖 3-2　原住民親密關係暴力發生的社會文化分析

資料來源：作者自行繪製。

三、關鍵因素：「酒」的意義轉變

其實「酒」與「暴力」的關係，在國內、外親密關係暴力的研究中不斷得到支持，雖然本研究受訪者不多，然本研究歸納的暴力特性和脈絡，亦在每位居住於部落之受訪者的經驗中看到（14 位受訪者中，11 位居住於部落之受訪者的相對人皆長期飲酒），因此看見「酒精濫用」與「暴力行為」的關係，應是理解部落原住民親密關係暴力形成的關鍵。

　　其實不單是原住民飲酒，由於臺灣人好客的民族習性，以及酒品取得容易、價格便宜，臺灣社會的飲酒行為十分普遍；只不過，為何原住民明顯地會被貼上「愛喝酒」的標籤？為何容易酒精「濫用」？則是個值得思考的問題；國內、外研究者大都提醒原住民的酒精濫用，與歷史殖民過程中的壓迫經驗、文化失落有關（王增勇，2001；Browngidge, 2008; Jones, 2008; Cripps & Adams, 2014; Clement, 2020; Oetzel & Duran, 2004）；臺灣 1980 年代後，部落經歷農業經濟困境、原住民面臨都市工作的歧視，使得飲酒成為個體面對文化差異下的因應方式（洪翠苹，2008；黃源協，2008），因此除了從個人角度解讀其飲酒行為外，結構面的反思，亦應是理解原住民過度飲酒，走出「責備」個別原住民的可能途徑。

　　夏曉鵑（2010）認為將部落諸多問題歸因於原住民的喝酒文化，完全是「去歷史」的評價，其以政治經濟學的角度，分析酒的意義轉化與原住民社會資本主義化的關係；陳慈立（2014）則因關心原住民的健康問題，由健康不平等的角度針對影響部落民眾健康最重要的因素——「酒」也進行政治經濟分析，此兩篇文章皆由歷史資料爬梳，表示殖民主義、資本主義是「酒」成為原鄉問題的主要來源。

　　夏曉鵑（2010）認為「酒」在原鄉發生意義上的轉變，與政經環境、生產方式的變化密切相關，強調資本主義商品化改變了原鄉的飲酒文化，其以「前資本主義生計經濟」、「資本主義化」、「產業後備軍」三階段（如圖 3-3 所示），說明酒由「神聖的酒」、「商品的酒」，再至「澆愁的酒」的轉變過程，描述臺灣自 1895 年進入日本殖民統治時期後，為支應龐大的軍事、治安維持費用及一般的行政支出，殖民政府將「酒」納入專賣事業版圖（1922 年），並禁絕民間私營的造酒業；之後，國民政府來臺，延續日本殖民政府做法，繼續將酒列入

國家公賣事業版圖，在沒有受到任何阻礙的情況下，酒的商品化越來越徹底；1945 年臺灣光復，因為酒專賣和商品化帶來豐厚的財政收入，隨著酒的專賣和商品化後，飲酒的象徵意涵逐漸從「神聖」轉變到「世俗日常化」。

　　1960 年代後，臺灣資本主義快速擴張時期，由於原鄉工作機會有限，原住民離開部落成為工業部門的廉價勞動力，從事各種底層勞動；而當 1980 年代中期以後，鄰近東南亞國家勞動力比本國勞動力更廉價時，「外勞政策」巧妙地替代了原住民勞動力，使原住民工人大批失業，有些因而返回部落，而失業帶來的經濟和精神壓力，成為「藉酒澆愁」的重要因素；隨著生產方式愈來愈資本主義化後，原住民傳統的集體生活基礎不在，語言、祭祀、共同文化逐漸消失，族群的認同也漸漸模糊。

圖 3-3　生產方式與酒的意義轉變

資料來源：夏曉鵑（2010）。

　　陳慈立（2014）也同意此一看法，認為酒的商品化讓原住民在健康上付出相當大的代價；其認為原住民社會變遷、酒商品化與原住民飲酒行為的變化、原住民飲酒相關的健康問題息息相關；商品化後的

酒與原住民因投入資本主義生產關係後所承受的巨大壓力及挫折，致使原住民越來越容易以酒來迴避這種難以翻身的挫折感。而公共衛生領域所看見的原住民族的高酒癮盛行率、高飲酒相關疾病的死亡率以及其所造成的健康不平等情形，正是原住民經歷數十年資本社會變遷的最終結果。

　　上述來自於資本主義、殖民主義、國家發展主義等結構性因素，形成今日我們看到的原住民飲酒問題，卻易被視為「社會問題化」或「個人問題化」，並將之歸因於原住民文化或者個人自制能力不足等問題，使得結構壓迫與不平等就此被合理化了。

第三節　對女性施暴與性別平等態度

　　由於親密關係暴力發生的原因十分複雜，因此以生態系統、生態網絡模式分析親密關係暴力發生的可能因素得到許多研究者的認可，認為個人系統（ontogenetic）、微視系統（microsystem）、中視系統（exosystem）和鉅視系統（macrosystem）等四大系統與親密關係暴力的發生和維持密切相關，親密關係暴力應是此四系統互相運作的結果。

　　而其中「微視系統」強調的即是家庭、家族因素的影響、「中介系統」指的則是鄰里關係、社區態度，這些因素不僅影響受暴婦女個人對暴力行為的揭露意願、求助態度和使用正式資源的可能性（Jones, 2008），環境中的他者對暴力的態度和信念，亦會影響其對受暴婦女的友善程度，及其對受暴婦女求助行為的支持與否（Liang et al., 2005），因此不少原鄉親密關係暴力的研究者（如王增勇，2001；

沈慶鴻，2014b；洪翠苹，2008；陳秋瑩等，2006；Brownridge, 2008; Shepherd, 2001）皆提醒，從脈絡、文化角度理解受暴婦女、認識部落環境十分必要，並認為此一理解是推動原鄉暴力防治的基礎工作。

一、一般民眾的態度調查

其實社會大眾對性別暴力的態度或信念，已成為國內、外性別暴力防治工作成效的衡量指標，以及檢視暴力預防工作推動現況的基礎資訊，各國無不積極進行性別暴力大眾態度和信念的調查研究；根據文獻資料的蒐集發現，可從個人層面、性別變項、社經地位與教育程度、組織與社區參與、社會文化因素、時間脈絡等六面向探討人們對於性別暴力的態度；婦女的受暴經驗和回應行為被自己及周遭他人的態度和信念所影響，越是傾向容許暴力與責怪自己的婦女報案率越低，受到長期心理與精神負面影響的比率也越高，其他相關的研究發現還包括（Flood & Pease, 2009; 引自王珮玲、吳書昀，2016）：

（一）個人在態度上對性別暴力縱容程度越高者，對性別暴力受害者的同理就越低，越可能將暴力之發生怪罪受害者，也越不可能協助受害者通報、越支持對加害人減輕刑罰。

（二）教育和社經地位對親密關係暴力態度具有預測力，教育程度與社經地位較高者，因較能接觸相關宣導訊息並容許女性參與決定，所以較少合理化男性對女性的暴力行為；而處於經濟不利或社會條件不利的個人或社區，其犯罪率與發生親密關係暴力之危機相關性較高。

（三）社區與組織參與經驗也會影響性別暴力的態度，例如當同儕團體認同跟容許暴力行為時，個人對暴力侵害婦女的態

度也較為寬容。

（四）社會文化也是影響因素，例如亞洲文化可能較在意女性的貞節，較不願意談論「性」，因此亞洲人比美國人更強調「被強暴是婦女的責任」；在澳洲則發現，出生於非英語系國家的民眾比英語系國家的民眾，「消除對婦女暴力」之信念較弱；而在有維護榮譽文化（honor culture）的國家中，不管男性或女性，都較接受「暴力侵害婦女」的信念，也較傾向責備受害者。

至於國內大眾對性別暴力的態度或信念調查，2016 年在衛福部的委託下，王珮玲、吳書昀（2016）針對全國 1,700 位 18 歲以上的民眾進行電話調查，發現受訪者的性別、年齡、教育程度、職業與收入、婚姻狀況等會影響其對暴力侵害婦女的態度或信念，在「縱容性別暴力、認同男性規訓、合理化性別暴力」三部分呈現值得重視的訊息，如調查結果顯示：

（一）男性、年齡較長（56-64 歲及 65 歲以上）、教育程度較低（國中以下）、無工作者較縱容暴力的發生。

（二）男性、年齡較長（56-64 歲及 65 歲以上）、教育程度較低（國中以下）、已婚者則較認同男性規訓、合理化暴力的發生。

此研究結果雖未進一步針對區域或族群進行分析，但其結果仍可做為瞭解國內整體環境和大眾態度的參考資料。

二、原住民態度調查

前述有關對女性暴力（violence against women）及性別平等的態

度，主要針對一般民眾進行調查；由於此一態度的掌握與暴力防治工作的成效有關，為推動原住民族的性別暴力防治工作，澳洲政府特別在 2017 年針對「對女性暴力」進行全國性態度調查（National Community Attitudes towards Violence against Women Survey, [NCAS]）中，將隨機接受電話訪談的 342 位原住民（aboriginal people and Torres Strait Islanders）樣本進行分析，以釐清原住民對女性暴力及性別平等的態度，之後再將此結果與當年度的全國性樣本，及之前 2013 年的原住民樣本進行比較。重要發現如下（Cripps et al., 2019）：

（一）預測指標

　　影響原住民受訪者「對女性暴力」態度的六個重要預測指標，依序是：性別平等態度（54%）、對女性暴力理解程度（10%）、教育程度（8%）、對族群、障礙及性取向的偏見度（7%）、對一般暴力態度（7%）、住較偏遠的區域（5%）等。

（二）態度變化：2013 年與 2017 年比較

　　整體言之，2017 年的調查結果與 2013 年相較，差異不太；2017 年「對女性暴力」的理解度較 2013 年略增（平均分數由原來的 68 分增至 70 分）；在「性別平等」的態度，2017 年的理解度亦較 2013 年略增（63 分增至 65 分）；但在「對女性暴力」的態度，2017 年則較 2013 年略為下降（38 分降至 34 分）。亦即，原住民受訪者「對女性暴力」理解度上的增加，並未反映在他們「對女性暴力」的態度上，2017 年受訪者在「對女性暴力」的理解度與態度間的落差（36 分）較 2013 年（30 分）大。

（三）「對女性暴力」的理解

1. 88% 的原住民受訪者同意「對女性暴力」是普遍存在的；不過只有 56% 的受訪者知道家暴發生時可向何處求助。

2. 81% 的受訪者知道「沒經同意的性接觸是違法」的；77% 同意「比起陌生人，女性較易被認識的人性攻擊」。

3. 44% 的受訪者認為「男性是家暴的主要施暴者」；但有更多受訪者（49%）相信：「男性和女性同樣是家暴的加害者」。

4. 超過七成（71%）的受訪者相信「女性較易因暴力而身體受傷」，但只有約四成（38%）的受試者同意「女性對家暴的害怕較多」。

5. 「對女性暴力」原因的看法：彙整五點態度量表中的「很多」及「一些」意見後，原住民受訪者認為對女性暴力發生原因依序是：社區中的藥物濫用問題（93%）、酒精濫用（92%）、常目睹社區暴力（82%）、缺乏支持性服務（81%）、社區中缺乏就業機會（79%）、男性失去家中角色（76%）、已經從家中搬出（72%）、目睹暴力是文化的一部分（67%）等（表 3-1）。

表 3-1　澳洲原住民「對女性暴力原因」的看法

對女性暴力的原因	很多	一些	很少	沒有	不知道
1. 酒精濫用問題。	61 %	31 %	3 %	2 %	3 %
2. 社區藥物濫用問題。	70 %	23 %	1 %	3 %	3 %
3. 已經從家中搬出。	30 %	42 %	11 %	9 %	6 %
4. 男性失去家中角色。	26 %	50 %	9 %	9 %	5 %
5. 常目睹社區暴力。	45 %	37 %	7 %	7 %	2 %
6. 目睹暴力是文化的一部分。	35 %	32 %	9 %	17 %	5 %
7. 缺乏支持性服務。	46 %	35 %	8 %	6 %	4 %
8. 社區缺乏就業機會。	37 %	42 %	10 %	7 %	%

資料來源：Cripps 等（2019）。

（四）對「通報」的態度

由表 3-2 可看出，多數受訪者同意：向警察通報，不僅會對女性帶來麻煩（78%），也會對她們家人帶來麻煩（72%），且女性受訪者（86%）同意的比率多於男性（75%）；不過即使通報會對女性及其家人帶來麻煩，卻只有很少的受訪者（3% 及 7%）認為「不向警察通報比較好」，顯示受訪者認為：即使麻煩，還是應該通報。

表 3-2　澳洲原住民的「通報」態度

通報態度	全體	男性	女性
1. 原住民女性經驗暴力後通報警察，會為她們帶來麻煩。	78%	69%	86%
2. 如果這樣，你認為不向警察通報比較好嗎？	3%	4%	3%
3. 原住民女性經驗暴力後通報警察，會為她們的家人帶來麻煩。	72%	68%	75%
4. 如果這樣，你認為不向警察通報比較好嗎？	7%	8%	6%

資料來源：Cripps 等（2019）。

　　由前述的調查結果可知，「對女性暴力」在原住民社區是普遍存在的，但有一半的人卻不知道向何處求助，而「藥物濫用」與「酒精濫用」幾乎是所有受訪者都同意的暴力發生原因；雖有七成的受訪者認為「向警察通報」會為女性及其家人帶來麻煩，卻幾乎所有的受訪者仍認為即使如此，還是應該向警察通報，此訊息清楚呈現了原住民受訪者對通報的矛盾。

　　此一直接來自原住民受訪者的調查結果，提醒了防治機構應致力於宣傳協助管道和求助資訊、改善原住民地區的求助障礙，而改變原住民族過去被司法機構負向對待和歧視的經驗，理解其恐懼通報後孩子會被帶離、無家可歸的心情，應更能掌握求助障礙的核心內涵。

第四節　部落菁英對親密關係暴力的知覺及介入經驗

　　前述調查分別呈現國內一般民眾對「性別暴力的態度或信念」，及澳洲政府分析原住民受訪者在「性別平等」和「對女性暴力」的態度；至於我們原鄉民眾對親密關係暴力、對受暴女性的態度如何，得實際進入部落才能真實感受到，以能由部落民眾之視框理解其對親密關係暴力的知覺或態度。

　　作者因參與科技部原鄉整合型研究開始進入部落，在參與社區家暴防治宣導，與部落耆老、村長、牧師、社區發展協會理事長或一般民眾接觸時發現，當以「家暴／親密關係暴力」指稱時，卻得到部落菁英和民眾的「打架」回應，幾次下來，發現部落民眾對「家暴／親密關係暴力」的知覺和詮釋，似乎與作者使用之法律名詞、家暴機構

觀點有所不同。

> 「好像不能說是家暴，就是它這個名稱不可以用家暴去說，
> 而就是說衝突，因為衝突的話可以是呃，打架啦……」
> （G3H7）

> 「真的在這一方面的認知是很少的，我們不曉得說到什麼樣
> 程度叫做暴力……他們會認為夫妻吵架、打架不算暴力，
> 所以當我們去做一個介入的時候，他很容易就可能就拒絕
> 了。」（G3I14）

　　這個發現成為作者展開部落民眾「對親密關係暴力態度」焦點團體訪談的開始。由於部落菁英對地方事務的影響力，使其常成為部落事務的調解者（黃源協等，2008；萬育維、曾梅玲、鄭惠美，2009），因此以「部落中有影響力且熱心地方事務，或曾參與部落家暴網絡會議」之部落菁英，包括：民意代表、長老、頭目、牧師／神父、傳道、公務人員或老師等為資料收集的對象，以試圖貼近原鄉的脈絡環境和在地的生活經驗（沈慶鴻，2018）。

　　此次資料收集於 2012 年至 2013 年期間進行，因全臺灣十六個原住民族分散各地、幅員廣闊，有限的時間、透過在地家暴機構社工的協助，只收集到泰雅、阿美、排灣和魯凱等四個族別的資料；於是進行了五場次、跨四族別，共 28 位民眾參與的焦點團體。由於歸納少數在地人的經驗也無法代表部落全體成員的意見，因此此次資料的收集也只是理解原住民親密關係暴力的開端（焦點團體的參與者資料請見本章附件二）。

一、對親密關係暴力的知覺

歸納訪談資料，發現部落民眾會以「打架」來詮釋暴力，是因其所看見、經驗的親密關係暴力行為具有以下特徵：

（一）暴力頻繁，但不嚴重

原鄉特定對象與親密伴侶間的暴力衝突時常發生，是所有受訪焦點團體成員皆認可的現象，然多數成員都表示傷害不嚴重，不用太擔心此類暴力衝突。

> 「常常吵吵鬧鬧啊！可是還好啦、不嚴重、沒什麼傷害，打到那種受傷住院的是沒有啦。」（G2-A ／泰雅族／牧師）

（二）衝突反覆，但和好快速

多數參與訪談的焦點團體成員因非當事人，因此多只能由受暴者的外在行為或互動方式觀察暴力衝突造成的影響，而此一觀察會影響其對暴力的知覺。當這些同村、同鄉鄰居看到暴力傷害後的婦女仍能如常生活、如常工作，且與相對人如常互動後，都會認為相對人與受暴者已和好，暴力對受暴者沒什麼影響，就認為不需為此暴力衝突太過擔心。

> 「大多是打一打第二天就好了……有時候前一天看他們打的很厲害，隔天一早就看到他們手牽手一起上山工作了……」（G1-B ／泰雅族／村長）

（三）只是喝酒，並無大惡

　　「過度飲酒」是原鄉親密關係暴力發生的主要原因，而因酒醉者無法控制自己，故在其無法控制情況下所出現的暴力攻擊行為，較易得到他人的諒解。

　　「就是習慣喝酒啦，醒了就沒事了。」（G2-E ／泰雅族／傳
　　道）

（四）只是吃醋，並非控制

　　除了過度飲酒、經濟問題，「懷疑配偶外遇」亦是原鄉親密關係暴力發生的原因之一；而當部落民眾，甚至是部落社工認為暴力衝突導因於此時，多從「吃醋、太在乎、太愛了」的角度做詮釋，也因此易忽略暴力的存在和通報的必要性。

　　「就是愛吃醋嘛，你跟誰怎樣啊，一起喝酒，不好聽的話，
　　就生氣了。他很愛他太太啊，當然會受不了。」（G4-D ／排
　　灣族／調解會主席）

二、對施暴、受暴兩造雙方的看法

（一）加害？被害？角色難辨

　　看見受暴者在性別、權力壓迫下的處境艱辛、痛苦受傷，是親密關係暴力議題受到重視的主因；然而，不少出席焦點團體的成員都表示，原鄉親密關係暴力不易區分誰是加害者、誰是被害者，另因原鄉

女性飲酒的情形十分普遍、互毆情形較多，因此認為無法僅根據性別、受傷或嚴重程度做判斷，施暴、受暴的角色有時也可能因時間不同而改變。

「兩個都喝啊，怎麼說誰對，誰錯？」（G1-B ／泰雅族／村長）

「家暴不一定都在老公身上，老婆也會動手啊。」（G3-E ／阿美族／警察）

（二）除了暴力行為，還會考量其他因素

《家暴法》以暴力行為發生的結果做判斷，並不考慮施暴的原因，然在原鄉並非受暴就會被認為是受害者、就會得到家人與部落鄰居的支持；魯凱族焦點團體成員提出這樣的看法，表示部落多數民眾在暴力發生之初多會認為被打的女性一定有錯的地方，因此他們會觀察，在他們確認受暴女性的行為符合部落期待時，他們才會轉而支持她；而此一預設之認知，應與「父系社會」的文化特性有關。

「……會認為女生可能沒做好……當然大家也會看啦，如果那個男生一直喝酒、不去工作，那太太很好的話，大家也會幫她啦。」（G5-C ／魯凱族／社區發展協會總幹事）

三、對受暴者求助正式系統的態度

(一)家人、部落處理就好

　　焦點團體受訪者的說法，可反映出其對部落內受暴婦女求助行為的觀察——夫妻衝突讓家人處理就好、很少求助警方；G3-B ／村長表示，到法院處理夫妻衝突是會讓事情沒有轉圜的餘地，因此並不贊成受暴婦女採取此一方式處理伴侶暴力的問題。

> 「會想說不要讓別人知道，讓自己家裡處理就好……透過警方去處理，不能說沒有，還是有，相對原住民來說，是很少的。」（G3-A ／阿美族／代表）

> 「我的感覺啦，法律走到最後，一定是不得已的，因為法律它只有對跟錯，它不管你情、理、法，就對、錯而已，但是其實很多事情是可以轉圜的，情放在最前面，情不行，我們再來講理，講理就是頭目代表，來我們幫你判定，誰對誰錯，法就是送到法院去判定，那就是一刀兩斷了嘛，應該是要走這樣一個管道的。」（G3-B ／阿美族／村長）

(二)別有用心才會聲請保護令

　　正式系統的求助，包括了報警、接受庇護、至法院聲請保護令等正式資源，其中至部落中的派出所「報警」，是多數受訪者熟悉之事，因此大家見怪不怪；但至法院聲請保護令則是大家談論較多，也較無法接受的事，不同的焦點團體皆有參與者（如 G3-B、G4-D）提

到，他們認為受暴婦女聲請保護令是別有用心——為了離婚而採取的求助方式，如果不是要離婚，原住民婦女是不會這樣做的。

> 「……不是很好啦，保護令好像是離婚的前哨站，變成是另
> 一個離婚的選項，到法院去判定，那就是一刀兩斷了嘛。」
> （G3-B／村長）

> 「……就是有朋友會跟她講說，妳被妳老公打了，報警啊，
> 那這就變成她保護她自己的方法，或者是尋求離婚的一個方
> 法，她就會變成說，我激怒你，那你就會動手打我，你對我
> 家暴，那我就可以用這樣的法律途徑跟你離婚，真的是很多
> 這樣，變成一個離婚的手段……也許施暴者問題不在他，
> 在那個女方喔，那我打了妳，可是妳用這個管道，尋求保
> 護令，好像變成自己很正當。」（G4-D／排灣族／調解會主
> 席）

因此焦點團體成員會對受暴婦女使用正式資源（保護令）出現質疑的態度，可知原鄉受暴婦女在聲請保護令時的壓力；此類求助正式系統可能承受的壓力，讓多數受暴婦女面對來自相對人的暴力傷害時，只能忍耐、壓抑。

三、對親密關係暴力的介入經驗

由於各族群、區域可能影響介入經驗，此處就依不同族別的焦點團體做呈現：

（一）中部泰雅族部落

　　包括第一場次、第二場次（G1、G2）被部落社工視為「部落中有影響力且熱心地方事務，或曾參與部落家暴網絡會議」的 12 位受訪者，雖有 3 位曾有私下協助受暴婦女的經驗（如給予支持、陪伴），但僅有牧師曾在村長邀請下正式介入兩造雙方都在的事件經驗；雖然多數成員認為村長應有不少受人委託而介入經驗親密關係暴力的經驗，不過 2 位村長都表示，自己在擔任村長過程中從未有介入處理親密關係暴力的經驗。

> 「大部分是警察、社工解決了，變成我們都是到隔天才知道，才聽說原來昨天有發生這種事情（家暴）……」（G1-B ／村長）

　　多數參與焦點團體的成員認為，夫妻間的暴力衝突屬家庭事務，非家族成員的外人是不便介入家庭事務的，且強調介入他人家庭事務不僅會引來不必要的麻煩，還可能被視為破壞他人夫妻感情的第三者。

> 「……有時候他喝醉了，他還會找你算帳，懷疑你是不是跟他太太怎麼樣，……講不清啦，他喝醉了，你要怎麼講，會被誤會啦……」（G1-D ／社區發展協會理事長）

（二）東部的阿美族部落

　　以 5 位阿美族菁英為主的焦點團體，僅部落頭目曾親自介入過親

密關係暴力事件的處理；而依鄉民代表在部落生活的經驗，其認為「家族介入」是部落處理家庭事件常用的方式，這些不向正式系統求助的婦女，多會在家族長輩的協助下試著解決暴力問題，而非家族成員通常不會有介入處理的機會；另村長也同意「家族介入」，由部落族人、家族長輩出面處理，是較能維持家族顏面之較佳、也較被接受的處理方式。

> 「通常這樣發生之後，村長都會建議雙方家族有人介入啦，還是要雙方家族來支持他們，那種很難看的事情不要讓外面的人知道，通常都會叫長輩或家族去支持他們，透過警方處理的，不能說沒有，還是有，但很少啦。」（G3-A ／代表）

（三）南部的排灣族部落

在 6 位排灣族成員中，有直接介入或參與親密關係暴力事件處理者有 2 位，即頭目和調解委員會主席。出席的頭目表示，家族系統是排灣族社會的特色，且在階級明顯的社會裡，頭目常會受邀介入家族事務的處理，而其本人就是這樣而有介入機會的；另調解委員會主席參與的親密關係暴力調解，則是在警察建議受暴婦女可進行調解的情況下參與的。

> 「……他們去報警好幾次了，還是一樣打啊，派出所沒有辦法，就建議他們去調解，來我們這邊調解，有的調解就沒事啦，有的還有沒辦法啦，他（相對人）說好好好，還是一樣打啊，沒辦法。」（G4-F ／調解會主席）

（四）南部的魯凱族部落

　　以魯凱族為主體的受訪者表示，部落裡的受暴婦女多不會向正式系統求助、也不好意思向教會求助，「調解[2]」反而是該部落處理家務事較常運用的機制，且大多先由家族的調解做起；只有在家族調解不成，才會考慮運用調解委員會的解調機制。而在家族調解時，除了雙方家族成員外，有時亦會邀頭目協助處理；在 5 位魯凱族成員組成的焦點團體中，僅 1 位成員因其公公為部落頭目，在族人請求其協助調解暴力時，因在旁協助而有「間接參與」的經驗；其他成員雖都表示，都知道部落哪個家庭有暴力事件發生、哪個婦女是受暴婦女，但多因非受暴者家人而自覺不便介入暴力事件的處理。

> 「看到臉也知道你是哪個家族的人，所以我們發生事情都是利用調解的……應該說公共事務是村長，但是部落的婚姻啊，頭目還是有他的地位的。」（G5-C ／社區發展協會幹事）

　　前述焦點團體之成員經驗，雖然顯示「部落介入」曾是原住民族衝突處理的重要機制（許華孚、卓雅萍，2011），但近來在親密關係暴力問題的解決上似乎運用有限；本次焦點團體的經驗收集，僅非常少數的頭目、牧師、調解委員會成員有介入經驗，受訪的部落菁英多數未曾介入親密關係暴力的處理。

2　此為焦點團體參與者的用詞，經瞭解其是泛指「對暴力行為的討論、處理」，而非指正式調解委員會的調解。

......

　　本章強調由社會文化、結構脈絡理解原住民親密關係暴力問題的重要性，由於原住民生活中，個人、家庭、部落、族群間緊密關連，由結構和脈絡的角度思考更能反映個體經驗受到鉅視社會結構因素影響的意義，也較能打開我們理解原住民親密關係暴力、被害人、施暴者的視角。

　　原鄉受暴婦女生活在人際互動密集的部落裡，彼此間要不是同一個家族的成員，就是具有遠近不等的姻親關係或同學關係，因此部落裡的家族價值、鄰里關係對婦女有極大的影響。由於「部落裡沒有祕密」，親密關係暴力的發生大多人盡皆知，親友、鄰居對親密關係暴力的知覺或信念，會直接、間接影響他們的通報行為，及對婦女求助正式系統、使用防治資源的態度，理解這些微視、中介、鉅視面向，應能為暴力預防方案設計出更適切、符合需要的內容。

討論與反思

一、從前幾章可知，原住民族人口數占臺灣總人口的 2.3%，其親密關係暴力通報量卻占總通報量的 4.8%，且未通報的黑數可能更多；本章更發現，原住民族的暴力受到文化、環境脈絡的影響。看完本章後，你會怎麼解讀原住民族的親密關係暴力現象？

二、原鄉蹲點研究時發現，部落民眾對「親密關係暴力」的知覺和態度，與主流社會使用之法律名詞、機構觀點不同。試想你若為助人工作者，遇到家暴個案對於親密關係暴力的解讀與你不同時，你會怎麼回應？為什麼？

三、本章作者歸納出歷史脈絡的原住民親密關係暴力發生歷程，及理解酒的生產方式和意義轉變後，對你有關原住民親密關係暴力的看法有何影響？

附件一：親密關係暴力發生原因之受訪者資料

　　為瞭解原住民女性親密關係暴力發生原因及因應方式，於 2012 至 2013 年間，透過家防中心、原家中心、滾雪球（受訪者之推薦）及人際關係（已畢業的原住民學生）等四種管道，邀請 14 位原住民受暴婦女接受個別訪談。

表 3-3　受訪者基本資料

編號	區域	性別	族群	年齡	學歷	職業	子女數	婚姻	推薦者
V1	北中	女	漢人	37	高中	無	3	初婚	人際
V2	北中	女	泰雅	49	高中肄	服務業	1	再婚	人際
V3	北中	女	泰雅	54	高中	臨時工	3	再婚	家防
V4	北中	女	賽德克	39	高中	臨時工	2	再婚	家防
V5	南	女	布農	34	國中肄	臨時工	7	初婚	家防
V7	東北	女	排灣	32	高職	無	4	初婚	人際
V8	東南	女	排灣	28	國中肄	無	2	初婚（曾未婚生子）	滾雪球
V9	東北	女	阿美	30	高職	無	3	未婚生子	家婦
V10	東北	女	太魯閣	38	國中	無	4	初婚（相對人再婚）	家婦
V12	東北	女	太魯閣	39	國中	工	2	初婚	家婦
V13	南	女	布農	32	高中	工	2	未婚	家防
V14	南	女	布農	42	高中	臨時工	2	初婚	家防
V15	北中	女	泰雅	21	國中	無	2	初婚	人際
V16	北中	女	漢人	40	高中	臨時工	2	再婚	人際

　　所有受訪者都住在原鄉，來自北中區的受訪者有 6 位、東北區 4 位、南區 3 位，東南區 1 位；分別是泰雅族 3 位、布農族 3 位、排灣族 2 位、太魯閣族 2 位、阿美族 1 位、賽德克族 1 位、漢人 2 位；最

長為 54 歲、最年輕為 22 歲，多數集中在 30-39 歲；教育程度集中於高中（9 人）、國中（5 人）；無工作者 6 人、臨時工 5 人，全職工作者 3 人。

附件二：焦點團體參與者資料

此資料蒐集工作於 2012-2013 年展開，在在地家暴機構及社工的協助下，一共進行五場次、跨四族別（包括泰雅、阿美、排灣、魯凱等）、共 28 位原鄉民眾參與的焦點團體，參與者的資料如下：

一、中部某泰雅族部落

兩個團體（G2、G1）共 12 位參與者，包括耆老（1 位）、村長（2 位）、教會牧師（2 位）、傳道（2 位）、鄉公所課長（1 位）、部落派出所副所長（1 位）、社區發展協會理事長（1 位）及社工（2 位）。12 位皆為長期在地生活的泰雅族人。

二、東部某阿美族部落

全臺原住民 16 族中，阿美族的人口最多；而此次研究者進入東部，在原民會所屬之原家中心的協助下進行焦點團體，邀請出席的部落成員共 5 位，皆為長期在地居住的阿美族人；除了該原家中心主任外，還包括 80 多歲頗有聲望的頭目、熱心地方事務且剛補選上的村長、女性鄉民代表，以及分局家防官等。

三、南部某排灣族部落

排灣族人數次於阿美族，居全臺原住民人口數的第二位；此次研究者走進排灣族最集中的縣市，透過人際網絡（校友）介紹、並在原

家中心社工的協助下，邀請族人參與焦點團體訪談；共有 6 位成員出席，包括依長嗣繼位的女頭目、教會傳道、巡守隊總幹事、調解委員會主席、公所職員，及原家中心社工等。

四、南部某魯凱族部落

根據原民會的統計，魯凱族人口較少；而由於人數少，接觸機會不多，因此以滾雪球方式，在排灣族原家中心社工的介紹下進入魯凱族部落；本焦點團體的 5 位參與者皆為女性，都為在地部落的成員，她們包括鄉公所課長、牧師、社區發展協會幹事、教會執事及原家中心社工等。

表 3-4　親密關係暴力介入經驗：焦點團體（28 位參與者）

族群	泰雅族部落	阿美族部落	排灣族部落	魯凱族部落
團體、人數	2 個團體、11 位	1 個團體、5 位	1 個團體、6 位	1 個團體、5 位
協助單位	縣府委外之在地家暴機構	縣府委外之在地家暴機構	原家中心社工	原家中心社工
參與成員	G1 耆老 村長 教會牧師、傳道 社工 G2 村長、傳道 鄉公所課長 派出所副所長 社區發展協會 社工	G3 頭目 村長 女性鄉民代表 分局家防官 家暴機構主任	G4 頭目 教會傳道 巡守隊總幹事 調解委員會主席 鄉公所職員 原家中心社工	G5 鄉公所課長 牧師 社區發展協會幹事 教會執事 原家中心社工

第四章

倖存者：
求助與因應

本章以親密關係暴力女性倖存者為關心對象，除說明求助模式外，還呈現原住民受暴婦女不求助行為，並探討其求助時可能面臨的求助阻力。之後，還陳述親密關係暴力對被害人的影響，兼引個人在地研究的結果，協助讀者認識原住民女性親密關係暴力倖存者。

親密關係暴力不僅是全球性的公共健康問題（Gustafson & Iluebbey, 2013），也是原住民女性人身安全最大的威脅之一（王增勇，2001；Brownridge, 2008; Melanie & Smith, 2011; Pedersen et al., 2013）；然原住民女性面對親密關係暴力的未揭露、未求助，容易讓人忽視原鄉親密關係暴力的普遍和嚴重（Fiolet et al., 2019; Hartman, 2020; Hay et al., 2007; Larsen et al., 2001; Tsey et al., 2007; Wahab & Olson, 2004）。為探究原住民女性未求助之因，認識暴力倖存者成為防治網絡成員及助人工作者的第一要務。

第一節　求助模式

求助（help-seeking）是個體面對壓力或困擾時的因應機制（coping mechanism）（Liang et al., 2005），是向他人表達問題或煩惱時，希望獲得支持、意見或協助，以緩和個人面對問題或壓力之緊張狀態的因應方法（Gourash, 1978; 引自 Nelson, 1980）；廣義的求助行為，泛指所有能夠減緩個人面對問題或困擾時的緊張狀態，和解決困擾的因應方式，例如運用自我協助（如閱讀、忽視或否認）、透過非正式系統（向家人或朋友求助）或正式系統（向政府或專業機構求助）等解決問題（Liang et al., 2005）。

一、求助和改變模式

Liang 等（2005）認為，求助是多重且複雜的過程，求助者會經歷「問題知覺和定義（defining the problem）、決定求助（deciding to seek help）、選擇求助資源（selecting a source of support）」等三個階段，整個求助過程是認知和情感互動的歷程，同時受到個人、人際、社會文化等因素的影響；其中對「問題的知覺和定義」是求助與否的關鍵因素，面臨壓力和困境者如何思考問題、對問題的想法和態度會影響其求助行為，若其認為來自伴侶的暴力傷害是丟臉、羞恥的、自找的，就愈難向外求助，另周遭家人、親友和社會對暴力的態度也會影響其求助行為（如圖 4-1 所示）。

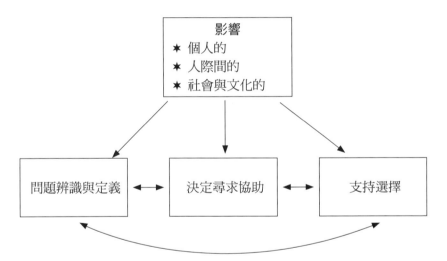

圖 4-1　**求助和改變模式**（A Model of Help-Seeking and Change）

資料來源：Liang 等（2005）。

　　此一模式完全符合 Fiolet 等（2019）調查澳洲 14 位原住民受暴婦女求助行為的研究，發現受暴者對暴力的知覺或信念、服務提供者的歧視、缺乏安全的空間等都會阻礙了受暴者的求助行為。

二、「生態架構與生命歷程」之求助決策

與 Liang 等人提出的求助和改變模式相較，Velonis 等（2015）提出的「生態架構與生命歷程」求助決策則較為完整，其認為要瞭解受暴婦女在暴力處境中的求助決定，僅聚焦個人層次是不完整的，故其提出「社會生態架構和生命歷程理論」（如圖 4-2 所示），以說明受暴婦女的求助決策與其生活結構和生命歷程間的交互關係，其中三個重要的向度是：

（一）社會生態架構（social-ecological framework）：包括四個影響受暴婦女求助行為的因素，包括：婦女個人因素、人際因素、組織／社區因素、社會／政治因素等。

（二）生命歷程理論（life-course theory）：指婦女經歷暴力、壓迫、不平等重要事件（如目睹暴力）的階段，遭受暴力對待的時機（timing）（如懷孕、擔任親職的初期或後期），以及承受暴力傷害的次數（quantity）、累積效應（cumulative effects）等，這些因素都會影響受暴婦女的求助決定。

（三）文化與結構的交織性（intersectionality）：指社會生態和文化、結構等因素交互形成的現象，例如：性別、族群、移民身分、貧窮、失能與社會制度等，這些因素深入女性生活的各個層次，直接、間接影響個人的選擇和決定。

Velonis 等（2015）提出的「社會生態架構和生命歷程理論」，除了說明影響求助決策的多因素現象，還指出黑人女性主義者重視的交織性，提醒助人工作者除了個人因素、人際因素、組織／社區因素、社會／政治因素等四類因素會影響受暴婦女的求助行為，受暴婦女求助與否的決策還與受暴時間、生命階段、暴力的次數和累積性，以及

文化與結構因素密切相關。

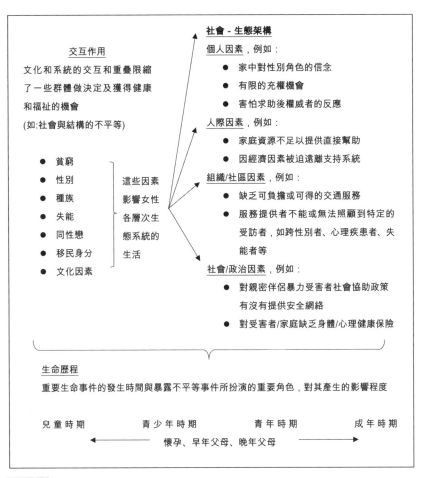

圖 4-2 社會生態架構和生命歷程理論：與受暴婦女決策的互動關係

（Relationship Between Intersectionality, the Social-Ecological Framework, and Life Course Theory As They Relate to Abused Women's Decision-Making）

資料來源：Velonis 等（2015）。

　　Velonis 等人提出之求助決策架構雖非針對原住民女性，不過其強調的文化和結構因素，非常能夠說明因結構因素造成弱勢處境之原住民女性，而其指出的生命歷程理論更強調了受暴者曝露在各類創傷、不平等事件的階段和累積效應，因此非常完整的反映出原住民受暴婦女的求助決定和歷程。

第二節　不求助現象與求助阻力

　　「否認」是加拿大原住民面對家暴問題的最大障礙，不說、不去感覺、不信任他人，是原住民否認家暴問題時的三不原則（Hodgson, 1988; 引自王增勇，2001）；因此 Wahab 與 Olson（2004）認為原住民受暴女性的未求助、低報案率是值得探究、思考的現象，此現象不僅讓我們無法理解受暴者的孤立和無助感、無法評估和瞭解暴力發生的嚴重度，同時也暗示了暴力傷害伴侶是不會被起訴、不需付出代價的。

一、不求助現象

　　根據美國全國犯罪研究指出，原住民親密關係暴力被害人半數沒被通報（Palmer & Chino, 2016），Hartmen（2020）、Palmer 與 Chino（2016）也強調，許多證據顯示：鄉村、保留區原住民女性的暴力明顯被低估。Rosay（2016）分析美國原住民受暴經驗調查時亦發現，49% 有受暴經驗的受訪者需要服務，但其中 38% 的女性、17% 的男性卻表示未獲得服務，可見不是所有有服務需求的原住民受暴者都能

得到服務，因此 Fiolet 等（2019）表示，雖然原住民遭受家暴的比率較高，但比起非原住民，他們得到服務支持的比率卻偏低，且在有關求助行為的研究上，一直缺乏原住民受暴者的聲音。

　　國內的情形亦是如此，黃增樟（2005）曾利用問卷，收集花蓮賽德克族 94 位原住民女性家暴受害者的求助經驗，發現雖然超過五成（55.7%）的受害者認為原住民族的家暴問題嚴重，然而有將近七成（68.4%）的受害者未報案、三成未尋求任何協助。

　　陳秋瑩等（2006）利用問卷，針對酒癮盛行率高的南投縣信義鄉和仁愛鄉 31-65 歲的婦女進行有關家暴經驗的家戶訪問，其在整理回收的 432 份有效問卷後發現，原鄉家暴受暴率（37.8%）明顯高於主流社會（17.6%），且其中超過三成（34.2%）的受暴者只向非正式系統求助（找親戚朋友）、三成未採取任何求助策略，更讓人意外的是，完全沒人使用過 113 專線。

　　為更一步瞭解受暴婦女的求助行為，陳秋瑩等（2006）再以 44 位「肢體暴力」受暴者為例詳細檢視其求助行為，統計後發現（表4-1）：受「肢體暴力」傷害的受暴者「有做過的」求助行為，主要是「搬或離開這個家一陣子」（36.4%）、「找親戚朋友主持公道」（36.4%），次之為求助正式系統的「找派出所警察來處理」（22.7%）、「看醫師但不要驗傷單」（18.2%）及「看醫師但要驗傷單」（15.9%）等，顯示 44 位遭受「肢體暴力」的受暴者幾乎所有的求助行為只停留在「有想過」要求助——例如有想過要「打 113 電話」（84.1%）、「法院按鈴申告」（84.1%）、「找律師」（81.4%）、「親自到家防中心求救」（81.8%）及「找社工」（79.5%）等，但只有極少數人「有做過」求助——例如只有 1 人「找律師」（2.3%）、1 人「親自到家防中心求救」（2.3%）、2 人「找社工」（4.5%）和至「法院按鈴申告」

（4.5%）；「打 113 電話」則是完全沒有人做（0%）（如表 4-1 所示）。

表 4-1　伴有肢體暴力發生後的因應策略（n=44）

題目	有想過		有做過		有想但沒做		遺漏值	
	N	%	N	%	N	%	N	%
搬或離開這個家一陣子。	13	29.5	16	36.4	12	27.3	3	4.7
找親戚朋友主持公道。	18	40.9	16	36.4	4	9.1	6	13.6
找親戚朋友以暴制暴，教訓對方。	34	77.3	3	6.8	1	2.3	5	11.4
永遠離開對方，斷絕與對方的關係。	28	63.6	3	6.8	6	13.6	7	15.9
看醫師，但不要驗傷單。	27	61.4	8	18.2	0	0.0	8	18.2
去看醫師並已開了驗傷單。	29	65.9	7	15.9	0	0.0	8	18.2
找派出所警察來處理。	26	59.1	10	22.7	1	2.3	7	15.9
找社工人員。	35	79.5	2	4.5	0	0.0	7	15.9
找教會的人或廟會的人來幫忙。	32	72.7	6	13.6	0	0.0	6	13.6
找律師請教相關法律事宜。	36	81.4	1	2.3	1	2.3	6	13.6
打 113 電話。	37	84.1	0	0.0	0	0.0	7	15.9
親自到家暴防治中心求助。	36	81.8	1	2.3	0	0.0	7	15.9
法院按鈴申告。	37	84.1	2	4.5	0	0.0	5	11.4

資料來源：陳秋瑩等（2006）。

　　不僅問卷調查的結果如此，林芳如（2008）、洪翠苹（2008）、陳慈敏（2007）的質性訪談經驗亦發現，原住民受暴女性使用正式資源的意願低落；鄭麗珍、李明政（2010）的研究亦指出，婚暴在部落相當頻繁，但卻有低通報、低求助的現象；沈慶鴻（2014a）則在走過五個縣市、七個部落，彙整受暴婦女和部落菁英對部落暴力的觀察經驗後，亦證實不少婦女長期受暴，但求助正式系統的經驗並不多，少數的求助經驗也僅是在暴力發生的當下，為躲避傷害而採取的暫時性

求助，然一旦危機解除，多數婦女就會停止求助行為、拒絕正式系統的協助。

因此綜合前述研究可知，未揭露、消極性求助是原住民女性面對親密關係暴力的最大障礙（王增勇，2001；沈慶鴻，2014b；Hay et al., 2007; Larsen et al., 2001; Tsey et al., 2007; Wahab & Olson, 2004）；各項研究調查和官方統計資料所呈現的原住民族親密關係暴力的數量可能只是冰山一角，無法掌握的受暴黑數應該不少（黃源協等2008；鄭麗珍、李明政，2010；Hartmen, 2020; Palmer & Chino, 2016; Wahab & Olson, 2004）。

二、求助阻力

雖然前述國內、外的研究結果，都說明了原住民家暴的普遍性和嚴重性，然研究也證實了主流社會家暴處遇政策的介入成效有限（林芳如，2008；洪翠苹，2008），原住民女性受暴卻不求助的現象，讓政府的家暴防治和處遇工作發揮不了作用（王增勇，2001；林芳如，2008；洪翠苹，2008；陳慈敏，2007；陳秋瑩等，2006；童伊迪、黃源協，2010；黃淑玲等，2001；黃增樟，2005；Wahab & Olson, 2004; Larsen et al., 2001）。

歸納國內、外的研究發現，原住民女性的求助阻力可能包括以下各項：

（一）個人心理因素

怕丟臉、擔心負面印記（童伊迪、黃源協，2010）、覺得羞恥和罪惡（Fiolet et al., 2019; Wahab & Olson, 2004），以及在經濟壓力下，

考慮到孩子和自己的生活需要，使婦女害怕失去相對人的經濟照顧，因此不願警察介入，不願看到配偶被起訴、入獄或被裁定保護令（沈慶鴻，2014b；Hay et al., 2007; Shepherd, 2001）；又或者是傳統婦女的社會化過程，讓女性習慣忽視自身的需要，並將家庭暴力合理化成為婦女生活的一部分（顏婉娟，2000）。

此外，另一種害怕、丟臉，重點不在丟個人的臉，而是擔心丟整體原住民族的臉，害怕自己的受暴經驗會強化社會大眾對原住民族的刻板印象而不願求助，也擔憂「家暴」會繼「酗酒、雛妓、失業」等問題，成為原住民族另一個社會標籤（孔吉文，2000，引自王增勇，2001；黃淑玲等，2001），而不願意向外求助。

（二）家族及文化的綑綁

密集的人際互動、群族感、家族力量原是部落重要的特色，然期待和諧及包容的文化、重視家族關係和面子的傳統，以及基督教重視原諒的宗教價值，卻成了限制原住民女性向外求助的原因（沈慶鴻，2014b；林芳如，2008；洪翠苹，2008；陳慈敏，2007；Jones, 2008）；而害怕被孤立，擔心報警後得不到家人、鄰居的支持，或形成被家人和部落遺棄的處境（沈慶鴻，2014b；林芳如，2008；黃增璋，2005；陳淑娟，2004；游美貴，2006；Shepherd, 2001），以及擔心一旦訴諸法律，會激怒配偶的父母和手足，引起衝突，導致家族的分裂或對立等，都讓受暴婦女不敢向外求助（王增勇，2001；林芳如，2008；Shepherd, 2001）。

游美貴（2006）在其庇護服務的研究中即曾指出，雖然目前部落藩籬已有解離的現象，但對原住民婦女來說，部落的團體性與集權性仍對其有影響，因此要與部落對抗，就形同背棄部落，可能會被迫離

開部落；然一旦離開了部落就等於失去了根，失去了支持系統，也失去了完整的家；對這些社會地位、經濟地位皆弱勢的原住民婦女而言，沒有足夠謀生能力是很難在大環境下生存的。

　　此外，在階級觀念明顯的原住民部落裡，對來自於較上階級者（如長老、民代）或較大家族成員的暴力，一般民眾是不敢通報或介入的（洪翠苹，2008）。此現象與 Herbert 與 McCannell 在加拿大的經驗相同，若施虐者是部落中的長老，傳統信仰對長老的尊敬和優勢會成為制止其暴力的阻力，另原住民男性所掌握的權利使其相互保護，亦助長了其對婦女的暴力行為（引自王增勇，2001）。Palmer 與 Chino（2016）也指出，部落不少的官員或服務提供者，可能是被害人或施暴者的家人、親友，甚至施暴者本身就是警察或各委員會的成員，以致被害人覺得求助並不安全。

　　陳秋瑩等（2006）的研究發現，原鄉受暴婦女未採取求助行為的原因可能很多，或許因暴力還不嚴重，或是因多數婦女仍處於 Landenberg 所謂之受暴四階段的前三階段（否認、自責、忍耐），還未至第四階段（確認並致力於脫離暴力關係與復原）；陳秋瑩等人認為，「文化」或許是原住民婦女鮮少向正式系統求助的最大因素，因文化會影響婦女面對暴力時的反應，特別是鼓吹女性堅忍並接受男性權威，期望女性躲避衝突、努力維持家庭的完整性、維護家族名聲等的文化，會限制女性面對暴力時的求助行為。Hartmen（2020）也認為，美國印地安原住民沉默的文化牆（cultural wall of silence）亦與其低通報、低求助有關。

（三）資源的不充分、不便利

　　主要指暴力防治資源的使用不便、成本過高，會影響原住民受暴

女性的求助意願；例如交通不便，成為尋求庇護處所、醫療驗傷、保護令聲請及開庭等服務輸送和資源提供的最大障礙，且在服務便利性、可及性皆不足的情形下，會使暴力防治人員不易進入、處遇方案不易執行及婦女不易離開（沈慶鴻，2014b；黃增璋，2004；童伊迪、黃源協，2010；陳淑娟，2004；Hay et al., 2007; Shepherd, 2001）。故 Hay 等（2007）、Jones（2008）、Shepherd（2001）、Palmer 與 Chino（2016）都認為，地理位置孤立是原住民親密關係暴力被隱藏的主因。

Cripps 等（2019）、Shepherd（2001）都提到，婦女若要接受庇護就得離家，而離家面臨的壓力和花費成本（例如交通費用）可能不在婦女的預估之內；另庇護所的友善程度，如工作人員的族群、語言使用、庇護所提供的食物等亦會影響婦女使用庇護資源的意願；或者是聲請保護令後，但覺得等待開庭的時間過長、出庭不便等亦可能是其不使用正式資源，導致通報率低、聲請後又撤回保護令，或打消求助念頭的原因之一（洪翠苹，2008）。

Hartmen（2020）、Palmer 與 Chino（2016）亦認為，部落法律資源缺乏、具文化敏感的服務方案不足，都成為婦女求助上的阻礙，Palmer 與 Chino（2016）還強調，缺乏醫療服務不僅影響被害人的健康，也影響證據取得的有效性，而即使是接受政府委託或基金支持的非營利組織，其提供服務的時間、次數也常是有限制的，另婦女雖可向部落外的非原住民組織尋求協助，但在交通不便、語言障礙，及其以西方價值取向為主導的前提下，皆可能讓原住民受暴婦女的求助成為非常具有挑戰性的事。

（四）正式系統的不友善或功能未發揮

　　原住民婦女不適應主流社會機構式的服務方式、對警察和社福系統不信任（Wahab & Olson, 2004），或擔心司法系統、家暴社工對原住民存有偏見、污名化、無法保密，或出現責備、不友善的態度，而對通報及求助沒信心（王增勇等，2006；沈慶鴻，2014b；Coleman & Unrau, 2001; Hartmen, 2020; Larsen et al., 2001; Pamler & Chino, 2016; Wahab & Olson, 2004），以及曾經求助，但面臨警察、社工等消極性處理或惡劣對待所形成的不佳求助經驗（沈慶鴻，2014b，洪翠苹，2008；Pamler & Chino, 2016），也是阻礙之一。

　　Wahab 與 Olson（2004）曾引用《美國印地安人及犯罪報告》（*American Indians and Crime Report*）發現，對白人機構和助人者的不信任、擔心保密問題，使得超過 70% 的性攻擊未報案；Larsen 等（2001）也發現，原住民女性對司法系統的不信任、認為司法環境不友善和歧視是其低報案的主因。

　　此外，暴力防治的主要人員──部落社工，面對族人暴力問題的角色兩難和低敏感度亦被認為是造成低通報的原因之一。王增勇（2001）、洪翠苹（2008）的研究都發現，部落社工常因角色的限制和衝突，在處理族人，甚至是家人或親友的家暴問題時，面臨立場被質疑而使其出現尷尬、為難的窘境；此外，在地人的身分會使社工在處理族人家暴問題時，出現敏感度下降、常態化暴力的現象，亦可能是社工服務介入功能不易發揮的原因之一（詹宜璋，2009；萬育維等，2009）。

　　因此「我不求助，因為我不想惹麻煩」（I didn't go to clinic because I didn't want to cause trouble.）成了多數原住民受暴女性的心

聲（Shepherd, 2001: 497）；Fiolet 等（2019）針對原住民受暴婦女求助行為的研究還發現，服務提供者的歧視、判斷、未提供安全空間造成的恐懼等，都阻礙了原住民女性的求助行為。

第三節　認識原鄉親密關係暴力倖存者

　　由於親密關係暴力具有持續性長、暴力循環及類型多樣之特性，因此親密關係暴力對被害人帶來的傷害與影響深刻，包括負面感受與情緒、自我認知的懷疑、心理疾患、創傷反應、身心症狀與各種生理病痛與疾病，並對其人際與社會關係帶來破壞等。

　　世界衛生組織（WHO）彙整了相關研究，具體指出親密關係暴力對被害婦女身心健康的影響路徑如圖 4-3 所示；WHO（2013）指出，個人生物機制會透過複雜與相互關聯的神經中樞、內分泌系統及免疫反應去因應急性和慢性的壓力；例如，當長期遭受或處於急性壓力，大腦區域如海馬迴、杏仁核和前額葉皮層會發生結構性變化，這些變化對心理健康、認知功能皆有影響，並可能導致精神障礙、身體疾患、慢性疾病及其他身體狀況；而除了生物壓力反應外，還存在行為和其他風險因素，受暴者可能透過酒精、香菸或其他成癮藥物以減緩、逃避暴力帶來的傷害。另為了因應壓力，免疫系統可能會受到影響、加劇病毒感染；持續和急遽升高的壓力也與心血管疾病、高血壓、胃腸道疾病、慢性疼痛和胰島素依賴性糖尿病的發生有關。在懷孕期間和懷孕前後承受壓力則可能會導致嬰兒體重過輕，或觸發早產（引自王珮玲等，2021）。

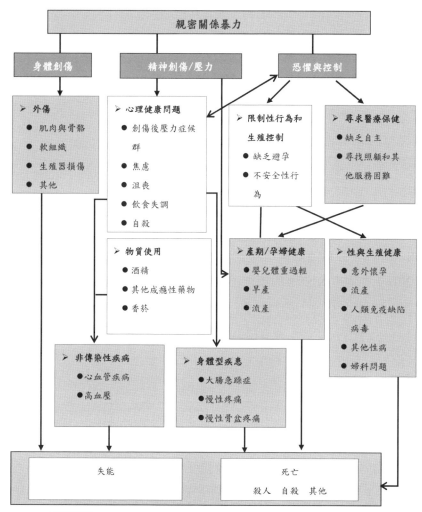

圖 4-3　親密關係暴力對受暴婦女身心健康影響之路徑

資料來源：WHO（2013）（引自王珮玲等，2021）。

　　可見遭受暴力與健康影響之間的關係是複雜的，許多關聯的假設中存有中間途徑，暴力可能增加特定風險行為，風險行為又增加不利健康的可能性。前述這些暴力對身心造成的影響是不論族別，所有的

暴力倖存者都可能受到的傷害，但有些影響則是原住民受暴婦女較非原住民受暴婦女不同之處。以下分國外研究、國內研究結果做說明：

一、國外研究

根據第一章的研究發現，不論是 Black 等（2011）分析美國 2010 年「全國親密關係和性暴力調查」（The National Intimate Partner and Sexual Violence Survey, [NISVS]）的調查報告，發現女性遭受親密關係伴侶暴力的終身盛行率，印第安或阿拉斯加原住民女性，是白人、非裔、亞裔等四族群女性中，盛行率最高的族群，還是 Rosay（2016）亦使用 NISVS 的調查資料也發現，印地安或阿拉斯加女性遭受親密關係伴侶暴力的終生盛行率是白人女性的 1.2 倍、一年盛行率是白人女性的 1.7 倍；或者是 Brownridge 等（2017）使用加拿大全國性樣本的分析結果，都發現原住民與非原住民在親密關係暴力上有顯著差異，因此有必要準確認識親密關係暴力高危機的原住民女性。

Rosay（2016）進一步分析 2,437 位印第安或阿拉斯加原住民女性，伴侶（不論是否為原住民）的肢體、跟蹤或性暴力，造成了印第安或阿拉斯加女性的安全疑慮、身體受傷、無法上班／上學，因此她們想找人談談、有服務的需求，而這些暴力傷害的影響和白人比較起來，其身體受傷的比例是白人女性的 1.5 倍、有服務需求的比例是白人女性的 1.8 倍、因暴力而無法上班／上學的比例則是白人女性的 1.9 倍，可見親密關係暴力對印第安、阿拉斯加原住民女性造成較嚴重的影響（如表 4-2 所示）。

表 4-2　親密關係暴力對女性被害人的影響

對女性的影響	美國印地安、阿拉斯加原住民	非西班牙裔白人 Non-Hispanic White only	相對風險 Risk
有安全疑慮 Concerned for Safety	66.5 %	59.6 %	NS
身體受傷 Physically Injured	41.3 %	27.4 %	1.5
想找人談談 Talked to Someone	92.6 %	89.9 %	NS
有服務需求 Needed Service	49.0 %	27.7 %	1.8
無法上班／上學 Missed Work/School	40.5 %	21.6 %	1.9

資料來源：Rosay（2016）。

　　由表 4-3 中可知：印第安或阿拉斯加原住民女性因親密關係暴力而有服務需求的比例是非西班牙裔白人女性的 1.8 倍，這些需求依序有：醫療照顧（38%）、法律服務（15.8%）、居住（11.2%）、倡導服務（8.8%）及社區服務（4.3%）；與白人女性比較起來，印第安、阿拉斯加原住民女性在醫療照顧上的需求，是白人女性的 2.3 倍、在安全居住服務的需求是白人女性的 2.7 倍（表 4-3）；這個結果再次提醒了，原住民女性承受較嚴重的暴力傷害、有較強烈的服務需求。

表 4-3　女性親密關係暴力被害人的服務需求

女性被害人的服務需求	美國印地安、阿拉斯加原住民	非西班牙裔白人 Non-Hispanic White only	相對風險 Risk
醫療照顧 Medical Care	38.0 %	16.6 %	2.3
居住服務 Housing Services	11.2 %	4.2 %	2.7
社區服務 Community Services	4.3 %	4.6 %	NS
倡導服務 Advocacy Services	8.8 %	5.9 %	NS
法律服務 Legal Services	15.8 %	16.4 %	NS

資料來源：Rosay（2016）。

二、國內研究

　　為幫助防治網絡成員及助人工作者認識國內原鄉親密關係暴力倖存者，此處除將列出相關研究的受訪者描述外，也嘗試呈現衛福部通報統計資料和潘淑滿等（2021）全國調查的受訪者樣態進行比較，以呈現原鄉女性暴力倖存者的圖像，並做為助人工作者認識服務對象的基礎。

（一）整體受暴者

1. 衛福部通報統計

　　衛福部公開之通報統計資料，係綜合各暴力類型之家暴統計資料，無法僅針對「親密關係暴力」進行檢視；而為掌握親密關係暴力概況，僅能透過衛福部 2018 年委託之「親密關係暴力」研究進行瞭解（沈慶鴻、王珮玲，2018）；該委託研究分析之全國親密關係暴力通報被害人基本特性，除族群外[1]，還包括：性別、年齡、身心障礙等項目。根據其整理之十年資料（2008 至 2017 年）發現：

（1）性別：「女性」仍是主要的被通報者，約占通報人數的九成，不過此數字有逐年下降的現象，2017 年已降至 85.6%。

（2）年齡：親密關係暴力受暴者集中在 31-65 歲之間，2017 年其中 30-40 歲間的通報者占全體通報人數的 1/3（34.80%）、40-50 歲次多（27.2%），再其次是 50-65 歲（17.6%）。不過值得注意的是，約占 4.7% 的 65 歲以上受暴者，受暴人數有逐年增加的趨勢。

---

1 親密關係暴力通報案件之被害人族群分析，請見第一章。

（3）身心障礙者：2017 年親密關係暴力通報被害人身心障礙比率，僅占 7.8%——累計十年來，含領冊身心障礙者、領證身心障礙者，及疑似身心障礙者等之被害人人數雖然緩步上升，但也只占被通報者的 7.6%；不過由於身心障礙者主動求助的能力有限，也因對外接觸的範疇有限，因此並不易被外人發現，故身心障礙者受暴的問題需做更多的提醒和宣導。

2. 潘淑滿等（2021）受衛福部委託之全國性調查

在隨機抽樣的 1,504 位女性受訪者中，256 位（17%）遭受親密關係暴力受訪者的基本資料如下：

（1）年齡：各年齡層的人數差距不大，31-40 歲者占 23.3%、41-50 歲占 21.2%，故 31-50 歲的受暴者占了 45.5%。

（2）學歷：四成（41.2%，106 人）受暴者具大學學歷，其次三成多（34.4%）的高中程度者。

（3）婚姻狀態：超過五成（56.0%）受暴者受訪當時處於婚姻狀況維繫中（已婚）。

（4）就業情形：超過四成（44.8%，115 人）受暴者具全時工作；沒工作者（含退休、不想工作、待業中）占 18.1%。

（5）收入：以 2 萬至 4 萬元（38.9%）者為主，2 萬以下者（28.1%）其次，各約 1/4；另有一成（11.7%）無收入。

（二）原住民受暴婦女

針對原住民族進行親密關係暴力議題的大樣本調查，目前僅收集到陳淑娟（2004）、黃增樟（2005）、陳秋瑩等（2006）及 Yang 等（2006）四篇。不過，仔細閱讀前述文章會發現，陳秋瑩等（2006）

之文章並未呈現受訪者的基本資料，僅呈現 136 位受暴婦女的受暴類型和求助行為分析；同樣的，Yang 等（2006）的研究雖有 126 位原住民婦女的訪談資料，但未呈現受訪者基本資料，文章中只簡要提到有受暴經驗的受訪者平均年齡 36.9 歲、多數（58.3%）受暴者的教育程度在國中及國中以下，43.3% 的受暴者有工作。

　　因此，本文僅能呈現陳淑娟（2004）、黃增樟（2005）調查資料，但因兩人對基本資料的分類方式不同，因此無法並列呈現。

1. 有關排灣族婦女受暴經驗研究

　　陳淑娟（2004）使用次級資料分析法——運用楊美賞（2002）執行「南臺灣山地鄉原住民部落家庭暴力評估之調查」所收集到的資料——555 份有效樣本中 231 位（41.6%）女性有受暴經驗，而該研究主要針對 108 位遭受肢體暴力婦女進行分析；這些婦女所提供的資料如下：

　　（1）七成（71.3%，77 人）受暴者的教育程度在國中（九年級）
　　　　以下。

　　（2）六成（60.2%，65 人）受暴者未就業（含失業、家管及務農
　　　　等）。

　　（3）幾乎所有（95.4%，103 人）的受暴者有宗教信仰；但定期
　　　　參與宗教活動的只有一半（57 人，55.3%）。

　　（4）三成（30.56%，33 人）受暴婦女常常飲酒（一星期兩次以
　　　　上）。

2. 花蓮原鄉婦女受暴經驗研究

　　黃增樟（2005）透過花蓮社工收集 98 份受暴婦女（其中有 70%的魯凱族、11% 布農族、7% 阿美族，及 6% 住在部落的漢人）之基本資料，包括：

（1）九成多（93%，91 人）受暴者為女性。

（2）30 歲以下占三成（29.6%，29 人），31- 35 歲以下占了五成（50%，49 人）。

（3）超過 3/4（70.4%，69 人）受暴者受訪當時處於婚姻維繫中（已婚）。

（4）2/3（64.3%，63 人）的教育程度在國中以下，且主要集中在國中（45.2%）。

（5）約半數受訪者未就業（46.9%，46 人）。

（三）比較：非原住民婦女 vs. 原住民婦女

彙整衛福部通報統計、潘淑滿等（2021）進行之全國性調查，及陳淑娟（2004）、黃增樟（2005）與 Yang 等（2006）等研究資料其間異同（表 4-4）：

1. 婚姻：不論整體婦女，還是原住民受暴婦女，受暴者受訪時多處於婚姻關係中（已婚）。

2. 年齡：原住民受暴婦女的年齡較輕，30 歲以下者比率較多（50% 35 歲以下或平均 36.9 歲），整體的受暴婦女則集中在 31 歲以上，40 歲以上者甚至高達 61.2%。

3. 教育程度：原住民受暴婦女的教育程度較低，多在國中及國中以下（約六、七成），整體受暴婦女國中以下者則有 24%。

4. 就業：原住民受暴者多未就業，整體受暴婦女則多為全時工作者，僅 18% 未就業。

5. 宗教信仰：此部分特性雖無可比較之資料，但原住民受暴者幾乎（95%）都有宗教信仰（陳淑娟，2004），是較特別之處。

表 4-4 親密關係暴力受暴婦女：整體婦女 vs. 原住民婦女

類別		相異				
		婚姻	年齡	教育程度	就業狀況	飲酒情形
全國	潘淑滿等（2021）	56% 婚姻中	16% 30 歲以下	24% 國中以下	18% 未就業	×
原鄉	陳淑娟（2004）	×	×	71% 國中以下	60% 未就業	30.56% 常飲酒
	黃增樟（2005）	70.4% 婚姻中	50% 35 歲以下	64% 國中以下	47% 未就業	×
	Yang 等（2006）		平均 36.9 歲	58% 國中	43% 就業中	×

資料來源：作者自行整理。

　　整體受暴婦女和原住民受暴婦女人口特性的比較，除了受訪時多處於婚姻關係維繫狀態下，其他特性（年齡、教育程度、就業）都有明顯的差異。其實，這個差異的產生是可理解的，三個因素也應互有相關；例如：原鄉由於教育資源不足、教育品質不佳，再加上較低的家庭收入，使得多數原住民女性未繼續升學；未繼續升學就導致較低的教育程度、較低的就業競爭力，而過早進入社會，早婚的機率當然也隨之提高，這樣的經驗似乎是不少原住民受暴婦女的經驗寫照。

（四）其他特性

　　除了前述基本特性的比較外，研究還透露出幾個值得關注的差異：

1. 飲酒與受暴

　　酒癮與婦女受暴問題顯著相關，在許多研究中都得到證實；陳淑娟（2004）的研究即指出，原住民女性的飲酒行為與受暴問題有

直接關係——例如婦女經常飲酒者遭受身體暴力的比率顯著較高（p<.001），為沒有或偶爾飲酒者的 3.42 倍；陳秋瑩等（2006）的研究更表示，即使在未飲酒的狀況下，原住民婦女家庭暴力、肢體暴力的受暴機會就顯著高於非原住民婦女，分別是其的 2.2 倍和 7.2 倍；過度飲酒更顯著增加了原住民婦女的受暴機會，使家庭暴力受暴機會從 2.2 倍增至 6.8 倍、肢體暴力的受暴機會從 7.2 倍增至 9 倍（表 4-5）。

表 4-5　原住民女性飲酒行為與親密關係暴力之關係

研究者	研究結果
陳淑娟（2004）	經常飲酒之原住民婦女遭受身體暴力的比率為沒有或偶爾飲酒者的 3.42 倍。
陳秋瑩等（2006）	無飲酒的原住民婦女家暴受暴機會是一般婦女的 2.2 倍，過度飲酒則受暴機會增至 6.8 倍； 無飲酒的原住民婦女肢體受暴機會是一般婦女的 7.2 倍，過度飲酒則受暴機會增至 9 倍。

資料來源：作者自行整理。

　　這樣的研究發現對暴力防治工作具有提醒作用，雖然陳秋瑩等（2006）也強調該研究雖直接調查原住民女性的飲酒行為，但並未對施暴者與受暴者的飲酒問題與暴力發生進行時序分析，因此無法釐清是否婦女本身的飲酒行為而引發其與伴侶間的暴力行為，還是婦女受到伴侶暴力傷害後導致不良的心理健康而產生過度飲酒的行為，然可以確定的是，協助原住民家庭降低酒精的影響在家暴防治上具有重要性。

2. 受暴與心理疾病

　　受暴婦女的心理疾病亦是一個值得關心的議題，根據陳淑娟

（2004）的研究發現，原住民受暴婦女超過八成（83.3%，90人）有自殺意念、半數有憂鬱情緒（51%，55人）；其中受肢體暴力者之自殺意念（90人）顯著高於無受暴經驗者4.09倍（p<.001）；其憂鬱情緒（55人）亦顯著高於無受暴者2.03倍（p=.00011）。

　　Yang等（2006）亦曾針對南臺灣原住民女性進行親密關係暴力和心理疾病的狀況調查，發現15%的原住民女性曾經歷肢體虐待（126/840）、10.1%在過去十二個月內經歷肢體虐待；其進一步發現，遭受伴侶肢體虐待者比無受虐經驗者，有更多的憂鬱症狀（56.4% vs. 34.6%）、更強的自殺意念（63.5% vs. 34.3%）；而肢體受虐經驗在十二個月以內者，其肢體虐待和憂鬱、自殺意念的相關性更強，如一年內經歷伴侶肢體虐待的原住民女性比無此經驗者，有1.9倍的憂鬱症狀、2.4倍的自殺意念、5.6倍使用非處方的安眠藥物（表4-6）。

表 4-6　原住民女性親密關係暴力與心理疾病之關係

研究者	研究結果
陳淑娟（2004）	原住民受暴婦女八成（83%）有自殺意念、半數（51%）有憂鬱情緒。 受肢體暴力之原住民婦女的自殺意念高於無受暴經驗者4.09倍、憂鬱情緒高於無受暴經驗者2.03倍。
Yang 等（2006）	受肢體暴力之原住民婦女比無受暴者有更多憂鬱症狀、更強自殺意念。 一年內經歷伴侶肢體虐待的原住民婦女比無此經驗者，有1.9倍的憂鬱症狀、2.4倍的自殺意念、5.6倍使用安眠藥物。

資料來源：作者自行整理。

3. 家庭支持系統

不少研究發現，婦女受暴後的求助行為與支持系統有關，若有充分的支持系統，多數婦女會向支持系統求助；然原住民婦女受暴後只有 1/3 會向親友求助（陳秋瑩等，2006），顯示受暴婦女可能怕造成親友困擾、讓其擔心而未向親友求助，或者因親友的支援或協助有限而使其無法向親友求助。

訪談的 14 位受暴婦女中，也呈現親友支持不足的現象（沈慶鴻，2014a）：

（1）家人未支持：5 位（35.7%）不同族群通婚者（受暴者及施暴者為「原－漢」配或「漢－原」配），其中 4 位（80%）家人未在其受暴時提供支持，再經探詢後才瞭解，家人其實並不知暴力之事。由於她們的婚姻並未得到家人的支持，因此受暴後，她們並未告知娘家親友。另由受訪者的經驗發現，不僅非原住民的家長反對女兒嫁給原住民，原住民的家長也怕女兒吃苦而反對其嫁給非原住民。

（2）親友不介入：9 位（64.3%）「原－原」配受訪者之親友在知其受暴後，雖都能給予情緒支持，但多未主動介入，也無法提供實質幫助（如金錢、住處、長期的子女照顧）。再經瞭解後會發現，只有 1 位受訪者受暴時父母俱在，其餘受訪者則是父親過世（6 位）、母親離家（3 位）、父母雙亡（1位）、長兄過世（2 位），其餘的手足或長輩（如阿姨、叔叔、嬸嬸、姑姑）雖能給予關心，然因家人分散各地，故在受訪者面臨暴力傷害時，多數只能透過電話給予支持，並尊重其離開／離婚與否的決定。

憂鬱、自殺意念、物質使用（酒精、藥物、香菸等）是親密關係

暴力對身心造成的可能影響（WHO, 2013; 引自王珮玲等，2021），這些身心影響在支持系統較弱的原住民受暴婦女身上更是明顯，如同Velonis 等人（2015）以「社會生態架構與生命歷程理論」，論及受暴婦女的求助決策受到多重因素交織影響的現象，即充分說明了許多原住民受暴婦女從小受到教育資源、就業資源分配不平等（社會／政治因素），或因父、母、兄長等重要他人離開（生命歷程）、經濟因素得至外地工作而被迫遠離支持系統，或者家庭資源不足以提供直接幫助等（人際因素），使其長期陷在受暴困境中，暴力對身心的影響自然就更深刻、持續了。

第四節　原鄉受暴婦女的求助與因應

　　為瞭解、印證原鄉受暴婦女的求助經驗和暴力因應方式，此處引原鄉 14 位婦女求助經驗的研究發現（沈慶鴻，2014a），以回應與對照文獻內涵。而與第三章不同的是，第三章探索的是部落菁英和民眾對親密關係暴力的知覺，此處則希望以受暴婦女──暴力倖存者為主體，呈現原住民受暴婦女求助與受暴經驗（受訪者基本資料請見第三章附件一）。

一、親友、鄰居的回應

（一）喝酒衝突，不足為奇

　　幾乎每一位受訪者都表示，部落中因為打打鬧鬧太頻繁，大家也

就不把暴力當回事；且部落成員不是親戚、就是朋友，根本不方便處理。多數的鄰居也會因喝酒的人無法溝通，勸阻反而容易受傷，及怕被誤認為挑撥離間等原因而不介入。

> 「……怕去管啦……他們說夫妻的事情不要去管，人家的家務事這樣……怕麻煩，在旁邊看就好……打一打就沒事了，這樣……」（V7-189）

不過，對於鄰居的冷漠，非原住民的 V16 還特別澄清，其實部落是非常團結的，只是部落的團結多表現在工作介紹，而非被視為家務事的暴力勸阻。

> 「……他們不會去干涉別人家的事情……工作很團結什麼的，那是工作，私底下即使他們知道你們在打架，也不會出來幫忙，私人的問題你們自己解決。」（V16-268）

（二）夫妻吵架，不便介入

不少鄰居認為親密關係暴力是「夫妻吵架、打架」（V2-084），且因部落成員互動密切，不是親戚、就是朋友，不方便處理，甚至怕被加害人誤會自己別有用心而不願介入。

> 「……他們說夫妻的事情不要去管這樣，人家的家務事這樣……打一打就沒事了，這樣……」（V7-189）

（三）報警求助，小題大作

　　親友多半認為相對人只是喝酒，並強調沒喝酒的相對人其實是很好的，甚至受訪者被相對人追殺下採取的報警動作，也未得到相對人家人的支持，其親友甚至認為「有那麼嚴重要上法院嗎？」（V2）、「有必要這樣報警嗎？」（V16），並持續要求受訪者撤銷傷害、殺人未遂的告訴。

> 「……我在工作，他從房間衝出來……拿刀子要殺我跟孩子。我們連拖鞋都沒穿，孩子我一拉……看到一間廟，我直接躲到廟的桌子下……我先生穿著四角褲，拿兩把刀，又醉又難看……有，也會勸……說他只是喝酒，有那麼嚴重要上法院嗎……他們認為只是夫妻吵架，不是暴力。」（V2-084）

> 「……他從床下拿出開山刀，那時候我兒子，就趕快打電話110……後來是傷害、殺人未遂……我公公也是一直拜託拜託，要我撤銷……叫我去派出所和解……他們覺得我不原諒他，有點責備我……」（V16-069）

（四）要求忍耐、學習自保

　　與受訪者同住的相對人家人，彼此互動不多，對於相對人的暴力行為，不是管不動（V7、V12、V16）、就是只能勸說（V2、V4、V14）；唯一出面制止和阻擋相對人的家人（V8的哥哥），也要受訪者為了自己的安全不要得罪或頂撞喝了酒的相對人。

「他的表哥其他人，有聽到，都不管，他們說我活該，他們
說我白目，嘴巴不好，當我們兩個在吵架，他們都不會出
來。」（V15-197）

「先生的大哥有擋人，叫我趕快跑……他有跟我講說，盡量
他酒醉的時候不要去頂撞他……我大嫂也是會忍耐，都在門
外面，等我大哥比較清醒了，再進去這樣……她（大嫂）也
是這樣子過來的。」（V8-084）

至於沒有同住的相對人家人，在知悉相對人的暴力行為後，亦
多半要求受虐者忍耐，若是真的受不了就出去走走、散散心（V1、
V15）；14位受訪者中僅有V5、V9的相對人家人，會責罵相對人的
暴力行為，並向受訪者道歉，而只有V9的家人詢問其是否要報警、
並陪同就醫。

「如果妳真的受不了的話，妳要出去也可以啦，不要走太遠
啦，去散散步……。也就是說妳去散步，心情就好了……」
（V1-208）

（五）行為類似、不便處理

受訪者提到部落成員對親密關係暴力的袖手旁觀，還有個原因是
其曾與相對人有過同樣的行為（如V5、V15相對人的爸爸）──都
會喝酒、年輕時也都在親密關係中有暴力行為，在「你以前也一樣」
（V5）的挑戰下，使其對孩子的暴力行為無法理直氣壯的勸阻。

「……我公公對他太太，比他（兒子）嚴重……他會說不應
該這樣對太太，他兒子就會對他說，你不要講我，你不是一
樣……」（V5-065）

「……幾乎每個人都一樣……我覺得大家不會去管這些問
題，大家都差不多，大家都愛喝，也會打，不會去管別人
的……」（V8-213）

二、暴力因應

（一）為了孩子，只有忍耐

不論受暴年數多久（兩年或十多年），都可發現暴力年數與結婚
年數相差不多、甚至多過結婚年數的現象，顯示多數受訪者在親密關
係的初期，暴力即出現（如 V7「懷孕的時候就動手啊」）；多數受訪
者為了孩子，只有壓抑、忍耐。

不過，在進一步詢問後瞭解，受訪者其實各有苦衷，例如 V5 因
7 個孩子中已有 4 個住在育幼院，其不願其他更小的孩子也這樣；其
他受訪者情感上曾有的辛苦經歷（如 V8 前次關係所生的孩子由哥哥
撫養、V13 因自己外遇只得將孩子留給前夫、V4、V16 離婚後得不
到孩子的監護權、V9 未婚但生有 3 個孩子），使其不願前次不佳的經
驗再現，讓目前身邊的孩子再受到影響。

「……都是為了孩子，真的是隱忍，家暴就一直延續下去，
一直都是這樣子。」（V2-004）

「……可能是小朋友吧……我很在意小朋友的成長過程，前面幾個已經在育幼院裡面，我總不能說後面小朋友也要這樣，在那裡驚嚇或是恐懼感裡面生活……」（V5-175）

（二）經濟依賴、擔心家人安危而退縮

為了照顧孩子，多數受訪者都沒有固定工作，臨時的工作也未達到經濟獨立的程度，因此經濟依賴，讓受訪者（如 V8、V9、V12、V10）無法改變目前的處境；而害怕相對人會傷害自己或家人（如V2、V14、V15）亦是受訪者消極忍受、退縮不前的原因。

「……N 次了啦，叫我報警，我都拒絕……很怕老公沒有工作啊。我沒有工作，那麼多孩子怎麼辦，就是他在工作，很怕他沒工作啊……」（V10-193）

「……部落很小，大家都認識啊，不找你，找你的家人也一樣……」（V2-031）

（三）文化綑綁，限制求助與處理方式

文化，亦限制了受訪者的求助行為。V2 曾清楚的表示，泰雅族是一個男性社會，女人被教導以「夫」為天，即使被打都要忍耐；V14 也表示，布農族也有「嫁出去的女兒不可以回家」的習俗，認為出嫁女兒回家，會剋死家人、對家人有害，所以多年來她從不回家訴苦。

「……說嫁出去不要回來，會剋死家人……有好幾個例子都

這樣……我相信我們每一個人布農族或是原住民都還有這個
想法。」（V14-406）

其實，文化不僅影響受虐者，也影響兩方家人，例如 V15 表
示，為減少相對人受朋友影響而喝酒、不工作的現象，因此想搬回家
與爸爸同住，而姑姑請相對人回山上家中討論居住事宜時，相對人的
阿美族媽媽以男方到女方家，「又不是入贅」回絕了這個可能解決暴
力問題的邀請。

「……姑姑叫我老公上去好好的聊，結果我老公打電話給他
姊姊，說我家的人要我老公回家講話……他媽就叫我老公跟
他姐姐不要去我們家，他媽媽跟他說幹嘛要上去，她就說，
又不是入贅的，就這樣。」（V15-323）

由前述的受訪者經驗，就可明顯感受到部落環境對受暴婦女求助
的不認可、不友善，因此在暴力處理上，受暴婦女在部落中能得到的
支持相當有限，也因孩子、經濟等限制會阻礙受暴婦女的求助行為，
因此就能理解受暴婦女「我不想惹麻煩，我不求助」（I didn't go to
clinic because I didn't want to cause trouble.）（Shepherd, 2001: 497）之
反應了。

此次與受暴婦女訪談蒐集到的經驗，與 Velonis 等（2015）提出
「社會生態架構和生命歷程理論」之求助決策相符——家庭或部落對
性別角色或暴力的信念、害怕求助後權威者的反應（個人因素）影響
了受暴婦女的求助行為，也與陳秋瑩等（2006）有關受暴婦女求助因
應策略的研究結果類似，受暴後只能搬離或離開，對正式支持系統多

處在有「想過」，但少「做過」的狀況──法院（84.1% 想過、4.5%
做過）、打 113（84.1% 想過、0% 做過）、找社工（79.5% 想過、
4.5% 做過）、看醫生開驗傷單（65.9% 想過、15.9% 做過）、找派出所
（59.1% 想過、22.7% 做過）。

......

可知不同族群的親密關係暴力有其「性別暴力」的相似基礎，也
有因族群、地理區域、文化特性等因素形成求助處境、暴力影響的特
殊處境，因此美國、加拿大原住民受暴婦女與非原住民婦女的盛行
率、受暴影響有顯著差異（Brownridge et al., 2017; Rosay, 2016），原
住民婦女的受暴經驗也明顯被低估（Palmer & Chino, 2016），更多未
揭露、不求助現象。

此外，原住民女性暴力倖存者不足的家庭支持系統、飲酒及心理
疾病的現象，更讓我們看見暴力造成的傷害或暴力循環存在的原因，
以及從不同生態層次、生命階段理解原住民婦女的受暴問題的必要
性，且藉由 Liang 等（2005）、Velonis 等（2015）的求助模式更理解
了求助的複雜與不易。這些內容都希望幫助讀者深入的認識原鄉受暴
婦女，做為家暴防治網絡各專業助人工作者接觸和關懷的起步。

討論與反思

一、閱讀本章前，你對原住民婦女「受暴但不求助」的現象有何想法？閱讀完本章後，你又會如何解讀？

二、原住民婦女受暴後未求助的處境，受到部落文化限制、資源不充分、正式系統不友善等因素的影響，面對原住民受暴婦女的處境，親友、助人工作者能如何協助？

三、請回想自己面臨困境時的求助／不求助經驗，是什麼因素讓你不願向外求助（阻力）？什麼因素讓你願意向外求助（助力）？當時你的求助對象是誰（或哪個單位）？感受為何？對困境的解決有何效果？

第五章

施暴者：
施暴因素與特性

本章以親密關係暴力施暴者為關心對象，期待透過相關研究和統計資料認識原住民親密關係暴力施暴者，並思考其在親密關係中施暴的可能原因；最後也提醒，施暴者除了在親密關係暴力中施暴外，亦可能是各結構因素促成下的受害者。

　　長期以來，「被害人保護」皆為臺灣家庭暴力防治工作的核心，因此不論資源配置、服務模式均以被害人需求、被害人保護服務為焦點，暴力行為者──施暴者[1]長期以來都未成為暴力防治關心的對象，以致不論是實務投入、學術研究上均十分不足，對施暴者的瞭解相當有限。

第一節　施暴者的異質性

　　對被害人施以暴力之行為人的稱呼頗多，「施暴者」、「加害人」、「相對人」等詞都有被使用；實務上，通常稱「經法院裁定需接受加害人處遇計畫者」為「加害人」，稱「（尚）未受法院裁定者」為「相對人」；然因不少被害人並未聲請保護令，也未透過司法聲張自己的權益，因此許多暴力行為人並未進入法院。涵蓋較廣範疇，本章以「施暴者」統稱之。

　　不少文獻在勾勒親密關係暴力施暴者之輪廓時，多會以具邊緣人特性、反社會性格、失常、衝動或偏執、會用暴力展現權力和能力、病態的忌妒、低自尊及自我概念不健全等特性來描述施暴者（Hotaling & Sugarman, 1986; 引自劉秀娟譯，1996）。不過黃志中（2011）、謝宏林（2010）則強調施暴者彼此間並不相同，具相當的異質性；例如 Holtzworth-Munore 與 Stuart 根據暴力的嚴重性、廣泛性、人格違常性（Personality Disorder/Psychopathology）三向度，將

---

[1] 施暴者、加害人、相對人等名稱都有研究者使用；通常在親密關係暴力的研究中，慣稱經法院裁定需接受「加害人處遇計畫」者為「加害人」；而未受法院裁定者為「施暴者」。

親密暴力施暴者區分為四類：較無前科紀錄、無心理疾病，約占 50%
的只打家人型（Family Only）；有邊緣型人格異常、情緒易變且常煩
躁、對伴侶有高度依賴等特徵，約 25% 的煩躁／邊緣型（Dysphoric/
Borderline）；家外暴力行為多、多有犯罪前科紀錄，也約占 25% 的
反社會型（Generally Violent/Antisocial）；以及其在後續實證檢視時，
又增加的少數、介於只打家人型和反社會型之間的低反社會型（Low-
level Antisocial）等四類（引自王珮玲等，2021）。

　　Johnson（2008）亦曾對施暴者進行類型研究，也將對伴侶施
暴的施暴者分為四類，包括最常見的兩類：親密恐怖型（intimate
terrorism）、情境暴力型（situational couple violence），以及較不常
見的兩類：阻卻型暴力（violence resistance）和相互控制型暴力
（mutual violence control）（引自 Oka & Whiting, 2011）。另沈勝昂、林
明傑（2004）也針對國內施暴者進行類型分析，之後將其分為：低暴
力型、酗酒高危險群、廣義邊緣型、狹義邊緣型等四類，其中以第二
類「酗酒高危險群」施暴者的致命危險性最高。

　　而除了提醒施暴者的異質性外，亦有研究者呼籲，與施暴者互動
時不應只關注他們的外顯行為，也應從施暴者的角度與處境，探究他
們對於自身和伴侶關係的評價、生命的多重創傷、內／外關係的價值
觀點等「變動性的形塑（becoming）」來瞭解他們（黃志中，2011）。
王美懿等（2010）也強調，目前家暴防治體制漠視了施暴者想要維持
家庭完整、努力澄清自己不是「壞人」的烙印，以及忽略他們在傳統
父權框架與勞動市場壓迫的雙重壓力下所面臨的困境，並質疑一概將
加害人視為父權結構下的獲益者，認為其需改變及再教育、再學習之
角度的適切性。

　　此外，邱惟真、阮祺文（2016）透過與法院合作辦理「家暴施暴

者整合性方案」之執行過程發現，多數家暴施暴者仍期待維繫婚姻或家庭關係，且超過半數（64%）施暴者具有改變意願。廖珮如、唐文慧（2014）也認為，過去的專家論述未能深究家庭暴力類型的多元化，逕將「家庭暴力」簡化為個人因素，迫使許多低社經地位、勞工階層、出生成長於臺灣社會 1940、1950 年代的家暴施暴者，他們真實的生活經驗及感受無法被聆聽、被認可和接納；當多數人責難家暴施暴者性格衝動、情緒管理不當之際，可能也同時否定了他們的常民生活經驗，造成他們對體制的反彈和不滿。

第二節　施暴者圖像

　　一般而言，我們對親密關係暴力兩造雙方的瞭解，大多透過服務接觸及研究訪談而來，然如前所述，國內家暴服務、學術研究長期以來皆以受暴者為服務對象，因此對施暴者的所知有限。由於原住民家暴通報件數不到全國親密關係暴力通報件數的 5%（以 2017 年為例，只有 4.8%），且被法院裁定應接受「加害人處遇計畫」之原住民施暴者應該更少的狀況下[2]，實在很難透過現有通報資料或服務資訊來認識原鄉施暴者。

　　此外，國內目前並無直接針對親密關係施暴者進行的大樣本調查，通常要認識施暴者，多是透過受暴婦女提供的資料來間接認識，例如：潘淑滿等（2021）的親密關係暴力全國性調查即是如此，不過

2　根據司法院提供的資料，以 2021 年為例，保護令該年新收的聲請件數（29,572 件）只占家暴通報件數（149,198 件）的 19.8%，而保護令的核發件數（17,084 件）只有 58.45%（扣除撤回件數，核發率增至 76.34%），其中「加害人處遇計畫」核發件數（3,103 件），只占保護令核發件數的 18.16%。

因該調查的原住民樣本數太少，因此其調查報告中並未依族群呈現原住民施暴者的樣態和特性。

　　另如第四章所述，以原住民親密關係暴力為主題之調查研究，僅收集到陳淑娟（2004）、黃增樟（2005）、陳秋瑩等（2006）及 Yang 等（2006）四篇；然這四篇研究的主體皆是受暴婦女，且只有兩篇（陳淑娟，2004；黃增樟，2005）有透過受暴婦女蒐集施暴者的基本資料，因此也只能從此間接資料中推估，概略瞭解原住民施暴者一二罷了。

一、全國調查

　　潘淑滿等（2021）隨機抽樣調查全國 1,504 位 18 歲以上女性受訪者中，有 17%（256 位）受訪者有受暴經驗，由其提供的施暴者資料，經整理有以下訊息：

　　（一）年齡：30-39 歲的施暴者（87 人，34.7%）略多於 18-29 歲（77 人，30.6%）、40-49 歲（44 人，17.4%）的施暴者，而經整理會發現 30 歲以上的施暴者占了 2/3（66.9%）。

　　（二）教育程度：大學／專科階段的施暴者（83 人，33.2%）略多於高中／職階段的施暴者（81 人，32.3%），亦即 2/3（65.5%）施暴者的教育程度在高中以上。

　　（三）就業情形：超過近半數的施暴者受雇於全時工作（138 人，55.1%），其次是自營工作者（27 人，11.0 %），不固定和部分工時施暴者僅 14.5%（36 人）。

　　（四）飲酒狀況：超過半數施暴者沒有喝酒（138 人，55%），偶爾喝酒（平均每週不到一次）的施暴者則有 1/5（57 人，

22.7%），經常喝酒（30 人，12%）、幾乎天天喝酒（25
人，10%）的施暴者則各有一成。

（五）藥物使用：根據受暴者提供的資料，96%（237 人）的施暴
者沒有使用非法藥物，只有 4% 的施暴者有使用非法藥物
的經驗。

（六）目睹經驗：約三成的受訪者表示，施暴者未曾目睹過雙親
暴力（78 人，31.3%），17.4% 受訪者認為該伴侶應有目睹
雙親暴力的經驗（57 人），其餘超過三成的受訪者則不知
道其伴侶是否曾目睹雙親暴力。

（七）受暴經驗：有 1/3 受訪者表示，其伴侶未曾有被雙親施暴
的經驗（181 人，34.6%），只有 13.6% 認為其伴侶應有被
雙親施暴的經驗（34 人）。

二、原鄉研究

（一）南部排灣族受暴婦女調查

陳淑娟（2004）使用 108 位遭受肢體暴力婦女之次級資料進行分
析，同時也透過婦女蒐集了施暴者的資料，包括：

1. 教育程度：2/3 施暴者的教育程度在國中（九年級）以下（72
人，66.7%）。

2. 就業情形：近六成施暴者在調查時處於就業狀態（63 人，
58.3%）。

3. 飲酒狀況：有七成施暴者「經常飲酒」（78 人，72.2%）。

（二）花蓮東賽德克地區受暴婦女調查

黃增樟（2005）調查花蓮東賽德克地區 98 位受暴婦女的受暴經驗（70% 魯凱族、11% 布農族、7% 阿美族，及 6% 住在部落的漢人），其中有 85 位婦女提供施暴者資料。經整理發現：

1. 年齡：六成施暴者在 36 至 45 歲間（62.4%，53 人）。
2. 婚姻：八成施暴者已婚（81.2%，69 人），施暴對象為其配偶。
3. 教育程度：3/4 施暴者的教育程度在國中以下（76.5%，65 人）。
4. 就業情形：六成施暴者無固定職業（60.0%，51 人）。
5. 收入：在有收入的施暴者中，四成的月收入在 15,000 元以下（41.2%，35 人），若加上無收入的 15 人，則近六成（58.8%，50 人）施暴者的收入在 15,000 元以下。
6. 族別：施暴者包括魯凱族（79%）、布農族（8%）、阿美族（8%）及漢人（1%），與受暴婦女的族別做對照，顯示跨族別之親密關係暴力是存在的。

三、比較：非原住民施暴者 vs. 原住民施暴者

雖然直接資料有限，且原住民受暴婦女的施暴者不盡然都是原住民施暴者，但為了有機會一窺原住民施暴者，此處只能嘗試透過受暴婦女提供的資訊來認識施暴者，並比較潘淑滿等（2021）透過隨機調查全國 18 歲以上受暴婦女，與陳淑娟（2004）、黃增樟（2005）針對特定區域或族群（屏東排灣族、花蓮東賽德克地區）受暴婦女進行調查之結果，以呈現其中的異同（表 5-1）：

表 5-1　比較：非原住民施暴者 vs. 原住民施暴者

類別		年齡	教育程度	就業狀況	飲酒情形
全國抽樣	潘淑滿（2021）	18-29 歲 30.6% 30-39 歲 34.7% 40-49 歲 17.4%	國中以下 27.4% 高中以上 65.5%	不固定 10.0% 就業中 66.1%	經常喝酒22.0%
南部排灣族	陳淑娟（2004）	×	國中以下 66.7%	就業中 58.3%	經常飲酒72.2%
花蓮東賽德克	黃增樟（2005）	36-45 歲 62.4%	國中以下 76.5%	不固定 60.0%	×

資料來源：作者自行整理。

（一）年齡：在有限的資料中可大致看出，非原住民施暴者的年齡較分散，原住民施暴者的年齡較集中（六成集中於 36-45 歲）。

（二）教育程度：非原住民施暴者的教育程度 2/3 在高中以上，原住民施暴者則 2/3 在國中以下。

（三）就業狀況：非原住民施暴者穩定就業的比例較原住民施暴者高（66.1%：58.3%）、不固定就業的比例則較原住民施暴者低（10%：60%）。

（四）飲酒情形：非原住民施暴者經常飲酒穩的比例較原住民施暴者低（22.0%：72.2%）

　　前述非原住民施暴者及原住民施暴者在教育程度、就業、飲酒頻率上的差異，除了個人因素可能造成此結果外，還可從人際、區域、政策、資源分配等不同層次進行影響探究，如此才能較全面的瞭解差異的可能來源；特別是許多原住民男性為了分擔家計而未能繼續升學，年紀尚輕就為了爭取工作機會而離鄉背井、失去家人支持，而較低的教育程度使其只能從事高危險、壓力大、穩定性低的藍領工作，

這些當然都將增加其生活中的壓力。

　　最後想提醒的是，根據美國印第安國會組織（National Congress of American Indians, [NCAI]）的調查發現，對原住民女性施暴的施暴者不盡然是原住民，跨族間（原住民比非原住民）的親密關係是更嚴重的──印第安及阿拉斯加原住民（AI/AN）遭受跨族間親密關係肢體暴力的比例是白人女性的 5 倍（90%：18%）（NCAI, 2018）；不過國內目前並無此類跨族群間親密關係暴力型態的統計，僅在黃增樟（2005）針對花蓮東賽德克地區受暴婦女的研究中提到 1% 的施暴者是漢人，以及作者訪談的 14 位原住民受暴婦女中有 2 位也是跨族間的親密關係暴力（住在部落的漢人女性和原住民施暴者），未來或許可在此部分做更多的探討。

第三節　原住民施暴者施暴的可能因素

　　國內、外原住民親密關係暴力的研究都發現，經濟壓力、過度飲酒、失業是暴力發生的主要原因（林芳如，2008；洪翠苹，2008；黃增樟，2005；陳淑娟，2004；陳慈敏，2007；楊美賞，2003；顏婉娟，2000；Brownridge, 2008; Burnette, 2015; Cripps & Adams, 2014; Cripps et al., 2019; Hoffart & Jones, 2018; Jones, 2008; Longclaws et al., 1994; Oetzel & Duran, 2004; Shepherd, 2001; Wahab & Olson, 2004）；另就業挫折、較低的社經地位、生活的無力感，以及被貶抑的自我更交互形成了憤怒、妒嫉、猜疑、受傷的情緒，提高了成為原鄉親密關係暴力施暴者的可能性（王增勇，2001；黃淑玲，2000；黃增樟，2005）。

一、經濟壓力與過度飲酒交互形成的生活不順遂

　　張憶純（2015）接受縣市政府委託執行原鄉家暴服務方案多年經驗，讓其在收集文獻和實務觀察後歸納出引發泰雅族婦女在親密關係中受暴的四項因素；其中有兩項因素與施暴者有關，分別是：施暴者（配偶）的嫉妒感和占有慾，以及女性成為施暴者（配偶）生活無力感的情緒出口：

（一）傳統泰雅族社會為男主外、女主內的父系社會，婦女地位較低，大多仰賴先生或家族；而後泰雅族女性大量外婚、擁有獨立的經濟能力，使得男性在兩性關係中表現出強烈的占有慾和嫉妒感，或是在經濟不景氣導致收入低，或無收入的失業男性仍想支配家中成員，但在缺乏人際技巧的情況下，只能以暴力維持家中地位。

（二）文化衝擊、城鄉差距、弱勢族群身分等造成原住民男性，因社會排除而出現生活困難、無力感，以及被貶抑、忽略、未被治癒的創傷，使其逐漸內化壓迫的價值成為加害人。或由於外來文化的衝擊造成焦慮感，以及逐漸浮現的經濟壓力，使得傳統儀式與祭典的飲酒轉為消愁解悶的日常飲酒；由於酒精濫用易引發衝突、加劇暴力行為，加害者也用酒精做為施暴與逃避問題的藉口，使暴力重複、循環的發生。

　　陳淑媛（2010）在「世界公民人權高峰會」探討原住民婦女、兒童人權時，也引黃增樟（2005）的研究指出泰雅族家暴發生的五項原因，其中與加害人有關的有兩項因素——加害人生活適應欠佳、過度酗酒；其表示因社會文化衝擊及生活適應能力不足，加害人面臨不知

如何生活的窘境，間接影響了生活步調，而藉酒調適卻產生了過度飲酒的現象。

沈慶鴻（2014a）亦表示「為錢衝突、酒後失控」是原住民施暴者在親密關係中施暴的主因；經濟壓力、找不到工作、或有工作卻領不到錢的情況下心情鬱悶，只能喝酒澆愁。不過，不少受訪婦女也都表示，施暴者酒「前」、酒「後」差異甚大──酒「前」安靜、會幫忙家務、接送孩子的好好先生，酒「後」大吵大鬧，成為暴力的、會讓人害怕的恐怖分子；可見長期的、過度的飲酒，讓好好先生變成恐怖分子，雇主欺騙、就業機會不足、就業意願低落等造成了經濟壓力、家庭衝突，也催化了配偶的施暴行為。而部落其他成員的觀察（如村長提供的觀察經驗），也應證了施暴者飲酒問題的嚴重及酒後的無法控制的行為。

「他工作的錢都拿不到，連續換了三個老闆，老闆都沒給錢……他要我帶孩子回山上，減輕他的負擔……回來之後，不是喝酒就是不務正業，山上工作很少，本來就會喝，回來後變更糟，變成喪失鬥志，不想工作，變得愈來愈懶……」（V4-029）

「有時候喝醉了，為錢起口角，又吵起來了，甚至打起來……八成是因為這個問題，才有家暴，大部分還是因為喝酒，沒辦法控制自己的情緒。」（G1-B／村長）

其實，不少文獻皆謂「酒精本身本不足以預測暴力，但酒精濫用卻會增加暴力發生的可能性、次數和嚴重性」（Northern Territory

Government, 2017），多數的物質濫用者在生活中可能都經驗了深刻、卻無法處理的創傷或無力感，以致物質濫用成為處理壓力和焦慮的消極性因應策略和迴避方式（沈慶鴻、郭豐榮，2005；Semiatin et al., 2017; Voith et al., 2018）。Burnette（2015）也認為，被壓迫者藉由酒精逃離壓迫，是其在壓迫情境下僅能做出的有限反應；不少經歷被壓迫經驗的原住民，只能內化壓迫者的行為、採取他們的世界觀和行為準則對待女性和其家庭成員；O'Neil 等（2016）更在彙整許多研究後，發現原住民物質濫用和親密關係暴力共存的現象，直指酒精、藥物濫用成了部分原住民創傷掙扎中的因應機制（引自 Hoffart & Jones, 2018）。

二、猜忌、懷疑配偶不忠

　　沈慶鴻（2014a）歸納出的原住民親密關係暴力發生主因，除了前述「施暴者為錢衝突、酒後失控」兩項外，還有一項就是「疑妻外遇」；而這個所謂的「外遇」可能只是聊天當下的玩笑話而非事實，然而酒伴、鄰居的無心話語卻對施暴者的伴侶關係造成傷害，形成的心結和懷疑也不易消散：

> 「……很容易吃醋，部落很多三姑六婆，在他旁邊講你老婆怎樣，有的沒的……他酒醉就會開始打電話說妳在哪裡？……會罵說妳很屌嘛，妳很屌又怎麼樣，妳喜歡去找別人嘛……每次一酒醉就在那邊講那些有的沒的。」（V13-077）

　　王增勇、郭孟佳（2020）陳述烏來泰雅族親密關係暴力的故事時，也描述了觀光產業經濟結構的性別化，集體閹割了泰雅族男性在家中的位置，於是「老婆外遇」成為當時泰雅族男性的集體焦慮，使家庭暴力成為傳統性別角色錯置，又無力改變時的出口，讓原住民家庭背負了慘痛的代價。

　　由於背叛、不信任的感受會喚起創傷記憶，激化與 PTSD 相關的信念、強化虐待行為（Semiatin et al., 2017）；故此種懷疑配偶不忠的憤怒，會加深、擴大施暴者生活的不順遂感，亦可能成為原住民施暴者酒醉施暴的原因（李安妮，2004；引自陳慈敏，2007）。可見原鄉施暴者在親密關係中的困境，不是只有經濟壓力，其還同時面臨了關係經營、伴侶溝通、信任不足的多重困境；而沒有工作、無法賺錢養家的施暴者，讓男性的失落混雜在自尊、面子、酒精和朋友之間。

三、目睹暴力的成長經驗

　　童年逆境經驗（Adverse childhood experiences, [ACEs]）是近二十年來相當重要的研究議題，自 1998 年美國疾病管制與預防中心（Centers for Disease Control and Prevention, [CDC]）及凱薩永久醫療機構（Kaiser Permanente）出版有關 ACEs 的研究，並證實了 ACEs 與健康和福祉有密切相關後，ACEs 即成為疾病與暴力預防的重要主題（Jones et al., 2019）。

　　ACEs 研究提醒的是：發生在兒童和少年時期的創傷事件，例如：經歷身體的、情緒的、性的虐待；目睹家暴、家庭成員企圖自殺或自殺死亡、成長在物質濫用、心理疾病或因父母分居、離婚、入獄等的不穩定經驗，不僅會提高許多負向結果的風險——廣泛的慢性

疾病，或導致癌症、糖尿病、心臟病、自殺和藥物濫用的發病率和死亡率（Jones et al., 2019; Voith et al., 2018），也會對日後的教育成就、雇用潛力造成負向效果，形成負向認知、影響情緒、行為或關係互動（Voith et al., 2018）。

　　而 ACEs 對親密關係暴力議題的重要提醒，強調的即是理解施暴者創傷經驗的必要性，並認為發生在兒童或少年關鍵發展階段的逆境或創傷經驗，會為當事人帶來神經、認知、身體和情緒上的傷害和諸多負向影響，增加成年後成為親密關係暴力施暴者的風險（Hilton et al., 2016; Whitfield et al., 2003; 引自 Voith et al., 2018）。

　　Semiatin 等（2017）曾針對多數由法院轉介之親密關係暴力男性施暴者進行創傷曝露（trauma exposure）、創傷後壓力症候群（PTSD）及施暴者臨床問題的評估，以瞭解創傷和 PTSD 對施暴者的影響；整個研究共評估 293 位施暴者，發現 77% 的施暴者其成長過程曾曝露在創傷事件下、62% 的施暴者則經歷了多重創傷；而 293 位施暴者中有 11% 經診斷已具有 PTSD 疾患，出現了憂鬱、物質濫用（酒精和藥物）、一般性暴力、關係失調、虐待等與 PTSD 有關的症狀；而經過統計分析，施暴者的 PTSD 症狀可顯著預測關係失功能、關係虐待、酒精問題、藥物使用、憂鬱等問題行為。由於這些施暴者的創傷經驗不只源於家中，Semiatin 等人也提醒家庭外多重創傷經驗對施暴者的影響亦值得注意。

　　雖然尚未發現針對原住民進行的 ACEs 研究，不過洪翠苹（2008）、Longclaws 等（1994）、Jones（2008）都表示，不少原鄉施暴者成長在暴力普遍的家庭和社區中，目睹暴力的原生家庭經驗會影響親密關係中的兩造雙方面對壓力、衝突的因應行為；陳淑娟（2004）分析南部排灣族調查的次級資料發現，曾目睹父母暴力衝突

的原住民受訪者發生身體暴力的機會顯著較高，為未曾目睹者的 2.71倍；遭父母肢體暴力者對配偶肢體暴力的比率，為未遭父母肢體暴力者的 4.01 倍，此結果即提醒了目睹或受暴的原生家庭經驗，對成年時期親密關係的重要意義。另在 Cripps 與 Adams（2014）提出影響家暴發生的兩類因素（Group1、Group2）中，童年或成年期的受虐史就是第二類因素中的一項[3]。

　　Bopp 等（2003）也提醒：原住民族的家暴和虐待問題，同時顯現了個人、家庭／家族、社區、國家等層次的問題；家暴是家庭和社區系統異常的延伸，呈現出受暴者和施暴者跨代的家庭問題；其還進一步強調，家暴和虐待會產生不同形式的創傷，它們不僅會讓受暴者產生創傷，也會引發目睹暴力者的創傷，此創傷若未及時處理，隨著時間累積則會形成跨代創傷。

　　Freire（2008）認為暴力是會跨代傳遞的，原住民兒童目睹家庭中、部落中的親密關係暴力行為，將使其對暴力去敏感（desensitization）、內化性別主義的角色規範，認為暴力是正常的、無法避免的（引自 Burnette, 2015）；Brownridge 等（2017）則強調，原住民族具有許多植基於殖民歷程中的歷史創傷，這些被剝奪、暴力的跨代創傷，會增加其在生活中的脆弱性（vulnerability），使其增加成為被害人或施暴者的危機。加拿大 Metis 原住民酋長 James Penton 因此相信：原住民男性的無力感是家庭暴力的主因，這樣的無力感則源於被殖民的壓迫經驗（Herbert & McCannell, 1997; 引自王增勇，2001）；此種被殖民的歷史性創傷，跨代傳遞成為美國印第安原住民被主流文化壓迫和虐待的結果。

---

3 Cripps 與 Adams（2014）的內容請見第二章。

　　Burnette（2015）也認為不公平和壓迫，是跨代存在在原住民族生活中的，此種跨代壓迫，與原住民女性經驗到親密關係暴力的生活脈絡直接相關；Hoffart 與 Jones（2018）更直言，不只是對女性暴力的問題，失業、貧窮、心理健康等議題皆是原住民跨代創傷的結果。此外 Daoud 等（2013）、Valencia-Weber 與 Zuni（1995）、Shepherd（2001）都曾特別強調，互補、和諧、追求平衡是原住民族的價值，暴力不是原住民族的傳統；然而，歐洲的父權社會透過殖民過程影響了加拿大的原住民族，原住民男性在主流社會壓迫下的經驗，讓原住民男性對女性發洩他們的挫折，也因此改變了傳統互補、和諧的性別角色（Hoffart & Jones, 2018; Brownridge, 2008）。在多重挫折與憤怒經驗的交織下，低自尊、被貶抑、忽略、未治癒的創傷經驗使原住民男性成為加害人，這些憤怒的男性將他們的情緒以虐待的方式，發洩在他們所愛的人身上，把在外面受害的經驗透過暴力、傷害身旁所愛的人的方式，找回他們所失去的權力（王增勇，2001；Brownridge, 2008; Burnette, 2015）。

第四節　原住民男性也可能是受暴者

　　關注親密關係暴力、減少暴力行為的發生，不只應關心受暴者，也需關心施暴者，因此對施暴者施暴經驗的瞭解實屬必要；雖然「女性」一直是親密關係暴力中的主要受害者，但澳洲政府在北領地原住民地區推動暴力防治的經驗，或許亦可提供我們認識原住民家暴的不同視野，其提醒：原住民女性雖是性別暴力的主要受害者，不過其家暴和性侵的比例可能有被高估，女性在親密關係中也會使用暴力，

原住民男性亦可能是親密關係暴力中的受害者（Northern Territory Government, 2017）。

　　男性受暴的數字雖然較少，但也一直呈現在國內、外的調查研究和家暴通報統計資料中，例如：根據美國全國親密關係和性暴力調查（The National Intimate Partner and Sexual Violence Survey, [NISVS]）報告指出，2010 年有關「性暴力、肢體暴力或跟蹤」的調查結果，印地安或阿拉斯加原住民受暴的終生盛行率，不論男、女，皆高於整體民眾及白人；顯示原住民男性（45.3%）與原住民女性（46%）幾乎有著同樣高的暴力盛行率，且原住民男性受暴的終生盛行率（45.3%）亦高於整體民眾、白人女性（35.6%、34.6%）及白人男性（28.2%、28.5%）的盛行率，表示 10 位原住民男性的一生中，會有 4.5 位遭受性、肢體及跟蹤等暴力傷害，此比例高於 3.5 位白人女性、2.8 位白人男性遭受到性、肢體及跟蹤等暴力傷害（Black et al., 2011）（表5-2）。

表 5-2　美國 NISVS 調查：性、肢體暴力或跟蹤

對象	女性終生盛行率			男性終生盛行率		
	整體	白人	原住民	整體	白人	原住民
終生	35.6%	34.6%	46%	28.2%	28.5%	45.3%

資料來源：Black 等（2011）。

　　Rosay（2016）更進一步分析美國全國親密關係和性暴力調查（NISVS）中的原住民樣本（2,473 女性、1,505 男性），發現不論是終生盛行率，還是一年盛行率，印地安或阿拉斯加原住民女性在性、肢體及跟蹤等暴力遭受傷害的嚴重度，遠高於印地安或阿拉斯加原

住民男性，唯心理暴力部分，印地安或阿拉斯加原住民男性（73%、27.3%）是高於原住民女性的（66.4%、25.5%）（表 5-3）；且不論是男性或女性，印地安或阿拉斯加原住民親密關係暴力施暴者比較少是同族的——只有 35% 的女性、33% 的男性其施暴者為同族，亦即，遭受親密關係暴力的印地安或阿拉斯加原住民，不論男性或女性，2/3 的施暴者來自不同族別，顯示的是，不只是印地安或阿拉斯加原住民女性生活在受權力控制、壓迫的處境中，印地安或阿拉斯加原住民男性在其親密關係中亦是受暴力壓迫的一方。

表 5-3　原住民暴力調查結果（NISVS）

類別	原住民女性				原住民男性			
	性暴力	肢體暴力	跟蹤	心理暴力	性暴力	肢體暴力	跟蹤	心理暴力
終生	56.1%	55.5%	48.4%	66.4%	27.5%	43.2%	18.6%	73%
一年	14.4%	8.6%	11.6%	25.5%	9.9%	5.6%	3.8%	27.3%

資料來源：Rosay（2016）。

　　Rosay（2016）調查分析中還探討親密關係對男性被害人的影響，由表 5-4 可知，印地安或阿拉斯加原住民男性受到伴侶肢體、跟蹤或性暴力影響的人數，依序是：想找人談談（74.3%）、安全疑慮（26%）、身體受傷（20.3%）、有服務需求（19.9%），以及無法上班／上學（9.7%）等，這些受到的影響與原住民女性被害人相同，只是比例明顯較少（如 66.5% 的女性對安全有疑慮、男性則只有 26%；41.3% 的女性身體受傷、男性則只有 20.3%）；這些影響雖略高於非西班牙裔白人男性，但無顯著差異。另表 5-5 顯示，印地安或阿拉斯

加原住民受暴男性對服務的需求不高，僅在醫療照顧（9.3%）、法律
服務（9.0%）有較多的需求，顯示印地安或阿拉斯加原住民受暴男性
大都覺得自己不需要服務，此現象與非西班牙裔白人受暴男性相似。

表 5-4 親密關係暴力對男性被害人的影響

對男性的影響	美國印地安、阿拉斯加原住民	非西班牙裔白人 Non-Hispanic White only	相對風險 Risk Risk
有安全疑慮 Concerned for Safety	26.0%	23.2%	NS
身體受傷 Physically Injured	20.3%	10.6%	NS
想找人談談 Talked to Someone	74.3%	68.9%	NS
有服務需求 Needed Service	19.9%	15.3%	NS
無法上班／上學 Missed Work/School	9.7%	12.2%	NS

資料來源：Rosay（2016）。

表 5-5 男性親密關係暴力（身體暴力、跟蹤、性暴力）被害人的服務需求

男性被害人的服務需求	美國印地安、阿拉斯加原住民	非西班牙裔白人 Non-Hispanic White only	相對風險 Risk Risk
醫療照顧 Medical Care	9.3%	5.1%	NS
居住服務 Housing Services	0.7%	1.3%	NS
社區服務 Community Services	<0.1%	1.4%	<0.1
倡導服務 Advocacy Services	3.0%	1.0%	NS
法律服務 Legal Services	9.0%	11.1%	NS

資料來源：Rosay（2016）。

澳洲 2008 年針對全國原住民和托雷斯島民社會調查（National
Aboriginal and Torres Strait Islander Social Survey, [NATSISS]）的調查統

計亦發現，有 23.4% 的原住民指出其在過去一年裡有受到伴侶肢體虐待和暴力威脅，其中男性和女性受害的盛行率相似（Cripps & Adams, 2014）。此外，澳洲政府 2017 年進行全國「對女性暴力」的態度調查（National Community Attitudes towards Violence against Women Survey, [NCAS]），342 位原住民受訪者的調查結果顯示，約半數（49%）受訪者相信「男性和女性同樣會是家暴施暴者」、約四成（38%）同意「女性較害怕家暴」，而相信「男性是家暴主要施暴者」的受訪者由 65%（2013 年）降至 44%（2017 年），顯示多數的澳洲原住民認為女性和男性都可能是家暴的施暴者，且超過半數的原住民不認為男性是家暴主要的施暴者（Cripps et al., 2019）。

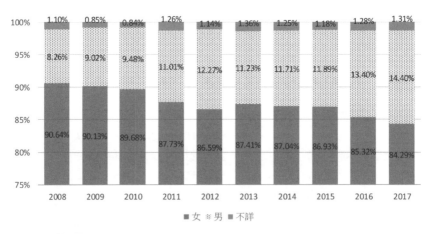

圖 5-1 全國親密關係暴力通報案件之被害人性別統計

資料來源：衛生福利部。

　　我們國內有關親密關係暴力的統計資料，亦顯示「男性被害人」的人數比例逐年上升（如圖 5-1 所示），被害人人數從 2008 年的 3,851 人（8.26%），增加至 2017 年的 9,348 人（14.4%），十年增加將

近 1.5 倍（衛福部，2017）；只是衛福部並未針對男性被害人進行族別分析，雖然就人口比例來說，原住民男性被害人應該很少，但還是無法獲得具體的受暴人數。

　　此外，根據作者的蹲點和訪談經驗，「互毆」可能亦是原鄉親密關係暴力的一種型態，特別是在伴侶雙方都飲酒的情況下更易出現此型態（沈慶鴻，2014a）；只是當時並未針對此型態進行深入探討，因此究竟是一方先受暴（不論女性，還是男性）再變為雙方互毆，還是一開始即是雙方互毆，待未來再做更多的瞭解與探索。

> 「我們兩個都醉了，都喝了酒……我們女孩子講話比較直接，比較傷人。說他沒用之類的，就是沒工作這樣子……，就這樣子打起來了。都是因為錢啊、小朋友需要錢嘛……」（V8-026／受暴婦女）

> 「有很多施暴的人也是被害人，就是雙重的角色。我有碰到好幾個是這樣的，我明明知道是他太太不對，她老公去勸她，就說不要喝啦，我們回去！結果她反過來先打她老公，回家以後，她老公一巴掌給她，換她報案了，那這樣你要怎麼說是誰對、誰錯。」（G1-B／村長）

……

　　雖然家暴防治工作，長期皆關注被害人的安全與需求，不過《家暴法》推動多年後，施暴者相關的服務和議題也逐漸被重視。然而家暴防治政策的個人化論述，容易將施暴者污名化為個人「情緒控制不當」、「無所事事」、「喝酒打老婆」的壞人，而此圖像可能會阻隔我們

認識、理解施暴者，無法看見改變暴力的可能性，因此近年不少研究者呼籲：施暴者亦可能是另個體系或社會排除下的受害者，提醒我們擴展分析視野的必要性。

　　而在各族群中，原住民男性更常不被社會瞭解、更易成為污名化的對象；然而政府的同化政策、雇主的壓迫、大眾歧視，可能就是促成其教育程度不高、競爭力不足、缺乏工作機會等弱勢處境的重要原因，以致酒精成為其挫折、無力感的因應機制，最後竟演變成為原住民族長期糾結、跨代難解的困境。

　　近年 ACEs 和創傷研究，讓我們看見了童年創傷經驗的長期影響及 PTSD 症狀與親密關係暴力的強大連結；不少研究者更擴大創傷來源，將曝露於貧窮、社區暴力和霸凌的經驗看做逆境，提醒專業工作者創傷的普遍存在，呼籲結合創傷知情（trauma-informed）原則，將創傷處遇方法融入男性施暴者的服務中，以改變現有僅透過教育心理、認知改變、戒癮團體等的處遇方式，拓展處遇服務介入視角的必要性。

一、《家暴法》通過後，有關家暴、親密關係暴力的研究持續增加，然針對原鄉加害人／施暴者實證研究或調查卻十分不足，可能原因為何？

二、加害人常被貼上「酗酒」的標籤，原住民加害人更是如此，然此標籤會將親密關係暴力過度簡化為個人問題，而忽視了其他系統層面上的影響。而根據你對原鄉問題的觀察，你覺得影響原鄉親密關係暴力加害人施暴的可能因素有哪些？

三、假若你是一位施暴者的助人工作者，請問你如何能在工作時能拿掉刻板印象、標籤與案主同在？

第六章

實務：
原鄉親密關係暴力防治機制與作為

本章介紹國內家暴防治的機制與作為，主要是社政體系的社工處遇服務；另為詳細說明原鄉親密關係暴力的服務，因此先介紹全國原住民族、原鄉的人口和分布，再聚焦於原鄉被害人、相對人服務的輸送方式，最後還介紹原政體系的原家中心、醫療衛生體系的健康營造計畫和節酒方案。

　　1998 年立法通過的《家暴法》，是我國家暴防治工作的里程碑；法制化前，公、私部門雖早已展開了受暴婦女的服務工作，但主要仍以私部門的服務為主；法制化後，公部門帶領的家暴防治工作開始起步，不僅讓家暴防治的組織運作、服務輸送、網絡合作有了正式依據，與防治工作有關的政策、機構、人力、訓練等也逐步完備。

　　依《家暴法》第 4 條、第 8 條的規定，衛生福利部（衛福部）是家暴防治工作的中央主管機關[1]，在主管機關的協調、督導、統籌、推展和協助下，各直轄市、縣（市）主管機關應整合所屬警政、教育、衛生、社政、民政、戶政、勞工、新聞等機關的業務及人力，設立「家庭暴力暨性侵害防治中心」，並協調司法相關機關，辦理各類家暴防治業務和保護被害人權益之事項。

第一節　以社政為主軸的被害人保護

　　《家暴法》通過後至今二十多年的摸索，並在中央、地方各部門的努力及民間私部門的參與下，以社政為主軸、以社工為個案管理中心的防治體系儼然成型，不少創新的服務方案亦持續出現，例如保護令制度（1999 年）的推動、未成年子女會面交往與交付制度的運作（1999 年 7 月）、24 小時的「113」婦幼保護專線的建置（2001年）、「加害人處遇計畫」的執行（2001 年 2 月）、「駐法院家暴事件服務處」的設立（2002 年）、外籍配偶保護諮詢專線（2003 年）和男性關懷專線的成立（2004 年），以及優勢個案管理模式（2006 年）、

1　2013 年政府組織改造前為「內政部家庭暴力與性侵害防治委員會」、2013 年後為「衛生福利部保護服務司」。

多元就業方案（2008 年）、家暴相對人預防方案（2008 年）等的執行；還有，保護性社工專業加給的編列（2010 年）、本土化的危險評估工具的發展（Taiwan Intimate Partner Violence Danger Assessment, [TIPVDA]）（2010 年）、跨機構「安全防護網計畫——高危機個案危險評估會議」的召開（2010 年）、首屆街坊出招社區防暴宣導創意競賽（2012 年），以及社會安全網計畫（2018）及集中派案中心（2019）等皆是家暴防治重要的制度與方案。

　　以社政為主軸的被害人保護機制，在社工處遇服務部分有以下的特色：

一、責任通報

　　根據《家暴法》規定，須通報的家暴案件包括了：親密關係暴力、兒少虐待、直系血／姻親卑親屬虐待尊親屬（含老人虐待）及其他家庭成員暴力等四類，自《家暴法》通過的第 12 年——2010 年起每年就有逾十萬件的家暴通報量（2010 年有 10 萬 5,130 件），2021年已將近 15 萬件；以 2021 年為例，親密關係暴力接近所有家暴案件的一半（47.1%，7 萬 328 件），兒少保護案件則不到兩成（16.4%），至於直系血／姻親卑親屬虐待尊親屬中的 65 歲以上老人虐待案件只有 6.6% 最少（衛福部，2022）（表 6-1）。

表 6-1　2019-2021 **年家暴案件各類別通報件數**

年度	婚姻／離婚／同居關係暴力	兒少保護	老人虐待		其他	總計
			65 歲以上	未滿 65 歲		
2019	63,902	20,989	6,935	7,469	28,723	128,198
	49.8%	16.4%	5.4%	5.8%	22.4%	
2020	67,957	25,181	8,520	9,465	30,569	141,872
	47.9%	17.7%	6.0%	6.7%	21.5%	
2021	70,328	24,481	9,821	11,147	33,421	149,198
	47.1%	16.4%	6.6%	7.5%	22.4%	

資料來源：衛生福利部。

　　暴力防治的責任通報，是這些案件的主要來源；根據《家暴法》第 50 條的規定，「責任通報」是家暴防治重要的法定業務，也是家暴處遇服務的開端：

> 「醫事人員、社會工作人員、教育人員、保育人員、警察人員、移民業務人員及其他執行家庭暴力防治人員，在執行職務時知有疑似家庭暴力，應立即通報當地主管機關，至遲不得逾 24 小時。」

　　因此上述與家暴防治業務相關之人員皆有通報責任，因此除了原有的警政系統、家防中心、醫療單位可提供被害人服務外，24 小時、全年無休、免付費的保護服務專線（113 專線）也成為報案／通報的主要管道，其除了提供福利和法律諮詢外，一般保護性案件會於 24 小時內通報案發地之家防中心，但對緊急保護性案件則會立刻通報案發地之警政系統或家防中心處理。

　　每年超過 6 萬件親密關係暴力通報案件中，約半數（46.8%）來自警察機關、1/3（33.0%）來自醫院、診所之衛生醫療體系、約 1/6（17.3%）來自 113、防治中心及福利機構之社政體系（沈慶鴻、王珮玲，2018）（表 6-2）；由這些管道所通報的件數看來，再次證實了家暴防治工作確實是跨部門、跨專業的工作。

表 6-2　2011-2017 **年親密關係暴力的通報來源**

年度	警政	醫療	社政	113	警政逕依職權通報	其他	總計	
							件次	件數
2011	25,620	21,694	1,703	7,776	0	1,006	57,799	50,490
	44.3%	37.5%	2.9%	13.5%	0.0%	1.7%		
2012	29,151	22,208	1,869	8,870	1,498	1,192	64,788	53,493
	45.0%	34.3%	2.9%	13.7%	2.3%	1.8%		
2013	25,915	21,272	1,649	11,496	3,609	1,515	65,456	52,311
	39.6%	32.5%	2.5%	17.6%	5.5%	2.3%		
2014	30,038	21,205	1,889	10,200	1	1,130	64,463	52,377
	46.6%	32.9%	2.9%	15.8%	0.0%	1.8%		
2015	32,210	21,277	1,981	8,848	0	1,168	65,484	53,785
	49.2%	32.5%	3.0%	13.5%	0.0%	1.8%		
2016	34,306	21,198	2,458	8,633	0	998	67,593	55,723
	50.8%	31.4%	3.6%	12.8%	0.0%	1.5%		
2017	34,632	20,360	2,961	7,959	0	945	66,857	55,070
	51.8%	30.5%	4.4%	11.9%	0%	1.4%		
總計	211,872	149,214	14,510	63,782	5,108	7,954	452,440	373,249
	46.8%	33.0%	3.2%	14.1%	1.1%	1.8%		

資料來源：沈慶鴻、王珮玲（2018）。

二、危險評估

　　跨單位的家暴防治人員除了強制通報工作外，《家暴法》在 2015 年的第五次修法時，在各直轄市、縣（市）主管機關應辦理事項中加入了「辦理危險評估，並召開跨機構網絡會議」之內容（第 8 條第 9 款），規定警政、社政或衛政等第一線防治人員於受理親密關係暴力案件時，應為案主進行危險評估。

　　因此警政、社政或衛生醫療等第一線防治人員於受理親密關係暴力案件時，會運用親密關係暴力危險評估量表（TIPVDA）為案主進行危險評估，並將「量表 8 分以上、或 8 分以下但網絡成員評估為危險之案件」視為高危機案件，除提供安全服務外，還應將高危機案件提交至每月皆須召開之跨機構「家庭暴力安全防護網」會議中進行討論。

　　而此一危險評估工作主要是為因應持續上升的通報量，特別是自 2010 年起，每年逾十萬件的家暴通報量不僅讓防治網絡無法消化，效率不佳更形成服務輸送上的困境；為因應通報量高、社工人力少的困境，為通報案件進行危險評估、發展危險評估工具，並依危機程度發展優先處理機制，成為臺灣家暴防治工作的趨勢和任務（劉淑瓊、王珮玲，2012）。

　　自 2010 年試辦起，至 2017 年已有 97% 的親密關係暴力通報案件實施危險評估；透過親密關係暴力高危機資料庫瞭解，約一成（9.5%，5,064 件）通報案為高危機案件；深入分析後發現，2017 年高危機案件中約三成（29.9%）加害人有酗酒習性（含疑似和確診）、一成多（12.7%）加害人有吸毒行為（含疑似和確診）、一成多（11.2%）有精神疾病（含疑似和確診），另 7.9% 曾違反保護令、6.6%

有自殺經驗（表6-3）（沈慶鴻、王珮玲，2018）。

表6-3　安全網高危機會議列管案件加害人特性分析（複選）

年度	違反保護令	精神疾病		吸毒		酗酒		自殺		加害人處遇計畫
		確診	疑似	確診	疑似	確診	疑似	確診	疑似	
2015	434	192	461	322	241	1,219	497	227	142	50
2016	422	162	457	347	265	1,275	494	197	123	38
2017	398	166	402	360	282	1,058	455	220	115	66

資料來源：沈慶鴻、王珮玲（2018）。

三、公私協力

　　長期以來，在公部門社工人力不足的情況下，各地方政府均採公、私協力之業務委託或經費補助方式，讓民間團體有機會參與各項福利服務工作的推動；保護性服務（兒少保護、成人保護）亦是如此，尤其在面對龐大、且逐年上升的通報案件，為舒緩公部門家暴社工的案件負荷量，以公部門為主、私部門為輔之公私協力方式一直是國內保護性服務輸送體系的特色。

（一）公私協力的服務輸送

　　目前各縣市在家暴防治社工處遇服務之公私協力方式有以下幾種：

1. 一二線分工

　　「一二線分工」是家暴防治最早的公私協力方式，指較需公權力協助查核、介入的一線工作由公部門負責（如通報單查核、危機介

入之社工處遇服務）；而較不緊急、不危機，且需較長時間協助個案改變的支持性服務（如後續輔導、庇護安置、陪同出庭等的社工處遇），則委託民間機構提供服務。此方式不僅能降低政府人事成本的支出、兼顧公私部門的角色特性，民間機構彈性、在合理案量的限制下也較能兼顧服務品質，並依機構專長提供特色服務。

2. 垂直整合

「一二線分工」維持頗長一段時間後衍生一些缺點，如個案從通報、危機處理、後續服務、庇護安置或司法服務階段，須接觸多個機構、不同社工（因家防中心可能委託數個機構提供不同的服務）；若機構間無法分工、合作、妥善銜接，就易造成服務的切割或重疊，導致服務無法充分到位，因此「垂直整合」的協力方式應運而生[2]，「垂直整合」之特色即在於「通報後即啟動服務」，指個案自通報後，即由同一單位接案服務，不再區分一線（危機處遇）或二線（後續輔導），以避免服務切割及服務不到位的狀況發生。

3. 一站式服務（One-Stop）

2015 年衛福部優先補助資源較缺乏的中南部及東部縣市推動「以被害人為中心之『一站式』家暴多元服務方案」[3]；主要考量個案的需求複雜、多樣，因此服務應以被害人需求為中心，不僅需要開發多元的服務方案，以一處為服務據點的做法即在期許服務體系不發生斷裂或無法銜接的現象，以免影響案主的求助意願或出現拒絕服務的情形。

前述家暴防治工作上的特色及一連串服務方案的推動，使得臺灣

2　例如臺北市於 2009 年開始推動「垂直整合服務方案」。

3　衛生福利部於 2015 年透過公彩回饋金補助宜蘭縣、臺東縣、屏東縣、高雄市、臺南市、雲林縣、彰化縣等 7 個縣市、10 個民間機構發展「一站式」家庭暴力多元處遇服務方案；2018 年已推廣至 12 個縣市。

家暴防治工作二十年來均能在公私協力的合作下開拓新局；而由逐年上升的通報量、保護令聲請件數[4]、核發件數[5]、保護扶助使用數等統計資料，皆彰顯了家暴防治工作上的重要成效。

（二）多樣化的處遇服務

由於各縣市經費、人力、資源上的差異，公私協力的服務輸送方式一直處於變動中。大致來說，從通報、開案到結案，公私部門依被害人需要提供 24 小時之專線諮詢協談、庇護安置、驗傷診療、聲請保護令、陪同備案偵詢（訊）、陪同出庭、心理諮商與輔導、經濟扶助、法律服務、就學或轉學服務、就業服務、轉介／提供目睹服務、子女問題協助、通譯服務及其他等十六項法定服務。

由表 6-4 親密關係暴力被害人保護服務的統計顯示，保護服務人次均是逐年上升的，然值得注意的是，2021 年在親密關係暴力通報人數增加的前提下，保護服務人次卻出現較 2020 年減少了 15,615 人次的現象（通報人數 2021 年 70,328 人、2020 年 67,957 人；服務人次 2021 年 1,027,648 人次、2020 年 1,043,263 人次）；其中諮詢協談的服務最多（86 萬 4,669 人次，84%），其他扶助居次（5 萬 8,821 人次，5.8%），再來依序為法律扶助（4 萬 4,909 人次）、目睹服務（2萬 739 人次）、經濟扶助（9,858 人次）、諮商輔導（8,636 人次），最少的服務則是通譯服務（128 人次）。值得強調的是，2015年《家暴法》修法時納入的法定服務——兒少目睹服務，在 2021 年已是排序

4　自 1999 年 6 月保護令正式運作起，2021 年全年已有 29,572 新聲請件數進入各地方法院（2000 年時每月保護令新聲請案平均有 796 件；2021 年每月平均有 2,464件，為 2000 年的 3.1 倍）。

5　依司法院公布之審理終結結果看來，2019 年保護令核發率約為聲請件數約六成（58.5%）。

第四的服務（2萬3,947服務人次）[6]，僅次於諮詢服務、其他扶助、法律服務（衛福部，2021a）。

表 6-4 親密關係暴力被害人保護服務類別統計（人次）

扶助類別	年分別							
	2014	2015	2016	2017	2018	2019	2020	2021
諮詢協談	472,206	571,205	685,398	791,854	576,647	724,689	876,354	864,669
庇護安置	2,281	2,395	2,215	1,635	2032	1975	1,295	1,549
陪同偵訊	317	311	344	361	387	333	388	306
陪同出庭	3,609	4,128	4,902	5,681	4,699	4,517	5,254	4,389
驗傷診療	726	1,025	1,393	951	1,307	1,000	1,764	983
聲請保護令	2,698	3,272	3,287	3379	3,965	2,216	3,150	2,740
法律扶助	3,893	6,878	9,695	10,719	31,850	27,656	41,222	44,909
經濟扶助	4,360	6,927	9,267	8,597	7,622	5,956	10,257	9,858
心理諮商	1,579	2,764	4,455	5,854	6,545	4,798	9,179	8,636
就業服務	878	1,199	1,569	1,805	1,735	1,038	1,614	1,223
就學或轉學	331	571	473	236	141	122	196	144
目睹服務	-	-	-	-	13,737	15,699	19,899	20,739
子女問題	-	-	-	-	8,507	8,674	8,018	8,554
通譯服務	44	55	96	107	65	80	149	128
其他扶助	12,730	21,376	30,023	35,409	43,990	42,498	60,099	58,821
合計人次	505,652	622,206	753.117	866,588	703,238	841,251	1,043,263	1,027,648

資料來源：衛生福利部。

---

6 衛福部 2018 年修改統計表格，2018、2019 年以後直接可看出「親密關係暴力」的服務人次（過去以「家庭暴力」統計，無法單獨統計「親密關係暴力」的服務人次），還增加「目睹服務、子女問題」兩項服務，而「安置服務」還可再分為「被害人安置」、「子女安置」。

第二節　相對人服務

　　雖然「被害人保護」一直為臺灣家庭暴力防治工作的核心，不過愈來愈多的研究者倡導相對人服務的必要性（方秋梅、謝臥龍，2017；李偉、林明傑，2012），甚至指出，相對人服務無著力之處，是家暴防治成效不彰的原因之一（陳芬苓等，2010），並認為走出僅以被害人為焦點的處遇服務框架、關懷和服務加害人／相對人，成為家暴防治工作近年來最大的轉變（游美貴，2014），並建議應與被害人服務進行整合，才能達到暴力防治之治本目的（連姿婷、沈瓊桃，2014）。

　　相對人服務中，由於服務定位、執行單位的不同，概分為兩大類：一為依法強制執行、由衛政體系主責的「加害人處遇計畫」；一為關心相對人需求，由社政提供的男性關懷專線、相對人關懷服務方案、預防性認知輔導教育和簡易處遇等服務。

一、加害人處遇計畫

　　1999 年保護令制度開始運作，但依司法院（2021）公布的資料看來，2020 年聲請保護令的新收件數（28,814 件）僅占當年家暴通報件數（141,872 件）的 1/5（20.3%）；而依審理結果看來，保護令的核發率有六成（61.4%）——2020 年審理件數 28,814 件，核發 17,694 件保護令，其中可為加害人提供戒癮治療、精神治療、心理輔導、認知教育及其他治療的「加害人處遇計畫」的核發率，只有聲請件數的二成（2020 年為 20.9%）（表 6-5），可見被裁定需接受「加害人處遇計畫」的加害人，只是通報人數裡相當少的一部分。

表 6-5　保護令核發內容（複選）

年度	核發件數	禁止實施家庭暴力	禁止騷擾行為	強制遷出	強制遠離	未成年子女權利義務行使、負擔交付	與未成年子女會面交往或禁止會面	強制加害人完成處遇計畫	禁止查閱被害人及未成年子女資訊	其他必要之保護令
2013	14,044	14,010	13,044	249	3,141	426	117	3241	271	1,028
2014	14,365	14,333	13,052	499	3,232	427	118	3,226	283	1,306
2015	14,893	14,855	13,703	488	3,561	389	134	3,195	240	1,875
2016	15,855	15,814	14,739	487	3,921	289	111	3,315	254	2,014
2017	15,965	15,903	14,800	508	3,975	274	11	3,426	231	2,357
2018	15,881	15,829	14,795	434	3,794	235	99	3,206	202	2,884
2019	15,926	15,860	14,629	413	4,084	190	73	3,427	107	3,300
2020	17,694	17,600	16,094	474	4,540	215	104	3,703	160	2,242
2021	17,084	16,970	15,455	486	4,566	132	68	3,103	126	2,003

資料來源：司法院。

　　法官裁處「加害人處遇計畫」後，加害人能否完成處遇時數，是另一個值得關注的問題；可喜的是，2020 年處遇計畫未完成的比率再下降，僅餘 1/4（25.4%）的案件未完成（2018 年 28.4%、2019 年 30.0%）；而其中未完成處遇的原因，以「加害人拒絕報到」（36.7%）為主，不過因「被害人撤銷和變更」而未完成處遇計畫的比例（21.3%）則提高不少（2016 年 16.2%、2019 年 14.8%），此部分有必要再做探討，並瞭解被害人撤銷保護令是否受到壓迫，還是其他因素造成（衛福部，2021b）（表 6-6）。

表 6-6　家庭暴力加害人無法完成「加害人處遇計畫」之原因

年度	總計	拒報到	死亡	傷殘或住院	因案入監無法執行	拒領或無法送達	轉介其他縣市執行	被害人撤銷或變更	其他
2011	448	186	21	5	55	7	45	114	15
2012	631	276	29	10	100	7	74	116	19
2013	770	401	32	17	92	2	81	113	32
2014	935	465	37	15	99	7	114	149	49
2015	804	432	25	11	72	3	113	144	4
2016	751	351	25	2	43	1	148	122	59
2017	772	267	30	4	62	1	212	168	67
2018	909	319	29	10	66	4	264	130	87
2019	1,029	437	41	10	53	33	235	152	66
2020	942	346	42	15	80	36	155	201	67

資料來源：衛生福利部。

二、男性專線

　　為鼓勵男性主動求助、提供男性情緒紓解的管道，2004 年 6 月 23 日內政部[7]成立了「男性關懷專線」（0800-013-999），利用專線具隱密性、立即性及持續性之特性提供免費的線上諮詢服務，讓全國男性於伴侶相處、親子管教、與家屬溝通發生障礙時，有訴說心事與討論其困擾之管道，或因前述現象引發法律訴訟時，可透過電話提供法律諮詢、情緒抒發、觀念澄清與激發改變動機等服務，並視需要轉介相關心理衛生或社會福利資源，以防止家庭暴力事件的發生（衛福部，2017）。

　　男性關懷專線自成立起，皆由衛福部委託非營利組織提供服務，

7　2012 年政府組織改造後，家暴防治的中央主管機關由內政部轉至衛生福利部。

服務對象遍及全國；而經統計，自 2004 年成立至 2018 年年底，打此專線電話尋求協助者超過 20 萬人，服務對象以 31 歲至 50 歲、具婚姻關係者為主，因此婚姻議題為主要的求助問題，其次為情緒、法律問題；約三成五有家暴狀況，為求助者進行資源連結之比率則達百分之百（林怡亭，2018）。

三、相對人服務方案

由於保護令核發後，進入「加害人處遇計畫」而獲得服務的加害人一直不多，因此自 2007 年起，衛福部利用公益彩券盈餘鼓勵推動「相對人關懷訪視方案」[8]，臺北市、臺中市、桃園市、嘉義市等不少縣市陸續推出「家庭暴力相對人關懷訪視方案」、「家庭暴力相對人多元服務方案」、「家庭暴力相對人整合性服務方案」、「婚姻暴力加害人訪視社會工作方案」等以相對人／加害人為對象的服務方案，讓關心相對人的服務逐漸擴大，補助經費亦逐年增加[9]；愈來愈多的研究者認為，關懷相對人能達到暴力減緩、保護婦女人身安全的間接效益已逐漸被肯定（李偉、林明傑，2012；連姿婷、沈瓊桃，2014）。

凡經被害人社工評估，且有受助意願的相對人／加害人——不論是否被裁定處遇計畫者，皆是相對人服務方案的服務對象，提供包括：情緒支持、衝突議題討論、法律諮詢、經濟補助、就業諮詢和媒合、醫療協助、資源轉介，以及親職技巧、子女會面安排等服務；由於此方案是一個以危險分級為基礎的服務，相對人社工須依相對人的

8　不同縣市的相對人服務，名稱可能不同。

9　從 2008 年到 2013 年共補助了 16 案、2,400 萬元，2014 年補助了 17 案、2,337 萬，2015 年補助了 27 案、2,680 萬元，2016 年補助了 25 案、2,542 萬元，2017 年補助了 31 案、2,689 萬元，2018 年補助了 29 案、2,615 萬元。

危險程度規劃服務的頻率及次數，並盡可能以實地親訪的外展方式為之，以增加服務輸送的有效性。

而經服務後，臺中市、嘉義市的相對人服務方案均發現，相對人的再犯率呈下降趨勢（李偉、林明傑，2012；蔡燦君、沈佩秦，2011）；李偉、林明傑（2012）實際參與相對人關懷服務的經驗，也肯定關懷相對人，能達到暴力減緩、保護婦女人身安全的間接效益。

四、預防性認知教育及簡易處遇

此外，相對人服務還包括：預防性認知輔導服務、簡易處遇兩種，此兩方案皆是針對加害人進行的單次（3小時）、團體式（10-15人）的預防性認知輔導教育方案，目標皆在提醒相對人《家暴法》的規範、緩解加害人情緒；不同的是，預防性認知教育是在保護令調查庭開庭前，由縣市政府委託之機構邀請相對人／加害人於開庭前參與的課程；而簡易處遇則係保護令承審法官評估加害人施暴情形尚未嚴重到須接受「加害人處遇計畫」，但仍有接受認知課程之必要時，法官於通常保護令主文中命加害人須完成認知課程講習，並載明應報到之時間、地點；加害人在接獲講習通知後應依規定參加課程。

第三節　原鄉親密關係暴力社工處遇服務

家暴防治工作的法制化自1998年起，2002年時中央主管機關才注意到家暴防治工作中的族群議題，然此一考量不同族群的受暴處境和差異需求，係針對新住民的處境——擔心語言限制和資訊不足可能

限制了新住民的求助行為，因此 2003 年成立了「外籍配偶保護諮詢專線」（衛福部，2019）。

　　然在對原住民族家暴問題的關注上，參考《臺灣家庭暴力防治大事紀》中的描述（衛福部，2019）：

　　《家庭暴力防治法》通過後，開啟公權力與資源介入處理原鄉地區之家暴問題，惟礙於地理環境及文化差異等限制，針對平地居民建構之家暴防治網絡體系，對身處偏遠地區且生活與文化經驗截然不同之原住民，似乎難以真正落實於原鄉地區。

　　為強化原鄉家暴防治工作，內政部結合原住民婦女團體，從部落經驗出發，發展原鄉特色之宣導單張，於原住民電視臺播放以原住民母語發音之宣導影片《山上的家》，並提供原鄉家庭暨婦女服務中心及相關民間團體加強宣導。民國 94 年起並將推動原鄉部落家庭暴力及性侵害被害人直接服務工作列為政策性補助計畫，結合在地原住民，提供在地化服務。

　　記錄臺灣家暴防治二十年的大事紀中，僅有上述紀錄與原住民族有關──透過原住民電臺、原家中心進行的暴力宣傳，以及 2005 年開始提供的原鄉暴力防治計畫之經費補助，並未針對原鄉的族群、脈絡和區域差異發展專屬的服務模式和做法，因此若縣市未向中央申請計畫經費的補助，除非該縣市有自編預算，否則可能就未針對原鄉部落發展專屬的家暴防治服務。

在說明原鄉家暴防治工作前，此處先介紹全國原住民族、原鄉人口及地理位置，再說明原鄉家暴服務的輸送狀況。

一、原住民族人口數及原鄉分布

根據原住民族委員會（原民會）的統計，目前政府認定的原住民族有 16 族，包括了：阿美族、泰雅族、排灣族、布農族、卑南族、魯凱族、鄒族、賽夏族、雅美族、邵族、噶瑪蘭族、太魯閣族、撒奇萊雅族、賽德克族、拉阿魯哇族、卡那卡那富族等；2022 年 4 月全國原住民族人口數共有 58 萬 1,406 人，占全國總人口的 2.50%；在所有族別中，人口數超過萬人的有 7 個族別，以占 1/3 的阿美族人最多（21 萬 7,046 萬人）、其次是約 18% 的排灣族（10 萬 4,715 人）、泰雅族（9 萬 3,863）、布農族（6 萬 710 人）、卑南族（1 萬 4,969 人）、魯凱族（1 萬 3,618 人）以及賽德克族（1 萬 844 人）（表 6-7）；人口數不滿 5,000 人的則有 7 個族別，其中包含人數不滿 1,000 人的有邵族、拉阿魯哇族、卡那卡那富族等 3 個族別；整體而言，原住民族人口集中在臺灣中北部、東部及南部（原民會，2022）。

表 6-7　2022 年 4 月原住民主要族別人口數及分布（萬人）

族別	阿美族	排灣族	泰雅族	布農族	卑南族	魯凱族
人數	21.70	10.47	9.38	6.07	1.49	1.36
主要集中縣市	花蓮縣 臺東縣 屏東縣	屏東縣 臺東縣	桃園市 新竹縣 宜蘭縣	南投縣 臺東縣 高雄市	臺東縣 新北市 桃園市	高雄縣 屏東縣 臺東縣

資料來源：原民會（2022）。

　　全國依相關規定所認定的原鄉[10]共有55個，分散在新北市、桃園市、新竹縣、苗栗縣、臺中市、南投縣、嘉義縣、高雄市、屏東縣、宜蘭縣、花蓮縣、臺東縣等12個縣市，其中2/3的原鄉集中在臺灣東部、南部的3個縣市——臺東縣（15個）、花蓮縣（13個）、屏東縣（9個）；2022年4月原住民人口數排列最多的前五名縣市依序是：花蓮縣（9.34萬人）、桃園市（7.93萬人）、臺東縣（7.85萬人）、屏東縣（6.10萬人）、新北市（5.77萬人）；原住民人口數最少的，則是不到6,000人的嘉義縣。而與2022年4月各縣市人口數相比，原住民人口比最高的4個縣市，分別是：臺東縣（36.8%）、花蓮縣（29.2%）、屏東縣（7.61%）、南投縣（6.12%），而人口比最低的3個縣市則是：嘉義縣（1.21%）、臺中市（1.31%）、高雄市（1.33%）。整體而言，原住民人口幾乎集中於原鄉縣市，亦即12個原鄉縣市原住民人口數，占全國原住民人口的九成（90.3%）（表6-8）（內政部，2022）。

　　需要說明的是，本書雖聚焦於「親密關係暴力」，但因衛福部相關統計數據多以整體的「家暴」案件進行統計，因此無法直接針對「親密關係暴力」單一類型進行討論，只能以家暴統計數字進行間接推估以瞭解原住民人口數與家暴通報人數的關係；然因親密關係暴力約占家暴通報案件的半數，這個間接推估應該差距不大。

10　2005年2月5日公布施行之《原住民族基本法》所定義之「原住民族地區」，承襲行政院2002年4月16日函文意旨及核定之「原住民地區」具體範圍，於《原住民族基本法》第2條第3款之立法理由明揭『「原住民地區」之定義依據《原住民族工作權保障法》第5條第4項規定，係指『原住民族傳統居住，具有原住民族歷史淵源及文化特色之地區。』」；包括30個山地鄉及25個平地原住民鄉（鎮、市），共55個鄉（鎮、市）。

表 6-8　2022 年 4 月 12 縣市原鄉人口數及比例（萬人）

縣市	整體	新北市	桃園市	新竹縣	苗栗縣	臺中市	南投縣	嘉義縣	高雄市	屏東縣	宜蘭縣	花蓮縣	臺東縣
原鄉數量	55	1	1	3	3	1	3	1	3	9	2	13	15
原民人口	58.1	5.77	7.93	2.21	1.15	3.66	2.95	0.59	3.63	6.10	1.79	9.34	7.85
人口比 %	2.50	1.45	3.50	3.84	2.14	1.31	6.12	1.21	1.33	7.61	4.0	29.2	36.8

資料來源：整理自原民會、內政部。

　　自 2017 年至 2021 年原住民被家暴通報人數逐年上升，由 2017 年的 4,183 人、4,284 人、4,679 人、5,970 人，至 2021 年的 6,278 人，亦即五年來已增加 2,000 人，增加速度相當快。以 2021 年家暴通報統計為例，原住民家暴概況說明如下（表 6-9）：

表 6-9　2021 年家暴通報被害人：原住民比例（人）

縣市	全體	新北市	桃園市	新竹縣	苗栗縣	臺中市	南投縣	嘉義縣	高雄市	屏東縣	宜蘭縣	花蓮縣	臺東縣
整體通報	118,532	18,921	11,552	2,705	2,407	16,229	2,732	2,161	16,972	4,287	1,760	2,128	1,846
原民通報	6,278	399	1,067	311	153	502	427	35	475	421	164	922	878
比例 %	5.3	2.1	9.2	11.5	6.4	3.1	15.6	1.6	2.8	9.8	9.3	43.3	47.6
通報比 vs. 人口比	2.1	1.4	2.6	3.0	3.0	2.4	2.5	1.3	2.1	1.3	2.3	1.5	1.3

資料來源：整理自衛福部。

（一）全年被通報的原住民家暴被害人有 6,278 人，較 2020 年增加 308 人，占所有通報被害人的 5.3%。

（二）各縣市中，原住民家暴通報人數最多的是桃園市（1,067人）、花蓮縣（922 人）、臺東縣（878 人）、臺中市（502人），最少的是嘉義縣（35 人）、苗栗縣（153 人）。

（三）而與各縣市通報件人數相比，原住民家暴被害人占全縣比例最高的縣市依序是：臺東縣（47.6%）、花蓮縣（43.3%）、南投縣（15.6%）、新竹縣（11.5%）、屏東縣（9.8%）；比例最少的是新北市（2.1%）、高雄市（2.8%）。

（四）不過通報人數多並不代表情況較嚴重，需再與縣市人口數進行比較才能確認；因此將原住民家暴被害人占縣市被害人的比例，與縣市原住民人口數占全縣人口數比例相較，就可看出原住民、原鄉家暴的嚴重程度：

1. 對照表 6-8、表 6-9，12 個原鄉縣市的原住民家暴通報比例，均高於該縣市的人口比；且整體而言，原住民家暴通報的比例（5.3%）是原住民族人口比例（2.5%）的2.1 倍。

2. 對照原住民家暴案件通報比例和人口比例（表 6-9），原住民家暴嚴重程度較高的前三名，分別是：新竹縣（3.0倍）、苗栗縣（3.0 倍）桃園市（2.6 倍）、南投縣（2.5倍）、高雄市（2.1 倍）；比例較不嚴重的縣市，反而是臺東縣（1.3 倍）、屏東縣（1.3 倍）、嘉義縣（1.3 倍）及新北市（1.4 倍）。

二、與主流相同的家暴防治機制

（一）被害人保護服務

　　家暴法令與政策由中央統籌，地方縣市負責直接的服務輸送；12個縣市對原鄉家暴案件之服務模式基本上分為兩類：

1. 全由家庭暴力暨性侵害防治中心（家防中心）負責：與縣市內其他地區相同，亦即家暴案件自通報、開案服務到結案皆由家防中心負責，差異只在有些縣市的家暴社工集中於社會處／家防中心內辦公，有些縣市則採分區服務，家暴社工分散於各區社會福利服務中心，以能就近提供服務。

2. 原鄉委託民間機構提供服務：部分縣市受限於家暴社工人力不足、原鄉距離遙遠，並在考量案件處理時效後，決定將原鄉婦保案件委託在地機構負責；然因在地專業資源不同，做法有些差異：

    (1) 依區域區分：有些縣市將境內所有原鄉案件委外、有些縣市則只將部分原鄉案件委外。

    (2) 依危機程度區分：有些縣市委外時，不分危機程度的將所有婦保案件委外（如垂整），有些縣市則只將中低危機的婦保案件（二線追輔）和預防推廣工作委外，較需公權力介入之高危機案件、婦暴併兒保等工作仍由家防中心負責；特別在 2018 年執行「社會安全網」計畫後，更多縣市將高危機案件由公部門負責，中低危機案件再由委外單位處理。

　　以 2020 年為例，12 個縣市原鄉親密關係暴力被害人服務就有四種做法：

1. 直接服務：全由家防中心服務、不委外，有 1/3 縣市（如高雄市、屏東縣、嘉義縣、宜蘭縣等 4 縣市）的親密關係暴力案件全由家防中心提供服務。

2. 全原鄉、全委外：另外 2/3 有委外的縣市中，有 3 個縣市（新北市、桃園市、苗栗縣）採垂整模式，原鄉案件不分危機皆由委外機構負責。

3. 全原鄉、部分委外：有 3 個縣市——新竹縣、臺中市、南投縣屬此類委外，將中低危機、高危機案件結案後追案委外服務。

4. 部分原鄉、部分委外：花蓮縣、臺東縣 2 個縣市採此模式；花蓮縣、臺東縣雖是原鄉集中的縣市，但因在地專業機構不足，只能採部分區域（花蓮縣只有秀林鄉委外、臺東縣 15 個原鄉中只有 9 鄉鎮委外）、部分案件（中低危機、高危機案件後追的案件）委外的方式提供服務（請見表 6-10）。

表 6-10　**2020 年 12 個原鄉親密關係暴力案件服務輸送情形**

類型	直接服務：社會處／家防中心	委外：在地機構服務		
		全原鄉＋全案件委外：	全原鄉、部分委外：（中低危機＋高危機結案後追）	部分原鄉、部分委外（中低危機＋高危機結案後追）
縣市	高雄市、屏東縣嘉義縣、宜蘭縣	新北市桃園市苗栗縣	新竹縣臺中市南投縣	花蓮縣臺東縣

資料來源：各縣市提供。

親密關係暴力／婦保業務委外的服務內容，雖會因委託經費多寡的不同而有差異，不過多數接受縣市政府委託的婦保機構會在原鄉設立服務據點，提供的服務內容大致包括：

1. 個案服務：提供受暴婦女、目睹兒童保護服務，除人身安全、心理支持外，必要還會提供庇護安置，並媒合各項資源。

2. 諮詢服務：提供在地婦女有關親密關係暴力、福利資源的諮詢服務。

3. 陪同訪視（或協助危機處理）：雖然接受委外業務的在地機構大多提供中、低危機案件的追蹤輔導服務，但因有公權力的公部門社工對部落、婦女不熟悉，因此在其進行原鄉高危機個案或婚暴併兒保案件訪視時，多數需要在地社工的陪同以收集資料，或者在個案問題緊急但公部門社工因距離遙遠無法及時提供服務時，亦期待原鄉委外機構社工能協助處理驗傷、報警、就醫等服務。

4. 團體工作：辦理受暴婦女團體、目睹兒少團體，以進行創傷修復的工作。

5. 社區宣導：辦理各項家暴防治宣導活動、網絡會議，提升民眾對 113 婦幼保護專線、保護服務資源之認識。

6. 其他：除了被委託業務工作報告、個案統計外，部分機構還與地檢署合作辦理「司法保護據點免費法律諮詢」服務，提升在地民眾較佳的法律協助。

根據衛福部統計，原住民家暴被害人保護扶助服務使用狀況如下（表 6-11）：

1. 2020、2021 年全國整體家暴被害人服務使用人次最多的前六類服務，依序是：諮詢協談、其他扶助、法律扶助、經濟扶助、目睹服務、子女問題；全國原住民家暴被害人服務使用人次之順序皆與全國相同。

2. 不過值得注意的是原住民家暴被害人在整體保護服務使用人次

中所占比例，與 2020 年相較，2021 年原住民家暴受暴者服務
使用比例有相當大的變化，特別在經濟扶助、目睹服務、法律
扶助比例上的變化。使用目睹服務的比例由 7.9% 降至 2.4%；
法律扶助由 7.8% 降至 5.1%，降幅相當明顯，但經濟扶助的
比例則由 6.7% 增加至 8.6%，增幅最多，其次是子女問題，由
4.9% 增至 5.9%；此變化是否與社會變化（如：疫情）有關，
值得家暴防治服務人員關心。

表 6-11　2020-2021 **年家暴被害人保護服務類別統計：全國（人次）**

類型	諮詢協談		其他扶助		法律扶助		經濟扶助		目睹服務		子女問題	
	整體	原民	整體	原民	整體	原民	整體	原民	整體	原民	整體	原民
2020 人次	1,359,690	80,960	98,478	8,926	53,426	4,153	28,001	1,866	27,169	2,114	9,652	535
	6.0%		9.1%		7.8%		6.7%		7.9%		5.5%	
2021 人次	1,473,852	92,940	106,326	10,157	62,392	3,159	28,760	2,466	24,217	579	11,012	535
	6.3%		9.6%		5.1%		8.6%		2.4%		4.9%	

資料來源：衛生福利部。

　　由於整體數字可能稀釋了原住民被害人的需求，為聚焦於原鄉被
害人的需求，此處以原住民人口比例最高（2020 年 36.5%、2021 年
36.8%）、原住民家暴通報比例居次（2020 年 46.7%、2021 年 47.6%）
的臺東縣為例，2020 年及 2021 年臺東縣原住民家暴被害人保護扶助
的使用情形如下（表 6-12）：

1. 2020 年、2021 年臺東縣家暴被害人保護服務，原住民家暴被
　　害人服務使用人次最多的服務依序是：諮詢協談、其他扶助、
　　經濟扶助、陪同出庭、法律扶助、心理諮商等。
2. 若依服務的比例來看，臺東縣原住民服務使用比例最高的前

三項服務，2020 年依序是：經濟扶助（60.9%）、保護令聲請（52.1%）、協談服務（46.1%）；2021 年則是：心理諮商（70.4%）、經濟扶助（63.4%）、其他扶助（55.5%），除其中有兩項與2020年不同外，接受心理諮商服務的比例則大幅增加。

3. 2020 年，高於原住民家暴通報人數比例（46.7%）的服務，包括：經濟扶助（60.9%）、保護令聲請（52.1%）兩項；2021 年，高於原住民家暴通報人數比例（47.6%）的服務，包括：心理諮商（70.4%）、經濟扶助（63.4%）、其他扶助（55.5%）、諮詢協談（48.2%）等四項，保護令聲請的比例則略低（46.6%），但差距不大；顯示經濟扶助、保護令聲請是原住民家暴被害人需求持續較高的項目，而心理諮商服務則是新增的服務需求（表 6-12）。

表 6-12　臺東縣 2020、2021 年家暴被害人保護服務類別統計：依服務人次排列

類型	諮詢協談		其他扶助		經濟扶助		陪同出庭		心理諮商		保護令聲請	
	整體	原民	整體	原民	整體	原民	整體	原民	整體	原民	整體	原民
2020 人次	26,275	12,708	1178	478	555	338	410	166	278	101	213	111
	46.1%		40.1%		60.9%		40.5%		36.3%		52.1%	
2021 人次	30,737	14,830	1,184	657	901	571	515	241	470	331	193	90
	48.2%		55.5%		63.4%		46.8%		70.4%		46.6%	

資料來源：衛生福利部。

（二）加害人／相對人服務

家暴防治發展至今，被害人服務、相對人服務多由不同的機構負責；然因原鄉專業資源不足，多數縣市雖可委託不同機構，但仍有少

數縣市（如桃園市、臺中市）只能委託同一機構提供服務。以 2020 年為例，12 個縣市原鄉相對人的服務也有四種做法（表 6-13）：

1. 公辦公營：12 個縣市中只有宜蘭縣採此類做法，由公部門社工提供相對人服務。
2. 全縣市委託：指的是整個縣市相對人業務，由社會處／家防中心委託一個單位負責提供服務，有 2/3（8 個縣市）縣市採此類委託方式提供服務。
3. 原鄉單獨委外：桃園市、臺中市等 2 個縣市採此類委託，但因桃園市、臺中市境內都只有一個原鄉（復興區、和平區），因此專門委託一民間機構只對原鄉提供服務；而其目前委託的機構都由被害人服務做起，而後才增加兒少目睹及相對人服務。
4. 非社政業務：12 個縣市中僅花蓮縣的相對人服務非社政運作，屬衛生局業務，由衛生局進行委外服務。

表 6-13　2020 年 12 個縣市原鄉親密關係暴力案件服務輸送情形

類型	全縣市委外（含原鄉服務）	單獨委外	直接服務	社政未服務
縣市	新北市、新竹縣、苗栗縣、南投縣 嘉義縣、高雄市、屏東縣、臺東縣	桃園市 臺中市	宜蘭縣	花蓮縣 （由衛政負責）

資料來源：各縣市提供。

在五類相對人服務中，屬衛政主責、依法院裁定而強制進行的加害人處遇計畫外，其餘四類都屬社政負責的範疇；而除男性關懷專線由中央委託提供全國服務外，其餘的相對人關懷服務方案、預防性認知輔導教育、簡易處遇等則屬縣市業務。在與 12 個原鄉縣市聯繫及確認的結果，雖然委外的方式不同，但 2020 年 12 個原鄉縣市皆有相

對人關懷服務方案，其中 2/3 的縣市有提供保護令開庭前的預防性認知輔導教育，只有 1 個縣市——屏東縣提供相對人簡易處遇，由法官在保護令裁定的主文中命加害人參加認知教育課程的服務（表6-14）。

表 6-14　**2020 年 12 縣市原鄉親密關係暴力案件服務提供情形**

縣市	新北市	桃園市	新竹縣	苗栗縣	臺中市	南投縣	嘉義縣	高雄市	屏東縣	宜蘭縣	花蓮縣	臺東縣
相對人關懷服務	✓	✓	✓	✓	✓	✓	✓	✓	✓	✓	✓	✓
預防性認知輔導教育	✓		✓	✓		✓	✓			✓	✓	✓
簡易處遇									✓			

資料來源：作者自行整理。

雖然加害人處遇計畫、男性關懷專線的服務已提供多年，但因這些服務的成果並未依族群身分進行統計，因此無法具體指出原住民相對人接受服務的狀況；不過參考原住民婦女不願求助、報警、聲請保護令的情況推估，受法院裁定須接受加害人處遇計畫的相對人應該不多，而會主動尋求男性關懷專線協助的原住民相對人應該更少[11]。

以原住民族人口比例第一的臺東縣（36.2%）及第四的南投縣（5.87%）為例（表6-15）：

---

11 以 2017 年為例，裁定的加害人處遇計畫只有 3,417 件，若依原住民只占全國親密關係通報案件的 4.8% 而言，可能只有 168 件。

表 6-15　2020 年南投縣、臺東縣：原鄉親密關係暴力案件服務情形

服務類型	相對人人數		高危案相對人		關懷服務		預防性認知教育	
	所有	原住民	所有	原住民	所有	原住民	所有	原住民
臺東縣	741	320	85	37	129	53	367	179
	41.2%		43.5%		41.1%		48.7%	
南投縣	1,092	170	45	9	116	17	272	35
	15.6%		20%		14.7%		12.9%	

資料來源：臺東縣政府、南投縣政府提供。

1. 臺東縣：2020 年原住民相對人占全縣相對人的 41.9%；高危機案件占全縣親密關係暴力案件的 11.5%，高於全國比例（9.5%），其中 43.5% 是原住民相對人，顯見原住民相對人高危機的案件微多於非原住民。在服務使用上，129 位相對人接受關懷服務、367 位相對人接受預防性認知教育，其中原住民相對人接受關懷服務（53 人、41.1%）、預防性認知教育（179 人、48.7%）的比例與其通報比例相當。

2. 南投縣：2020 年原住民相對人占全縣相對人的 15.6%；雖然南投縣親密關係暴力高危機案件只占案件的 4.1%，遠低於全國比例，但其中 20% 是原住民相對人，呈現的亦是原住民相對人高危機的比例多於非原住民。而在服務使用上，116 位相對人接受相對人關懷服務、272 位相對人接受預防性認知教育，其中原住民相對人接受相對人關懷（17 人、14.7%）、預防性認知教育（35 人、12.9%）比例略低於其通報比例。

第四節　原政與衛政體系之家暴防治作為

一、原政體系：持續追蹤有關懷必要之家暴個案

　　有鑑於原鄉家庭長期遭遇生活、經濟困境，原民會自 1998 年起，透過直轄市／縣市政府結合非營利組織委託設置「原住民社區家庭服務中心」，以「改善原住民族家庭遭遇生活、經濟之困境，提供婦女、兒少、老人等保護個案及時的照顧和關心，並排除原住民族在原鄉及都會區面臨福利資訊及資源整合不足所形成的障礙」為服務宗旨，並以「原住民服務原住民」的方式提供服務。

　　之後為強化婦女權益、以原鄉家庭及婦女為服務對象，2002 年「原住民社區家庭服務中心」更名為「原住民族家庭暨婦女服務中心」（家婦中心），2015 年又因重新考慮以「家庭」為核心服務的宗旨，思考所有戶內成員之總體需求，及順應性別平等之全球化趨勢，再次改稱為「原住民族家庭服務中心」（原家中心）；而至 2019 年年底全國的原家中心已有 62 個據點，分別是 10 個都會中心、52 個原鄉中心，分散於 13 個縣市內 [12]，但多數的原家中心仍集中在東部。

　　為便於督導和聯繫，原民會依地理位置將 62 個原家中心再區分為：東北、北中、南、東南等四個督導區；而依原民會網站公告的資訊顯示，2019 年全國原家中心共聘有 210 位社工，平均每中心配置 3 至 4 名社工。

　　細究原家中心服務內容的變化，「保護性個案的發掘、諮詢、訪視或轉介」原為其成立階段核心工作的第一項，由 2015 年原家中心

---

12 2019 年於基隆市增加了 1 個都會型的原家中心後，故 13 個縣市皆有原家中心。

評鑑報告之保護性個案服務概況統計表（表 6-16），即可看見當年度
保護性個案的服務人數、服務次數及轉介情形（黃源協、莊俐昕，
2015）；不過，因不少原家中心持續反應原鄉保護性工作的推動不
易，及為了區隔服務範疇、避免與現有家暴防治機構重疊，原民會
2016 年於是認定「家暴個案」及家防中心已開案之家暴案件，非其
服務範疇，並將原家中心服務對象設定為「提供生活遭遇問題之個人
或家庭，及社會福利案件（如國民年金未繳費個案、急難救助、民意
代表關切案等）」等服務工作。

表 6-16　2015 年度全國原家中心評鑑報告之保護性個案服務概況

數量	個案數（人）		訪視次數		轉介次數		結案件數（人）	
	男	女	男	女	男	女	男	女
保護性個案	1.1	5.6	6.9	38	0.6	3.2	1	4.9

資料來源：黃源協、莊俐昕（2015）。

不過，2019 年年底原民會將原家中心的服務內容再度更新，將
「家暴個案經地方政府社政單位介入評估後，家庭暴力情形已改善或
安全無虞，生活狀況穩定，**暫時無社政單位或家暴中心提供服務必要
之個案，並經原家中心社工評估有持續追蹤關懷必要者**」又列入為開
案指標之一，因此已結案、但仍有關懷必要的原鄉家暴個案，會是原
家中心的服務對象（原民會，2019）。

二、衛政體系：原鄉節酒方案

與家暴防治有關的原鄉服務方案，還有衛生福利部持續以經費支
持的「部落健康營造計畫」。

　　世界衛生組織（WHO）在 1978 年的《Alma Ata 宣言》及 1986 年的《渥太華憲章》中，皆強調將「社會正義」和「公平」列為追求健康的先決條件，憲章內容包括：健康促進、健康促進行動綱領及未來方向等三部分，藉由落實基層保健醫療促進民眾健康，以達成全民健康（health for all）目的（國家發展委員會，2017）；衛生福利部／衛生署為落實前述「社會正義」理念之健康促進目標，多年來持續推動「原住民族及離島地區部落社區健康營造計畫」，鼓勵原鄉及離島縣市提出計畫；例如南投縣 2000 年即成立「部落及社區健康營造中心」，以「節制飲酒」、「老人健康促進：健康老化、樂齡生活」兩議題持續辦理節制飲酒活動，以「文化自省；傳承 Gaya ——節慶祭典才飲酒」等為主題辦理相關講座、原鄉部落巡禮，並連結學校、社區發展協會、教會、部落大學、勞委會職訓局等組織，透過文化傳承規劃節制飲酒、健康休閒及生活態度。

　　由於國內外研究皆顯示酒精與暴力的息息相關，因此推動「酒精減害」應有助於家暴防治工作，且為提升醫療院所相關工作人員家暴診治的專業知能，使其能同時執行酒精減害和家暴創傷照顧的工作，並落實因過度飲酒引起的家暴通報及教育宣導工作，行政院衛生署 2007 年曾委託高雄縣政府衛生局辦理「從原住民家暴的認知和求助需求：以部落為主體的模式」研究推廣計畫，該方案以高雄縣三民鄉、桃源鄉[13] 等原住民部落為推廣地區，經評估此方案發揮了宣導 113 專線、兒童保護及性別平等的目的，並成功地將醫護人員轉型為資源提供者，節酒方案的推動也明顯減低了家暴事件的發生率（洪翠苹，2008）。

---

13 2010 年高雄縣、高雄市整併後，已為高雄市政府衛生局，推廣地區之高雄縣三民鄉現已改為高雄市那瑪夏區。

　　有鑑於 2007 年節酒方案的成功，2008 年衛生署再次委託高雄縣政府衛生局，辦理「高縣部落及都會原住民家暴防治模式研究推廣計畫」，除原有的部落外，又增加了都市原住民較集中的鳳山、大寮、仁武等三鄉鎮；此方案建議：與部落文化和教育結合、以族人經驗做案例是宣導《家暴法》的有效方式，而配合社區活動、主動接觸部落民眾，結合教會、家婦中心等資源網絡則是可行的做法；最重要的是，其建議原住民的家暴防治工作應採取整合模式，串聯各部門資源，而以部落價值為導向所進行的專業服務才能永續發展（洪翠苹，2008）。

　　近年來，「健康不平等」（health inequality）的概念受到重視，行政院（2018）為正視原鄉健康不平等的現象，積極推動「原鄉健康不平等改善策略行動計畫」（2018-2020 年），以「從數據找目標」、「從在地找人才」、「從文化經濟找方法」為重點，發展符合在地文化敏感度的健康照護服務，並且推出「三大目標、10 項計畫」──建構健康的部落（4 項計畫）、建構健康的家庭（1 項計畫）、培養健康的個人（5 項計畫），而其中「菸酒檳榔防治試辦計畫」即是「培養健康的個人」項目下的重要計畫，期待此計畫的推動能繼「部落健康營造計畫」後，也能間接達到減少親密關係暴力的發生。

……

　　本章除了介紹國內家暴防治的機制與作為外，主要還是希望將焦點放在主流家暴防治機制下的原鄉親密關係暴力社工處遇服務上，然在《家暴法》通過運作的二十多年來，從未為原鄉發展專屬的處遇服務模式，至今均採與主流相同的服務模式。

　　總計原鄉的被害人服務、相對人服務各有四種不同服務輸送方式；12 個縣市中只有宜蘭縣原鄉之被害人、相對人服務皆是公辦公

營，統一由公部門社工提供服務、只有桃園市、臺中市的原鄉是委託同一個機構，同時提供被害人、相對人服務，且只有桃園市原鄉的被害人、相對人服務是不分危機程度全部由委外機構提供服務。若單就被害人服務部分，1/3（4 個）縣市都由公部門提供服務（嘉義縣、高雄市、屏東縣、宜蘭縣），其餘 8 個縣市透過委外機構提供服務；而單就相對人服務，則有 2/3（8 個）縣市採全縣市委託一機構提供服務。

　　然根據保護扶助使用情形的分析，與整體相較（依序是：諮詢協談、其他扶助、法律扶助、目睹服務），原住民被害人的需求是有其特殊性的（依序是：經濟扶助、保護令聲請、諮詢協談、法律服務）；另由臺東、南投兩縣高危機案件分析顯示的，原鄉縣市高危機案件的比例高於全國、原住民高危機案件的比例也高於非原住民案件的情形看來，主流模式不盡然能符合原鄉狀況，而非原住民被害人和相對人需求及特性也與原鄉被害人、相對人不同。

討論與反思

一、處遇模式一體化的優、缺點為何？原鄉家暴防治有無設計不同處
　　遇模式的必要性？

二、正式資源進入部落時，是否需因應在地特色發展出不同於主流社
　　會的服務模式？如果需要，那臺灣原鄉親密關係暴力的問題特色
　　有哪些？應針對這些特色進行哪些服務的設計與規劃？

第七章

成效：
原鄉親密關係暴力防治成效與困境

在第六章說明國內親密關係暴力社工處遇服務的整體狀況，並介紹 12 個原鄉縣市被害人、相對人服務輸送方式及服務概況後，本章將聚焦於親密關係暴力的服務成效，透過相關研究結果，呈現原住民被害人、相對人、不同網絡成員對親密關係暴力防治成效的看法，最後還針對原鄉暴力防治社工處遇服務的困境進行討論。

　　讓「法入家門」，不論性別、年齡，保障每位家庭成員的人身安全，是臺灣《家暴法》成為「亞洲第一」的重要成就；而政府部門為家暴防治所做的制度化努力，是否改變了原住民婦女的受暴情形？主流社會的家暴力防治作為是否有效解決了原住民婦女的危機處境？則是本章關注的重點。

第一節　原鄉暴力防治之成效檢視

　　現有與原住民親密關係暴力服務有關的全國性資料，僅有保護性服務的使用人次統計，缺乏與原住民家暴防治成效有關的資料；因此為瞭解原鄉親密關係暴力防治的成效，僅能透過不同研究者針對不同地區、族別、當事人進行有關資源使用、求助經驗、成效評估等的研究，藉此推估原鄉親密關係暴力的防治成效。

一、正式資源的使用

　　根據第四章曾呈現的研究資料，例如黃增樟（2005）曾利用問卷收集花蓮賽德克族 94 位原住民受暴婦女的經驗發現，雖然超過 1/2（55.7%）的受暴婦女認為原住民族的家暴問題嚴重，然而將近七成（68.4%）的受暴婦女並未報案；陳秋瑩等（2006）利用問卷針對酒癮盛行率高的南投縣信義、仁愛兩鄉 31-65 歲的婦女進行家戶訪問，發現原住民受暴婦女過去一年的家暴受暴率（37.8%），明顯高於漢人婦女（17.6%），而 1/3（34.2%）的原住民受暴婦女只向非正式系統求助，且完全沒人使用過 113 專線。

　　洪翠苹（2008）、陳慈敏（2007）訪談原住民受暴婦女的經驗，亦發現婦女使用正式系統及資源的意願低落；鄭麗珍、李明政（2010）的研究亦指出，親密關係暴力在部落相當頻繁，但卻有通報率過低的現象。對《家暴法》不瞭解，對法律、資源、程序的不清楚，不知如何求助，是原住民婦女無法使用暴力防治資源的原因（林芳如，2008；黃增樟，2005；陳淑娟，2004）；而家暴防治服務輸送過程中的障礙，如路途遙遠、交通不便，庇護資源缺乏、經濟補助有限；也讓少數想求助的婦女碰到困難（黃增樟，2005；陳淑娟，2004；沈慶鴻，2014b）。

二、防治成效的評估

　　林芳如（2008）的研究中，4 位接受個別訪談的警察，有 3 位認為國內目前的家暴防治政策對原住民的家暴行為發揮不了作用，112位接受問卷調查的警察中，則有高達四成五（45%，50 位）的警察認為民事保護令處理不了原住民族的家暴問題。

　　然而，不只是警察認為民事保護令處理不了原住民族的家暴問題（林芳如，2008），暴力防治成效不彰、民事保護令發揮不了作用，已是國內原住民族親密關係暴力研究的共同結果（洪翠苹，2008；黃增樟，2005；童伊迪、黃源協，2010；萬育維等，2009）；主流社會的暴力防治模式無法解決原住民族的家暴問題，也幾乎是不同國家的共同經驗（王增勇，2001；童伊迪、黃源協，2010；Balfour, 2008; Jones, 2008; Oetzel & Duran, 2004; Nickson et al., 2011）。

三、被害人的求助經驗

　　為瞭解家暴防治工作在原鄉的執行現況和運作成效，此處仍引用實際訪談 14 位暴力倖存者——原住民受暴婦女的研究結果（沈慶鴻，2014b），以呈現其在防治系統的求助經驗與成效評估（基本資料請見第四章附錄）。

（一）受暴經驗

　　14 位婦女中，有 11 位是配偶只對其施暴的親密關係暴力案件，3 位則是婚暴併兒保的案件，他們（V4、V5、V8）的相對人皆因酒醉疏忽而同時併有兒保的紀錄，其中 V5、V8 2 位的相對人還曾執行過強制性親職教育。

> 「……在吵架的時候，剛好那裡一鍋的湯……兒子是被噴
> 到，趕快去沖冷水，警察剛好上來巡邏……我先生已經喝到
> 完全不曉得，做了什麼事情都不知道……」（V4-035）

　　根據受訪婦女提供的資料，可發現不論受暴年數多少（兩年多或十多年），受訪婦女的受暴年數與結婚年數相差不多、甚至多過結婚年數（V8），顯示多數婦女和相對人在親密關係開始的初期，暴力即存在。14 位受訪婦女的經歷中，有 3 位（V2、V7、V16）屬高危機案件（3/14、21.4%，與表 6-15 做對照，此比例高於全國 9.5% 及臺東縣 11.5% 的高危機比例）；他們的相對人曾以「刀」做為傷害、威脅的工具，受傷最嚴重的 V16，還曾接過醫生開出的病危通知。

「……他拿鐵椅砸我後腦……他有藏西瓜刀，我嚇到……報了警、打 110……」（V7-054）

「……把我打到床底下……然後他就拿開山刀出來，那時候我兒子，親眼看見，然後就趕快打電話，打 110……後來是傷害、殺人未遂……」（V16-069）

在長期受暴過程中，受訪婦女對外正式求助的經驗並不多，「為了孩子、保護孩子」是婦女忍耐、壓抑的主因；另因多數的婦女沒有穩定的工作（6 人無工作、5 人為臨時工），經濟上依賴讓婦女無法改變目前的生活狀態，而害怕相對人報復，會傷害自己或家人亦是婦女消極忍受的原因。歸納 14 位婦女對暴力的因應行為，可發現婦女很少求助社政系統，只有 1 位（V12）打過 113 專線、1 位（V2）曾打 113 專線、也同時住過庇護中心，多數（7 位）婦女在暴力發生時僅求助較近的派出所警察或打 110、119 電話，期待的是警察在危機時暫時保護自己、訓斥相對人不可以有暴力行為；若受傷時，少數也會求助衛生所（3 位），但皆非積極的處理暴力行為，甚至有 1 位（V1）從未有向正式系統求助的經驗。

有一半（7 位，7/14）婦女曾與法院有過接觸——1 位有至法院訴請離婚的經驗（之後撤回）、6 位曾聲請過保護令，其中 2 位在開庭後即撤回保護令聲請，3 位有通常保護令、1 位訪談時正在聲請中。不過歸納其經驗後發現，曾聲請過保護令的原住民婦女皆非主動提出，而是網絡成員協助其聲請的；另外，則是求助警政系統 110 的原鄉受訪婦女比求助社政系統 113 的還多（如表 7-1 所示）。

此現象與 Lamontagne（2011）指出的加拿大原住民女性求助行

為相同，即面對伴侶暴力，原住民女性求助警察的比例較高；也與臺東縣政府提供的資料相同（請見表6-12），原住民被害人在保護令聲請上有較高的需求。

表 7-1　**原鄉 14 位受訪婦女求助正式系統的經驗（人）**

系統	社政		警政／	醫療／	法院／
	113 專線	庇護中心	派出所、110、119	衛生所	保護令
人數	2	1	7	3	7

資料來源：沈慶鴻（2014b）。

（二）與網絡的互動經驗

由於受訪婦女正式求助的經驗不多，他們對與網絡成員短暫接觸的互動印象並不深刻。相關的經驗大致包括：

1. 與警察的互動經驗：警察認為暴力是芝麻小事

由於派出所就在部落裡，因此警察是受暴婦女最常接觸的網絡成員，不過不少原住民警察認為家暴是「家務事」的態度，使婦女覺得警察並不重視家暴防治的工作；且有受訪婦女反應，由於相對人是原住民警察的朋友，警察在案件受理過程中曾暗示她「要考慮喔」，讓她擔心保護令聲請會影響到家中唯一經濟來源——相對人的工作而撤銷了保護令。

> 「……我去派出所報案的時後，我跟我女兒去嘛，因為都是我老公的朋友都勸我這樣子，寫寫寫到一半了，要蓋章了，『要考慮喔』，他們這樣子講……我就想，好吧，就算了……」（V10-141）

2. 與法院的互動經驗：等待開庭的日子充滿壓力

有婦女覺得等待保護令開庭的時間太長了，讓與相對人同住、每天都得和相對人面對面的她，只好在相對人施壓下撤回了保護令；還有婦女雖未與相對人同住，但仍飽受相對人持續要求撤回的干擾。

> 「……等的時間太長了，上法院那一段等半個月才來，那個氣都已經有點消了，而且對方一直在旁邊跟你說怎麼樣、怎麼樣對不起什麼的，就算了……」（V5-209）

3. 與社工的互動經驗：找不到、也等不到社工的聯繫

原鄉受暴婦女互動最多的正式系統是派出所和衛生所，因此多數婦女與社工的互動並無太多感受。14 位受訪婦女唯一提出與社工互動經驗的是求助過 113 及住過庇護所的 V2，不過 V2 表示，自己和社工的互動並不愉快，因為自己曾多次滿懷希望的聯絡社工，但總是找不到自己的社工、留話後社工也沒回應，因此其曾懷疑社工可能並不想要幫忙自己。

> 「……我打了最少十次（113），我覺得前面幾次，我會期待、等待，好像抓了一個希望，後來等到覺得希望是落空的。我的社工，他說回來再跟妳連絡。後來沒有下文，我自己都覺得，我打 113 但人家不要接我的電話。」（V2-198）

（三）求助影響與成效

經整理 14 位原鄉受暴婦女求助正式系統的經驗後，發現正、負向影響皆有（如表 7-2 所示），相關影響說明如下：

表 7-2　原鄉 14 位受暴婦女向正式系統求助的結果

類別	負向影響	正向影響
影響內容	家人不支持 鄰居取笑 相對人挑釁	肢體暴力減少 獲得支持力量

資料來源：沈慶鴻（2014b）。

　　負向影響：包括家人的不支持、鄰居的取笑，相對人的挑釁等。

1. 家人不支持

　　認為「相對人只是喝醉、不是暴力」是相對人親友一貫的態度，因此相對人家人多半要求婦女忍耐，並建議婦女只要不頂撞喝醉酒的相對人就可以避免暴力的發生；因此婦女報警、上法院等的行為，大多得不到相對人家人的諒解。

　　「……他拿鐵椅砸我後腦……他有藏西瓜刀，我嚇到……報了警、打 110，他們家人很生氣……他姊姊說，有必要報警嘛，問那個所長可不可以怎樣，結果警察跟她說不行，所以她姊姊很恨我。她說妳是要把我弟弟關到死是不是這樣……」（V7-054）

2. 鄰居的取笑

　　婦女對外的求助行為不僅相對人家人無法諒解，報警、聲請保護令也成為部落鄰居取笑的話柄，挖苦的說婦女不好惹；部落鄰居甚至會懷疑的說，報警、上法院或訴請離婚的女性是因為有了男朋友，為了要離開才會告自己先生的。

「……去告家暴，要離婚，部落的人會說，是因為有男朋
友，所以決定要離婚，不然不會這樣……」（V13-217）

3. 相對人的叫囂和挑釁

婦女一旦向外求助，社工、警察的服務就會啟動，不過這樣的服
務，並非都能讓婦女從中獲益，有時社工、警察的服務反而刺激了相
對人，讓婦女的日子更不好過；例如警察一來，相對人覺得自己被監
視，而增加了責罵婦女的理由，或婦女驗傷的動作惹惱了相對人，
「要告就告」的情緒話語，讓原本只想停止暴力、不想離婚的婦女不
知該如何是好。

「……過段時間，這個（酒）喝下去，什麼刺激的話都講出
來了。他聽到家暴，覺得很刺耳，對那兩個字很反感。他
會罵，妳喜歡叫警察來、社工來，好啊，再給妳家暴一次
啊……他會發飆……妳有本事找他們來啊，來看看……」
（V1-296）

正向影響：包括了肢體暴力減少、支持力量增加的正向效果。

1. 肢體暴力減少

雖然求助家暴防治系統的婦女不多，但獲保護令核發的 3 位婦女
都認為，保護令還是對相對人的暴力行為發揮了嚇阻效果，雖然口
語、精神上的暴力（如罵人、趕人走、摔桌子）及違反保護令的行為
（如傳簡訊）仍舊存在，但肢體暴力已減少了許多。

「……是不敢動手了，我知道他很忍耐啦……嘴巴還是會罵我，也是會趕我走，叫我離開……暴力是比較沒有了，但有的時候會拉我頭髮這樣子。」（V12-040）

2. 獲得支持力量

雖與正式系統互動曾出現不佳的感受，但仍有少數婦女肯定網絡成員的付出；例如認為在地社工不定時的幫忙、鼓勵，讓她覺得很有安全感；派出所警察偶而的訪視，雖會讓相對人不高興，但對受訪婦女來說卻是一種安全保障，能對相對人發揮警告作用。還有些婦女雖沒接受警察要其聲請保護令的勸告，但其也表示趕來暴力現場的警察都能適時地發揮教育功能，除告誡相對人不要繼續騷擾外，也提醒相對人家暴是違法行為，不可以再動手打人。

「……他（相對人）跑來，警察說你要幹什麼？他就說這是我們家務事……警察說這不是家務事，你已經危害到孩子了，這是犯法的……警察來看我，我很高興……可以警告他，讓他知道我一個人在這邊，還是有人關心我的。」（V4-035）

由前述的研究訪談顯示，原住民女性雖然長期受暴，但求助正式系統的經驗並不多，多半只在危機處境時暫時求助以排除危機處境（村子裡的派出所、打110、119電話，或衛生所），而非積極的求助以改變暴力；而少數向正式系統求助的受訪者，不僅得不到家人的支持，鄰居的譏諷、相對人的挑釁，更加深了受訪者的痛苦；雖然少數受訪者表示保護令有達到嚇阻和約束相對人肢體暴力的效果，然而法

院保護令審理時間太長、警察未積極處理、社工聯絡不到等都讓受訪者經歷不佳的求助過程。

四、相對人的服務使用

根據第六章有關原鄉相對人處遇或服務的陳述，除了法院裁定的加害人處遇計畫因是法定服務，故由衛政系統依法處遇外，其他相對人的服務不論是否委外，12 個有原鄉的縣市皆有提供相對人關懷服務方案；目前雖有林偉、林明傑（2012）及蔡燦君、沈佩秦（2011）分別針對嘉義市、臺中市有關相對人服務成效的研究，顯示相對人服務有情緒紓解、覺得被公權力公平對待，及降低暴力再發生的效果，但因研究對象並非原住民相對人、目前也未有針對原住民相對人有關接受相對人服務成效的研究，因此是否原住民相對人會出現與上述研究相似的感受及效果有待未來再做探討。

另值得一提的是，12 個原鄉縣市中，2/3（8 個）縣市的相對人委外方案是全縣市委託，然有限的委託人力實無法應付如此幅員遼闊的服務範疇，很難照顧到交通不便、距離遙遠的原鄉相對人；且因相對人服務的開案對象，需同時參考被害人意見、被害人社工評估及相對人的意願，最後開案服務的對象通常不多——根據桃園市、臺中市家防中心委外機構提供的資料，2020 年接受相對人服務的案件，桃園市有 27 案、臺中市則只有 10 案。

另根據陪同原鄉社工外展訪視的過程發現，其實不少原鄉相對人並不瞭解社工、多數並不知道有相對人服務，他們多是透過被害人而認識社工或其他網絡成員（如對其進行約制告誡的家防官），因此對社工和網絡成員並不友善，也不太理睬，甚至還有些誤解（特別是太

太曾有被安置經驗時），多半需經過一段時間的觀察和互動，對社工的敵意才會逐漸減低。

第二節　原鄉社工處遇服務的實務困境

原鄉親密關係暴力防治面臨的困境，其實與其他社工服務類似，且多數是長期存在的困境：

一、誰來主導暴力防治？

雖然隸屬於行政院的原民會在 1996 年成立時，也設有主管原住民族社會福利、社會救助單位的衛生福利處，各直轄市、縣市政府的原民局（處）也設有提供原住民生活扶助、急難救助、醫療保健，以及兒童與老人福利保障、婦女與青少年權益維護等的社會福利組（科）；然而「家暴防治業務」仍以衛福部為主管機關，由各縣市政府社會處／家防中心主責，由上到下一系列的推動家暴防治之各項保護、服務與預防宣導工作。

不過，由於族群、文化、地理位置等特殊性的存在，因此家暴防治與其他社福業務一樣，亦面臨究竟是由社政系統運作、還是直接由關注原住民族身分、文化所屬的原住民族行政系統運作較適切的問題？以及若是由社政系統來運作，那在服務輸送上，究竟是由公部門社工直接服務、還是委託在地的非營利組織運作較適切的第二個問題？以及若委託非營利組織來運作，是否須限制專業屬性（社工機構）、還是只要有意願、具族群及文化屬性的原住民團體就可以提供

服務的第三個問題？以及「在地」是否必要？全國性組織是否在專業支持上較佳等等一連串的問題。

　　然而以上困惑都是原鄉服務輸送、服務提供的老問題，因為不論是社政體系負責、還是原政體系運作，都會出現各自的難題——文化能力不足，抑或是暴力防治專業不夠，或者也同樣都會面臨由上而下、問題取向、公部門主導，但不符原鄉需求與現況的服務方案困境，以及宣稱「以部落為主」、「以部落為中心」的方案，仍被認為充其量只是以「部落」為實施場域，而非關照到部落特殊性或以部落為實踐主體等不夠務實、缺乏部落思維的批評（王增勇，2010；詹宜璋，2018；劉鶴群等，2011）。

　　其實，不少縣市就是意識到原鄉的特殊性，也理解公部門社工服務有鞭長莫及、照顧不周的限制存在，才希望「委外」提供在地服務，為的就是希望增加服務的可及性（accessibility）、有用性（availability）與接受度（acceptability），並真正落實部落主體；然而，要能兼顧「專業、在地、原住民組織」的委外條件，卻是件可遇而不可求的事了，以致委託不了、無團體投標的窘境就常出現；即使委託出去，也可能會出現陳正益（2018）在研究部落社區日間照顧服務推動時發現，被委託之在地機構出現的「五缺」（合宜場所建地、籌辦營運財力、服務付費能力、在地服務人力、社區組織能力）、「五不足」（原鄉資源挹注、服務下鄉宣導、行政橫向整合、公所角色功能、民間決策參與）的處境，及陷入的「賠利」與「賠力」難題。

　　可能還不只如此，因為日間照顧與「人身安全、危機介入」有關的保護性服務性質不同，部落民眾的支持度應該有差異，相信接受委託之在地機構要面對的難題只會多、不會少。因此不論是社政體系、還是原政體系負責，公部門服務、還是委外運作，在各有特色、優勢

與限制的狀況下，原鄉家暴防治都得兼顧專業、文化、資源、位置的挑戰，需要社政與原政的對話及合作，並共同思考短期因應和長期發展的問題。此外，Blagg 等（2018）在介紹澳洲女性暴力防治創新服務模式時提醒，大型非政府組織做為提供原住民服務的新殖民力量可能會讓原鄉社區民眾感到不安、抱怨經驗不足的非政府組織受到政府青睞，或擔心他們出現時會剝奪社區權力，因此不論是哪個政府單位委外，被委託服務的機構都應與在地民眾建立良好的信任關係，以消彌民眾的不安與抱怨。

二、誰來提供專業服務？

（一）族群搭配

在考慮語言、文化的相似性，及對環境和在地資源的熟悉度時，「原住民服務原住民」一直被認為是原鄉部落推動社工服務的理想模式（黃源協、莊俐昕，2015；童伊迪，2014）；此一做法雖具有「相似生活經驗」與「語言親近性」之結構與實踐兩方面優勢（詹宜璋，2009），然而莊曉霞（2009）仍提醒此一「圈內人」的優勢，將可能使部落社工面臨「族群身分配對」所引起之專業關係的兩難，以及相同文化情境反而可能降低在地原住民社工的敏感度、將不合理現象常態化，甚至陷入原、漢服務體系區分、或二元對立的可能性，把「文化能力」扭曲為「以族群為判準指標」之本質主義的偏見。

經整理家暴社工與原住民案主不同配搭方式（異族群或同族群），可能出現的實務或倫理困境如下（如表 7-3 所示）：

表 7-3　**家暴社工與原住民案主不同配搭方式的實務困境**

異族群搭配	同族群搭配
安全考量或文化認同	依法通報或部落文化
國家法或習慣法	通報責任或社工安全
界線模糊或親密友善	案主福祉或部落文化
家庭為本或部落主體	專業界線或倫理衝突

資料來源：作者整理。

1. 異族群配搭：非原住民社工服務原住民案主可能面臨的困境

　　由於縣（市）政府社會處／家防中心多數未將原鄉家暴業務委託在地機構服務，因此非原住民社工仍是原鄉受暴婦女主要的服務提供者[1]，故有必要瞭解非原住民社工在服務原住民受暴婦女時可能出現的難題或困境，以避免和減少類似困境的發生。

　　例如原住民婦女求助正式系統時，會擔心司法系統、家暴社工對原住民族存有偏見和不友善的態度（王增勇等，2006；沈慶鴻，2014b）；陳芬苓等（2010）在評估家暴防治成效時也發現，雖然不論是政府機關對家暴防治政策的倡議，亦或是在家暴案件處理上皆有相當不錯的成效，但非漢民族之被害人在接受服務時仍有被歧視的感受。

　　另原住民受暴婦女也表示，警察、社工消極態度所形成的不佳求助經驗，是阻礙原住民受暴婦女再求助正式系統，或保護令聲請後又撤回的原因之一（沈慶鴻，2014b，洪翠苹，2008）；Wahab 與 Olson（2004）也曾引用《美國印地安人及犯罪報告》（*American Indians and*

1　以臺東縣政府社會處為例，成保服務中 2 位督導、11 位社工中僅 0 位督導、3 位社工具原住民身分（2022/06/13 社會處提供）；而屏東縣政府社會處成保服務中，12 位督導、17 個成保社工中僅 1 位督導、3 位社工具原住民身分（2022/06/13 社會處提供）。

Crime Report）發現，對白人機構和助人工作者的不信任、擔心保密問題是印地安人超過 70% 的性攻擊未報案的主因。

而「異族群配搭」服務時的不佳感受，除來自於原住民受暴婦女外，服務提供者——非原住民社工本身或網絡工作者也表示，在處理非漢民族被害人時有一定的困難度（陳芬苓等，2010）；莊曉霞（2009）、詹宜璋（2009）的研究也發現，家暴社工亦會覺得在面對原住民婦女時，會因文化能力不足、受到偏見和刻板印象的影響，讓信任關係難以建立；而在「婚暴併兒少保」的案件中，處理兒少安置問題時，非原住民的專業助人者容易被原住民家長視為拆散家庭的罪人（王燦槐、王鈺婷，2010）。

王鈺婷（2012）以同樣需要通報的亂倫案件為例，提醒非原住民專業助人者在介入原住民亂倫家庭時，在文化議題上可能面臨如下的兩難處境：

(1) 倖存者最佳利益的認定：安全考量或文化認同

因亂倫家庭之兒少倖存者和加害人共同生活在同一個環境裡，為免倖存者再次受害，社工評估需採隔離措施予以安置；然倖存者的母親會認為家人就是要生活在一起，擔心倖存者這麼小就帶離部落，在漢人為主的文化下成長恐無法認同自身的原住民文化。

(2) 問題解決方法的落差：國家法或習慣法

專業助人者依法執行公務，緊急安置的當下社工依倖存者的陳述和身心創傷反應、危機程度做介入，依法可不經父母同意；然泰雅族父母認為社工未依其部落處理重大事件的慣常做法——先與其溝通、討論、說明嚴重性後形成處理上的共識，就擅自將孩子帶離的方式是拆散其家庭，以致與專業助人者形成緊張、對立的關係。

(3) 人際界線的看法：界線模糊或親密友善

透過亂倫家庭的案例顯示，泰雅族家庭在家屋空間的配置是開放的，家裡所有的空間是共享的，家人之間的肢體碰觸被視為是親密和友善的表現；然專業工作者則視此種家庭互動方式為界線模糊、無法維護隱私，並認為此種身體和人我界線不清催化了亂倫的犯罪動機和強度。

(4) 保密範疇的設定：以家庭為本位或以部落為主體

倖存者安置後，泰雅族家庭會尋求部落親族或教會的協助，希望部落及教會可協助倖存者返家，因此族人或教會師母會不斷的向社工詢問倖存者的現況或安置原因，並要求讓其盡快返家；然社工基於保密及維護個案隱私之倫理要求，無法向父母以外的人透露倖存者的狀況，因此讓來電者無法理解，甚至認為社工口氣不佳，覺得自己受到歧視。

2. 同族群配搭：原住民社工服務原住民案主可能面臨的困境

雖然社會處／家防中心等正式系統中的非原住民社工居多，但公部門內少數的原住民社工仍有服務原住民受暴婦女的機會，因此不是只有「非原住民服務原住民」之跨族服務才會發生服務困境，「原住民服務原住民」也會出現專屬的服務困境。

就實際情況而言，「原住民服務原住民」之服務設計對所服務的案主、家庭及社區雖具有族群的親近性與文化靈敏度，可發揮傳統互助共享的精神，提供符合族人日常習性與文化理路的福利服務，但也可能衍生平衡社會工作專業與部落關係的兩難問題（郭俊巖、賴秦瑩，2019），使原住民社工在保護性案件通報時面臨「在地人」或「專業人」的角色兩難，以及暴力敏感度不足的問題（黃源協、莊俐昕，2015）。

　　其實，原民會在刪除原家中心初期將家暴案件納入服務範疇的做法，除了考量區隔服務範疇、避免與現有家暴防治機構重疊外，不少原家中心社工持續反應「原鄉保護性工作推動不易」才是關鍵所在（黃源協、莊俐昕，2015）；而此一反應也出現在王增勇（2001）、洪翠苹（2008）的研究結果中，其皆發現部落社工在處理族人，甚至是家人或親友的家暴問題時，會面臨立場被質疑而使部落社工介入功能不易發揮的尷尬、為難的窘境。

　　詹宜璋（2009）、萬育維等人（2009）也認為部落社工在地人的身分，在面對族人的暴力問題時常會因角色的限制和衝突，造成處理上的困難；而敏感度下降、常態化暴力的現象，被認為是部落家暴通報率低的原因之一。洪翠苹（2008）也表示，原住民社工經常希望家暴事件可以大事化小、小事化無，傾向不透過法律途徑解決問題；王鈺婷（2012）在專業合作的過程中，確實也發現原家中心社工因部落成員的身分，故對家暴或性侵事件的認定會考量部落的和諧性，參考其對加害者的認識和加害者平時的行為表現而僅予以勸說，未必會進行通報。

　　謝欣芸（2011）在針對東部阿美族、卑南族和魯凱族社工有關專業實踐的研究中也呈現了部分原住民社工的感受——面對部落的家暴問題，有時會為了約束施暴者的暴力行為而邀請雙方家族共商對策，期待家族力量能約束其不再施暴，然此一約束暴力的效果似乎不佳；受訪社工也談到，「通報」在部落被視為破壞他人夫妻情感的行為，會擔心若被施暴者發現自己是通報者，則自己的人身安全恐會受到威脅。可見，擔心破壞他人情感、害怕施暴者的攻擊行為，是在地族人、部落社工不願介入親密關係暴力的重要原因。

　　林文玲、梁鷔贏（2014）以原鄉兒童性侵害案件為例，在處理兒

童性侵害案件時，在地原住民社工可能出現以下的倫理兩難：

(1) 依法通報或部落文化

住在原鄉的原住民社工在發現疑似兒少保護案件時，依法須進行通報，但部分原鄉社工仍會依過往傳統文化處理家庭事務的方式，希望找家族長輩居中協調，不傾向依法處理。

(2) 通報責任或社工安全

住在原鄉的原住民社工依法通報兒保案件時，會面臨安全被威脅的處境，施虐者很容易懷疑經常接觸個案的社工是通報者，極有可能對其家人或機構做出恐嚇威脅的騷擾行為，使得簡單的通報動作，會因考量社工的安全而怯步。

(3) 案主福祉或部落文化

兒虐、性侵等案件不僅會造成未成年的兒少案主身體傷害，也會導致許多心理創傷，甚至可能需要進行安置；然若部落習俗希望交由長輩處理，就可能犧牲了案主福祉或權益，恐無法做到積極的保護或預防傷害的再發生。

(4) 專業界線或倫理衝突

住在部落的社工除了有「社工」身分，也同時是部落的一分子，是家族的晚輩、朋友、居民，也須參與部落事務、受部落規範約束；然不同角色、身分的轉換並不容易，社工如何能與案家維持專業界線、避免倫理衝突，也能兼顧部落文化、尊重家族長輩的權利和地位，實在是個難題。

可見，不論異族群搭配或同族群搭配，各有其需面對的難題，且至目前為止，尚缺乏助人工作者與案主「同族群配搭」，必然要比「異族群配搭」之助人關係或處遇成效更顯著之直接證據（詹宜璋，2009）；故黃源協、莊俐昕（2018）因此認為，欲提供切合原住民族

人需求的服務，「文化能力」的重要性已不亞於社工是否為族人和漢人，不同的族群配搭方式各有其優缺點及值得關切的議題。莊曉霞（2019）也提醒，助人者的專業能力並非部落民眾的首要考量，助人者對原住民族殖民文化歷史的理解、部落的認同，以及歷史情感的連結等才是重點。

（二）文化能力

雖然文化的影響力普遍存在，然而臺灣社會工作專業發展一直存在著階級盲、性別盲、文化盲及族群盲的現象，並未對多元文化的情境有所體認（黃盈豪，2005）；鍾美玲（2009）曾在整理有關跨族群服務的相關文獻時指出：除了社工本身在尚未進行服務前，會因缺乏文化熟悉度而感到擔心或有所懼怕外，在實際提供服務時，社工和案主之間的文化差異，也會對服務輸送產生如刻板印象與偏見、文化差異造成服務衝突或矛盾、信任關係難以建立等困境。

Bowes 與 Dar（2000）對實務工作者的觀察發現，由於對少數族群的瞭解有限，白人社工在從事少數族群老人的照顧工作時，會感到焦慮、不知如何處理，並擔心自己會在服務過程中出現冒犯行為。Goldstein（2002）也發現：白人社工在服務少數族群時，易出現焦慮、退縮，並呈現過度依賴黑人同儕的現象。Burman 等（2004）的研究則顯示：由於陌生和不熟悉，實務工作者在少數族群社區提供服務時會感到焦慮（引自 Laird, 2008）。

是故 Taylor（2007）提醒工作者：當工作者和案主分屬不同族群時，信任與專業關係的建立會受到影響；馬宗潔（2004）的經驗亦指出：非原住民籍的社工與原住民案主在關係建立上需花費較多的時間，其認為此一現象除受族群因素影響外，也受到歷史壓迫經驗的影

響；原住民案主由於過去被殖民的歷史經驗，或因弱勢所感受到的差異，常會對非原住民社工所提供的服務產生質疑。Coleman 與 Unrau（2001）在加拿大的經驗也發現：許多原住民案主對社工有著深刻的不信任感，而原住民對社工負向看法的形成，主要係因多數文化不敏感的社工介入會損害原住民的權益和傳統。

（三）專業關係

權力議題也曾在國內原住民社會工作相關文獻中有過討論，大部分文獻皆指出：在跨文化的助人工作中，除了受助者與專業工作者之對等權力會受到過去歷史不良集體壓迫經驗的影響，使受壓迫的一方在日後接觸時心生畏懼、或是懷疑對方接觸的動機；或因族群位置的不對等，而在接觸過程中再次被強化，以致出現了所謂「漢人優越感」或「原住民自卑感」的問題（鍾美玲，2009；詹宜璋，2009）。

其實權力的表現存在於互動關係，不只原住民案主會因過往的接觸經驗而削弱自己的權力，專業工作者在展現專業權力進行處遇決策時，也可能出現過多或過少的現象；例如 Teasly（2005）在實務場域中發現：由於對文化差異的瞭解有限，多數工作者傾向誤解其他族群兒童的行為，而這樣的誤解易在兒童評估及安置選擇上造成負面影響；而根據 Coleman 與 Unrau（2001）的調查即可看到美國原住民兒童家外安置的比例較高——估計約有 3% 的原住民兒童接受家外照顧，此數字遠高於整體兒童 1% 的被安置比例；加拿大的情形亦是如此，綜合不同學者的研究，加拿大原住民兒童家外安置的比例約在 5%-15% 間，然而原住民兒童的總數卻不及全國兒童的 5%。

而在英國婚暴服務的場域中，非裔和亞裔的受虐婦女曾表示其得不到較有效的服務，Burman 等（2004）為了瞭解原因，深入少數族

群的社群後發現，除了案主抗拒與工作者討論有關暴力的議題外，工作者為了尊重女性隱私而不願揭露暴力的做法，不僅讓案主成了沉默者，其害怕被標籤為種族主義者（racist）的顧慮及組織不願挑戰威權文化的做法，都讓家庭暴力在少數族群中成了視而不見的問題（引自 Laird, 2008）；另陳穆儀（2001）針對服務原住民之非原住民社工的研究也發現，對案主文化不瞭解、擔心處遇決策的適宜性會讓社工在面對案主時會有「軟性放棄」的情況。

（四）組織支持

影響家暴防治成效的三大因素，除了案主個人因素、案家家庭動力外，與工作者及機構有關的專業因素亦是一項重要的因素[2]。

長期以來，保護性社工的個案負荷量高、工作壓力大、異動快速已是家暴場域持續存在的問題（沈慶鴻，2009），而原鄉的交通不便、生活不便、學習資源缺乏，以及有限經費（如油資、外勤費用）下形成的未被支持感受，更加快專業人力異動的速度。

雖然人力異動頻繁，不只是縣（市）政府家防中心及其委外機構面臨的問題，原民會委託成立的原家中心亦同樣面臨此問題；郭俊巖、賴秦瑩（2019）就曾指出原家中心社工流動率高，將不利社工專業的養成；黃源協、莊俐昕（2015）也在原家中心年度評估報告中指出，部落社工頻繁異動的現象讓人憂心，人員異動不僅讓所有投入的訓練效益歸零，部落的知識累積和經驗傳承更將回到原點。

2　宋麗玉（2013）認為影響處遇服務成效的三大因素，包括：案主個人因素（復元力、樂觀特質、自身能力、非正式支持系統、靈性寄託等）、案家家庭動力與狀態改變，以及與工作者及機構有關的專業因素。

第三節　原鄉社工處遇服務的改善建議

為改善前述原鄉親密關係暴力防治之實務困境，謹提供以下改善策略，期能減少社工與服務對象同族群搭配可能形成「圈內人」的專業兩難、異族群搭配可能產生的文化不敏感或權力濫用，並解決專業支持不足的問題：

一、「混合族群」搭配的服務團隊

莊曉霞（2019）針對族人對原住民族社工期待的研究中，也發現族人並非完全排斥社工，他們排斥的是不理解和破壞在地族群文化的專業霸權，他們期待的是一位具彈性、可長期委身部落、熟悉部落文化、認同部落、言行可堪公評，並將部落事務當成自己事務的助人者，涵蓋血緣、地緣及認同的雙重取向。

而由於同族搭配、異族搭配各有利弊，因此建議原鄉家暴服務可考慮「以原住民工作者為主、非原住民工作者為輔」之混合族群搭配的工作團隊投入服務，以達到將優點極大化，同時截長補短的效果。童伊迪（2014）在針對原家中心定位的研究中，也表示為減少疊床架屋的窘境，也建議將原家中心併入原有的福利服務體系，但聘用具有原住民身分的社工提供服務，以能同時彰顯原住民族主體性及社會工作專業。

此藉由同一團隊不同族群工作者之接觸、對話、合作，達到提升文化能力的效果，可在鍾美玲（2009）的研究中得到證實——其針對全國 12 個行政區、244 位公部門社工進行的文化能力問卷調查發現：

（一）有跨文化接觸經驗的社工，例如工作在原鄉、工作內容同

　　時兼辦直接和行政、工作單位中有原住民同事、有遊學、
　　跨文化志工經驗、家中有原住民或外籍親屬、與原住民同
　　事共事、有其他跨文化經驗、工作期間有接受文化訓練及
　　服務原住民案主的經驗者，在整體或部分的文化能力較佳。

（二）在組織環境因素中，「所服務的單位在政策推行與方案規劃
　　上會因原住民特性而有所調整」、「督導在跨文化服務有較
　　多的協助與提醒」，以及「與同儕間對於跨文化議題有較頻
　　繁的討論和分享」者，有較佳的文化能力。

　　從此一研究發現獲得啟示，文化能力的增進並非難事，與原住民
朋友、環境、方案的多接觸、多經驗、多討論等能提升社工的多元文
化能力。雖然目前不少提供原鄉家暴服務之縣市政府的家暴機構，即
是原住民、非原住民社工同時存在的「混合」現象（如註腳 1 所提之
臺東縣）；然作者強調的「團隊」，看重的是單位內工作者間密切的對
話與合作，亦認可「原住民服務原住民」具有語言、文化、區域的優
勢，然「非原住民社工為輔」的設計，才能在互動、接觸、具批判的
反身性基礎上，減少服務盲點和倫理困境的產生達到 Hart 與 Dargan
（2014）文化能力光譜上由能力層次上的改變，帶動實務工作上的改
變的目的。

二、多樣化的文化能力訓練

　　由於工作人員的異動大，「訓練」一直是暴力防治主管機關相當
重視的環節，保護性社工的在職訓練也規定有「多元服務對象與文化
能力的省思」課程，並將「原住民親密關係暴力議題」涵蓋其中；然
而目前以「課程」、「老師講解」為主的上課方式，實在很難達到對自

己偏見和歧視具較深覺察的層次，及無法有效轉化為工作者的實務能力和個案服務的品質；因此建議除了課程，還可以設計團體活動、案例討論、議題辯論、電影欣賞，或邀請服務對象分享被歧視經驗，甚至是參訪、在地實習等可增進互動、對話和理解的活動或培力方式，如此才能提升訓練效果，增加將覺察融入實務服務的可能性。

三、提供支持資源強化工作士氣

地理位置偏僻、交通不便、資源不足，不僅對原住民女性帶來求助障礙、增加求助的阻力與成本（Cripps et al., 2019; Hartmen, 2020），當然也對服務提供者帶來挑戰、影響穩定的就任意願，因此持續的提供支持、提供資源才能改善原鄉家暴社工的工作條件和處境，例如遠距或偏鄉津貼、住房提供，以及在原鄉工作視為重要工作方式之外展所需的費用——油資、誤餐費、保險費用等，才是對原鄉工作者最重要、實質的支持。然而，目前不少的委託方案經費相當緊縮，使用限制不少，甚至出現未提供勞健保的狀況，如此不僅個案服務的深度和品質受影響，當然連帶影響了社工持續、穩定就業的意願了。

此外，留不住資深工作者也是原鄉服務輸送上困境，因此對資深社工增加誘因（如提供偏遠加給、督導津貼）、對資淺社工增加支持（如就近提供在地的專業督導，或利用網路提供教材、視訊課程或視訊督導），如此才能對症下藥的解決原鄉長期存在的問題。

……

雖然「法入家門」是《家暴法》最大的貢獻所在，然而由原住民女性受虐者面對暴力的態度，以及求助後付出的代價看來，不只是

受虐者不使用《家暴法》，受虐者的家人、整個部落也不支持《家暴法》、不希望以「法」來解決伴侶間、家人間的衝突問題。

　　然而，服務是為目標對象、為案主而準備的，如何增加目標對象的使用意願、達到預期的使用成效，需要更多關心原鄉暴力防治的伙伴持續努力；而前述不少持續存在、長期未解的難題，看來都沒有簡單的答案，每一個決定或回應，也都有衍伸的正、負效果，但持續的對話、討論和嘗試，終會貼近原鄉婦女的需要。

一、不論你和服務對象是「同族群配搭」或「異族群配搭」，有哪些
　　策略可幫助你跨越族群因素、減少實務困境？

二、你覺得家暴防治，若由原委會、原民處主責，會有何優勢？又會
　　面臨哪些限制？

三、原鄉機構可能面臨不少的運作困境，然就接受服務委外機構之立
　　場，機構能如何增進原鄉工作者的工作士氣及留任意願？公部門
　　能提供何種協助？

第八章

國際經驗：
美、加、澳原住民社區親密關係暴力防治

本章先引聯合國對女性暴力的立場，強調應關注弱勢女性暴力的交織性問題，還介紹美國婦女運動對原住民女性受暴問題的影響；之後即以加拿大、澳洲為重點，討論其主導原住民社區家暴防治的專責機構、預防方案，期待這些經驗能成為國內公、私部門推動親密關係暴力防治工作的參考。

　　親密關係暴力是全球性的公共健康問題（Gustafson & Iluebbey, 2013; Voith et al., 2018），因此「對女性暴力」（Violence against Women）一直是聯合國（United Nations, [UN]）關注的重要議題，1975 年起聯合國就在「對女性暴力」議題上扮演引導、規範的角色。圖 8-1 呈現的即是聯合國「對女性暴力」議題重視的文件和立場[1,2]（王珮玲等，2021）：

　　《消除對婦女一切形式歧視公約》（*The Convention on the Elimination of All Forms of Discrimination against Women*, [CEDAW]）委員會隸屬於聯合國人權委員會，是聯合國推動「對女性暴力」最重要的組織，1979 通過的 CEDAW 為國際婦女人權最重要的法典之一；1989 年 CEDAW 通過的第 12 號一般性建議（general recommendations），則是其首次將性別暴力與女性歧視連結，並提出國家「對女性暴力」應有的行動；1993 年聯合國大會進一步通過《消除暴力宣言》（*Violence against Women Act*, [VWA]），強調「對女性暴力」此議題的重要性與暴力問題的嚴重性；目前與親密關係暴力有關的最新文件則是 2017 年 CEDAW 通過的第 35 號一般性建議，對婦女暴力使用了更精確的「基於性別暴力侵害婦女行為」一詞（引自沈慶鴻、王珮玲，2018）。

1　CEDAW（*Convention on the Elimination of all forms of Discrimination Against Women*）是《消除對婦女一切形式歧視公約》的簡稱，1992 年成立、隸屬於聯合國的人權委員會；該公約要求各國應採取一切必要之因應措施以消除對婦女的暴力，並將之訂為定期繳交之國家報告內容。

2　SDGs（Sustainable Development Goals）是聯合國 2015 年提出的「2030 年永續發展目標」，有 17 個發展目標，其中又涵蓋 169 個細項目標、230 個參考指標。

1975年：召開第一次世界婦女大會，提出婦女發展十年（1975-1985年）計畫，擬將暴力侵害女性議題納入聯合國議程及相關公約、文件裡。

1979年：通過《消除對婦女一切形式歧視公約》（CEDAW），被視為是國際婦女人權的最重要法典。

1991年：CEDAW委員會通過第19號一般性建議，正式將對婦女的歧視擴及至暴力行為，要求締約國家應採取必要措拖以消除暴力侵害行為。

1993年：聯合國大會通過《消除對婦女暴力宣言》，是至今正式通知全球性反暴力文書，為普世的人權議題，國家應保障婦女身心安全。

2016年：於2030年全球達可持續發展目標（SDGs），目標五「實現兩性平等、賦予婦女權力」強調國家應致力消除對婦女各形式暴力。

2017年：發布CEDAW第35號一般性建議，使用更精確的「基於性別的暴力侵害婦女行為，進一步強化此為社會問題，而非個人問題。

圖 8-1　聯合國「對女性暴力」議題重要的文件和立場

資料來源：整理自沈慶鴻、王珮玲（2018）。

　　雖然 CEDAW 委員會一直積極要求各國應對女性受暴問題採取必要措施，但暴力防治工作仍面臨各類型的挑戰，特別報告員也在 2011 年的報告中呼籲各國應採取「性別人權導向」的相對應措施（A/HRC/17/26），並強調對女性各種形式的暴力，都是個人、家庭、社區、社會等因素相互作用的結果；暴力是系統性的，且不同系統互相影響下會更加劇暴力問題的發生，然多數國家在制定法律政策或提供專業服務時，卻往往將其視為個別問題，忽視女性受暴與其他形式的歧視是多重困境交織（intersection）的結果，因此提醒各國必須從「人權不可分割」和「相互依存」的角度出發，瞭解暴力行為態樣與

人權議題的關連性（如阻止婦女工作影響的是婦女的工作權；跟蹤、控制或脅迫影響的是婦女的人身安全；限制婦女社交活動影響的是婦女的參與權或自主權等），以及結構制度如何促發或容許暴力行為存在，特別是身心障礙、低社經、高齡、原住民或新住民等多重弱勢婦女將更容易遭受暴力的侵害，以及對於受暴婦女的處遇，需將婦女過去生活的背景經歷、現況和未來併同考量，即將暴力問題置於連續（situating violence on a continuum）的生命歷程中，完整且多面向的提供受暴婦女保護與增強權能（沈慶鴻、王珮玲，2018）。

第一節　美國婦女運動對原住民受暴問題的關注

一、婦女運動促成相關法案

　　1960 至 70 年代的人權運動與婦女運動，抗議社會體制的不正義，激起了美國社會集體的社會運動。在此氛圍下，女性主義者關注的強暴、亂倫、家暴、跟蹤、工作場所性騷擾等婦女受暴議題，透過女性主義者的極力倡議，逐漸成為社會關注的社會問題。這波運動中，最具組織性與策略性的就是受暴婦女運動（the Battered Women's Movement）與反強暴運動，兩者採取的倡議策略相同，皆是呼籲社會應回應受暴婦女的需求，強力譴責社會與政府體制的縱容、合理化對女性的暴力，並組成聯盟，改變社會對女性暴力的信念、促成相關法律的制定、政策的回應及服務資源的建立。

　　1970 年代中期，是美國受暴婦女服務制度重要的發展階段，例如 1973 年明尼蘇達州 St. Paul 市設置了全美第一個婦女庇護所，

1976 年賓州設立了第一個反家暴聯盟，並通過了民事保護令（civil protection order）的立法、發出第一張民事保護令。透過非政府的草根性組織（non-governmental organizations, [NGOs]）成功倡議政府投入資源，提供受暴相關之法律、居住、經濟、社會服務、精神衛生、健康、就業訓練等服務；1979 年卡特總統成立全國性的家暴聯邦辦公室，負責統籌發展、協調相關事務。1984 年，明尼蘇達州杜魯斯市（Duluth, Minnesota）推出杜魯斯模式（Duluth Model），整合司法體系投入家暴服務方案；同年聯邦檢察總長辦公室亦設立了家暴工作小組，聽取專家意見後工作小組最終提出了《家庭暴力預防服務法案》（*Family Violence Prevention Service Act*），經國會通過後，聯邦政府開始了專款補助各州推動受暴婦女、兒童的服務方案（Ake & Arnold, 2018; 引自王珮玲等，2021）。

1990 年代，《模範家庭暴力法》（*The Model Code on Domestic and Family Violence*）被美國全國少年暨家事法庭法官委員會採用，為司法系統終止家暴的一大進展；1994 年美國國會通過的《對婦女暴力法》（*Violence Against Women Act*, [VAWA]），更首度將家暴視為全國性的犯罪問題，同時編列預算投入跨州家暴防治網絡的建構、研究、服務及訓練方案，並要求司法與警政系統介入處理家暴案件；1996 年於聯邦司法部（Justice Department）下設置「對女性暴力防治辦公室」（Office on Violence against Women, [OWA]），在法制與經費上落實中止家暴的政策，並負責管理與執行 VAWA 規範授權的資助計畫，以協助處理親密關係暴力問題。

不過，即使美國在家暴防治工作上投入許多，聯合國特別報告員

仍於 2011 年美國國家訪視報告（A/HRC/17/26/Add.5）[3] 中指出，雖然 VAWA 不斷增加資金，但因聯邦條款缺乏實際約束力，且許多州並無實質的保護性法案，以致許多政策、方案執行受阻，影響了親密關係暴力防治工作的成效。

1973年：明尼蘇達州St. Paul市設置了全美第一個婦女庇護所。

1976年：賓州設立了第一個反家暴聯盟，通過民事保護令立法、發出第一張民事保護令。

1979年：卡特總統成立全國性的家暴聯邦辦公室。

1984年：推出杜魯斯方案，聯邦檢察總長成立家暴工作小組；國會通過《家庭暴力預防服務法案》。

1994年：美國國會通過的《暴力侵犯婦女法》（VAWA）。

1996年：聯邦司法部設置「女性暴力防治辦公室」。

圖 8-2　美國對女性暴力防治的重要政策與行動

資料來源：整理自沈慶鴻、王珮玲（2018）。

3　下載網址：http://www.ohchr.org/EN/Issues/Women/SRWomen/Pages/CountryVisits.aspx

二、原住民婦女受暴問題

　　美國原住民人口數不及全美總人口的 3%（2010 年的人口普查約 2.7%，870 萬人），長期面臨多元的問題和挑戰，特別是嚴重的家暴問題引起美國社會的關注，不少婦女團體和原住民組織皆認為「聯邦政府執法不力」是此問題的主因，而庇護所、心理諮商、教育等資源和服務的投入不足，更讓侵害原住民女性的暴力問題日趨嚴重；然聯邦、各州政府、部落並未將協助原住民女性脫離受暴環境當做應優先關注的議題，以致「對印地安及阿拉斯加原住民女性的暴力防治」（Violence Against Women in American Indian/Native American & Alaska Native Communities）成為原住民婦女團體重要的行動方向。

　　聯邦政府通過的《家庭暴力議定書》（*Domestic Violence Protocol*）是美國原住民家暴防治的重要政策依據，不少原住民組織和婦女團體（如 National Organization Women, [NOW]）為了關注原住民家暴問題，除了遵循《家庭暴力議定書》的精神，推動阿拉斯加家暴預防方案（Alaska Family Violence Prevention Project）外，也持續發展家暴防治的訓練準則、對專業助人工作者提供家暴多元面向的訓練與技術協助（Administration for Children and Families, 2008）。

　　此外，為了保護美國印第安及阿拉斯加原住民女性免於暴力威脅，確保無歧視、公平的法律保障，遵循聯合國 CEDAW 及美國 VAWA 的指引，成為美國印第安國會組織（The National Congress of American Indians, [NCAI]）倡議和努力的方向，2015 年 NCAI 還結合許多關心原住民族權益的非營利組織（如 Indian Law Resource Center, [ILRC]；The National Indigenous Women's Resource Center, [NIWRC]；Clan Star Inc, [CSI]），向聯合國提出《侵害原住民女性暴

力意見書》（*Violence against American Indian and Alaska Native Women: Joint Stakeholder Submission to the United Nations*）（Walker, 2015），期待能承諾共同努力以結束印地安及阿拉斯加原住民女性的受暴問題。

第二節　加拿大原住民暴力防治工作

一、暴力概況

　　加拿大為全球面積第二大的國家，2021 年人口普查有約 3,853 萬人口；然因地廣人稀，是全球人口密度最低的國家之一。雖然加拿大境內原住民族的人口增長速度，是加拿大全國人口的 2 倍，但分析 2021 年加拿大人口普查資料，原住民族約只占全國人口數的 4.3%；其中以占 4 % 的第一民族（The First Nation）為主要族別，有約 600 個族群被認定是第一民族原住民（維基百科，2022b）。

　　一般社會調查（Statistics Canada's general Social Survey, [GSS]），是加拿大非常重要的調查資料來源，每五年一次，透過電話針對境內 10 個省、15 歲以上人口群進行之大規模隨機調查，自 1988 年起迄 2019 年已進行了七次；根據 2019 年最新調查資料，原住民較非原住民有更高的親密關係暴力——過去五年有 7.5% 的原住民經歷親密關係暴力，而此比例是非原住民（3.4%）的 2 倍多；而 2014 年至 2019 年，只占全國人口 5% 的原住民，親密關係暴力被謀殺的被害人就有 26% 是原住民，其中 37% 的原住民女性是被親密伴侶殺害（Statistics Canada, 2019）。

　　而在親密關係暴力的嚴重性上，原住民女性也較非原住民嚴重，

超過半數（52%）的原住民受暴婦女經歷了性攻擊、毆打、被槍或刀威脅等嚴重的暴力傷害、45% 有外傷，而非原住民女性只有 23% 遭受嚴重的暴力傷害、30% 有外傷（Boyce, 2014）。Brownridge 等（2017）蒐集了加拿大全國 20,446 個樣本的調查研究也發現，原住民與非原住民在親密關係暴力盛行率上有顯著差異，不論一年、五年的暴力盛行率或暴力嚴重度，原住民都是非原住民的 2-3 倍。

二、原住民族與北方事務局

加拿大與家庭暴力防治有關的計畫，始於 1991-1995 年開始的五年期全國性「家庭暴力先導計畫」（Family Violence Initiative）；至於原住民族的家暴防治工作則由原住民與北方事務局（Indigenous and Northern Affairs Canada, [INAC]）主導，在「家庭暴力先導計畫」及「家庭暴力防治方案指導綱領」的引導下推動不同於主流社會的家暴防治方案，其中的「家庭暴力預防方案」（Family Violence Prevention Program, [FVPP]）即是加拿大原住民家暴防治的重要方案（National Aboriginal Circle Against Family Violence [NACAFV], 2006）。

因瞭解原住民婦女受暴問題的嚴重性，加拿大政府因此與原住民社區、機構合作，積極推動有效、適切的服務方案，FVPP 就是積極終結侵害原住民女性暴力、停止家暴的重要方案。提升女性安全、減少家暴傷害是 FVPP 的目標，「以社區為本」是其重要特色；為了達到暴力減緩、創傷修復的目的，除促進大眾對暴力的正確認知外，還希望能在文化敏感的角度下對受暴者提供創傷修復的照顧工作；其中成立原住民庇護所、提供經濟補助，是 FVPP 遏止保留區內居高不下之家暴案件的策略之一，INAC 基金 2006 年至 2014 年已在 329 個原

住民社區成立了 41 個庇護所，提供了 24,290 個兒童、27,514 位婦女庇護服務，也在原住民地區舉辦了 2,800 場宣導活動（INAC, 2016）。

三、家庭暴力預防方案

第一民族原住民（First Nations People）是加拿大人數最多的原住民族，也是 FVPP 主要的服務對象；提供財務資助、協助第一民族建立與管理庇護所，是 FVPP 方案的重要目標，期待能藉此遏止保留區內居高不下的家暴事件；FVPP 也鼓勵第一民族積極參與解決家暴議題的防治方案，主動規劃與輸送屬於自己的服務，發展以社區為本、具文化敏感性的服務以減輕問題；這些防治方案內容包括了：提升大眾覺察（public awareness）的教育宣傳、會議或工作坊；召開與壓力和憤怒管理（anger management）有關的討論會；辦理支持性團體、進行第一民族社區需求的評估等；另對庇護所工作人員提供特殊訓練，不論受暴者是否決定離開暴力關係、是否願意與施暴者繼續同住，都要確保受暴者的安全，是 FVPP 所有服務的最終目標。

INAC 認為原住民家暴防治工作的推動，除需倚重社工、心理等專業人員外，還需結合在地社區、皇家騎警（Royal Canadian Mounted Police）、護士與其他照護者共同參與；其還認為「促進公眾認知」是解決家暴問題的第一步驟，且唯有倚靠瞭解社區，也被社區民眾接受的社區成員清楚表達「拒絕暴力」的態度，暴力防治工作才能有效地被推廣，而這也說明了第一民族的家暴防治工作，得依賴第一民族自己的重要性。

FVPP 還提醒在原住民社區規劃服務方案時，須遵守「家庭暴力防治方案指導綱領」所定的指標，這些指標包括了（INAC, 2016）：

（一）方案須由原住民發起、原住民參與。

（二）方案須與家暴領域（如對婦女、兒童的暴力）有關。

（三）方案須符合第一民族成員的權益。

（四）方案負責人需呈現有關原住民社區服務調查的結果、服務
　　　內容，及其他後續的行動建議。

「提升女性安全、漸少家暴傷害」是 FVPP 的目標，而其引導在
地組織依暴力防治工作架構發展的工作方向——支持原住民被害女
性（Supports for Abused Aboriginal Women）、對家庭和社區進行療癒
（Healing the Family and the Community）、關注施暴者（Dealing with
the Abuser）等三方向，是落實暴力防治服務方案的重要策略（INAC,
2016）：

（一）支持原住民被害女性

將文化和信仰帶入處遇方案、協助受害者進行創傷修復，是多數
方案都強調的處遇要素；其中庇護所是發展文化適切性服務最具代
表性的例子（Shepherd, 2001）。除了建立完善的庇護環境、對庇護所
工作人員提供特殊訓練外，聘任能說母語的原住民工作者、提供傳
統食物、舉辦文化修復活動等都是加拿大原住民社區展現文化適切
性的做法（Oetzel & Duran, 2004; Shepherd, 2001）。而庇護所不應只
對入住的婦女提供服務，還應對面談後即流失的婦女提供彈性服務，
並瞭解其流失的原因，如此方能針對不同處境的婦女提供個別化服務
（Oetzel & Duran, 2004）。

除了庇護服務外，對社區內的受暴婦女提供個別和團體治療，亦
是相當重要的服務內容。由於理解到原住民族的家暴，是文化解離、
代間創傷及不良政策的結果，因此在地的原住民婦女團體（如 The

Ontario Native Women's Association, [ONWA]）在推動服務時，會先瞭解原住民婦女不願接受主流社會正式系統服務及其忽視暴力的原因；ONWA 認為真正的修復，始於這些與暴力相關的基本議題能被公開地討論，因此他們會為婦女舉辦團體，在團體中融入信仰和儀式，並透過創傷和治療性敘說（narratives）幫助案主走出心理困境，從中收集到可改變原住民受暴女性不求助態度的方法；此外，ONWA 還認為，機構工作者並非專家，只是資源提供者，因此應邀請原住民婦女參與其自身服務計畫的擬訂（Melanie & Smith, 2011）。

　　部落長老對婦女的支持十分重要，在 Puchala 等（2010）的研究中也獲得證實；Puchala 等人針對原住民傳統靈性療癒對創傷修復效果的研究，支持了文化對暴力創傷修復的重要性，Puchala 是精神科醫生，同時也具部落長老的身分，讓其除了提供醫療照顧外，亦在婦女同意下進行靈性療癒，根據婦女的回饋發現：長老展現的熱情和溫暖，不批評、不做過早評斷、一起祈禱、傾聽婦女故事等的做法，能對受暴婦女的創傷修復產生療效。

（二）家庭和社區療癒

　　先針對社區特性和脈絡環境做調查，再據此發展「以社區為基礎」的伴侶暴力介入方案，是加拿大不少原住民家暴防治方案形成的過程（Cheers et al., 2006）；Jones（2008）認為原住民社區處遇方案需融入在地原住民的生活，瞭解他們的歷史創傷和結構困境、與社區有聯結，並以社區可接受的方式鼓勵社區介入暴力問題，才能減少社區對暴力問題視而不見的態度。

　　INAC（2016）認為，促進公共認知、提升大眾對暴力的覺察，是解決家暴問題的第一步驟，且唯有靠社區領袖清楚表達其對暴力無

法接受的立場，才能有效推動暴力防治的工作，如此後續推動的宣傳、工作坊、壓力與憤怒管理（anger management）才有意義。另由於原住民族的家暴和許多問題（毒品、酒精濫用、貧窮、失業等）密切相關，暴力影響社區每一個人，因此全面性、多面向的社區發展才能解決與家暴有關的經濟、社會等結構性問題；而整合性方案須涵蓋社區多方面的議題，邀請個人、家庭、社區等單位參與、思考不同計畫的優先順序是必要的步驟，而「文化為基礎」（culture-based）的養育方案、減少暴力代間傳遞的兒童早期處遇計畫、強化長老和祖父母在伴侶衝突處理上的責任、舉辦青年聚會以建立與兒童互動的正向楷模等，皆是可達到減少家暴目標的有效服務（Gustafson & Iluebbey, 2013）。

　　因此原住民親密關係暴力的回應和預防應回到社區層次，而非僅是個人層次的改變，邀請社區領袖公開地反對暴力、改變大眾對暴力的態度，是暴力防治的必要措施（Oetzel & Duran, 2004）；Oetzel 與 Duran（2004）還倡議「對話」和「療癒儀式」（healing rituals）的重要性，認為對話過程不僅可讓女性探索生命、形成一體感，也可讓男性瞭解壓迫對他們自己的影響，幫助男性超越暴力；至於療癒儀式的使用，則可讓傳統文化、價值有彰顯的機會，透過儀式（ritual）、淨化（catharsis）、宣洩、悲傷共享，幫助社區成員催化悲傷、陪伴悲傷及正常化創傷反應的目的。

　　與家暴有關的社區處遇，還包括「醒酒運動」（native sobriety movement），雖然酗酒和暴力的因果關係不易確認，然而切斷酒和暴力關係的醒酒計畫卻得到不少研究者的支持，並認為醒酒是改善原住民族家暴問題的成功關鍵和必要條件（王增勇，2001；Brownridge, 2008; Larsen & Petersen, 2001; Longclaws et al., 1994）；加拿大自 1969

年推行原住民醒酒運動帶給部落非常大的復原力量，部落於是發展各類團體以落實醒酒計畫，例如：戒酒者匿名團體（Alcoholics Anonymous Group）、酗酒者子女的青少年團體（Ala-teen Group），這些團體不僅有助家暴問題的解決，也減少許多原住民社區的問題（王增勇，2001）。

（三）對施暴者的關注和協助

上述所謂的原住民族文化介入模式，也包括對施暴者的處遇；Longclaws 等（1994）、Larsen 與 Petersen（2001）都不認為逮捕或入獄的司法懲罰會為施暴者帶來改變，因此不贊成對施暴者採取隔離的做法，反而認為部落長老的監控應可激發施暴者的羞恥感，讓其有機會為社區提供服務，因此鼓勵民眾讓施暴者進入部落，強調「以文化為基礎」的控制機制才能幫助施暴者進行改變。

Oetzel 與 Duran（2004）亦呼籲應將施暴者納入暴力修復的處遇服務中，其認為以原住民族傳統儀式做介入的療癒圈（healing circle），能同時對受暴者、施暴者或其家人帶來助益。由於多數受暴婦女仍與施暴者同住，Puchala 等（2010）在為受暴婦女進行傳統靈性療癒時，亦會邀施暴者一起參與，長老主持靈性療癒時會將暴力行為的討論融入其中，並以傳統文化中的男性角色為施暴者提供參考典範，而其研究結果也發現，長老展現之男性角色楷模及敘說無暴力的傳統故事，能有效降低施暴者的暴力行為。

前述加拿大在原住民族家暴防治方案上的相關作為，皆是遵循其「家庭暴力防治方案指導綱領」之指標——以社區（部落）為本、鼓勵民眾參與；雖然邀請社區參與、催化民眾覺察家暴問題，是其介入家暴問題的重點，然所謂的社區介入並無固定的程序或步驟，也未

設定任何特殊的方法，只是在發展社區介入的過程中鼓勵在地組織投入、發展專業人員和社區民眾的伙伴關係、邀請社區重要人士和民眾參與討論，以及推動具文化敏感性的服務等是其中的關鍵要素。

四、其他原住民地區家暴防治方案經驗

除了加拿大政府在暴力防治上的主動作為外，不少學者亦針對原住民地區之特殊性發展了結合研究與實務的介入方案——以研究帶動實務方案、以實務方案提升服務成效是這些方案的特色。由於暴力是個非常複雜且多面向的問題，因此多元取向（mutli-modal）、多層次（mutli-level）、整體（holistic）取向的處遇方案，是不少研究者都強調的方案形式（Jones, 2008; Larsen et al., 2001; Oetzel & Duran, 2004; Shepherd, 2001）。

例如 Longclaws 等（1994）針對加拿大第一民族（Waywayseecappo First Nation）在 Manitoba 保留區進行的一系列調查；此調查分兩階段進行，第一階段主要針對社區的伴侶暴力脈絡進行瞭解，第二階段則根據調查結果，設計一個以社區為基礎的伴侶暴力介入方案。

Jones（2008）認為規劃原住民家暴處遇方案時，一方面應減少求助障礙，克服社區孤立感、提升服務的可用性，並縮短求助的回應時間外；另方面則要推動社區教育，以社區可接受的方式協助其認識暴力、減少否認、鼓勵社區民眾討論暴力，讓暴力成為可以討論及被重視的公共議題。

至於處遇方案較完整之建議，則是 Oetzel 與 Duran（2004）針對親密關係暴力提出的社會生態架構（social ecological framework）介入方案，分別針對個人層次（individual level）、人際層次（interpersonal

level）、組織層次（organization level）、社區層次（community level）
和政策層次（policy level）等提出政策和行動建議。說明如下：

（一）個人層次

　　強調運用文化敏感性治療（culturally sensitive therapy）修復因
親密關係暴力形成敵對的伴侶關係，其認為傳統心理治療不僅會增
加受暴者與施暴者間的敵對關係，也會產生知識的暴力（epistemic
violence）──當意義和知識無法貼近原住民族文化和部落生活的真
實面貌時，知識暴力就會形成；當治療師僅以個人層次分析親密關係
暴力、僅以主流社會觀點分析暴力問題時，就易形成知識的暴力。知
識暴力僅在下列狀況下免除：

1. 分析原住民案主的問題時，應連結歷史和殖民經驗；
2. 以傳統的原住民族治療方法連結案主；
3. 透過創傷和治療性敘事（narratives），幫助案主走出個人問
   題，協助其覺察自己與社區、他人問題間的關聯性。

　　另在個人層次上，Oetzel 與 Duran（2004）亦倡導混合治療
（hybrid therapy），即非原住民專業工作者與原住民耆老（healer）組
成工作團隊，讓彼此有機會藉由工作互相瞭解，這種雙元文化取向
（bicultural approach）形成的混合治療團隊，可帶領案主朝向文化認
可，允許其以適切的文化內涵重新定義自己。

（二）人際層次

　　人際層次的介入包括被害人和加害人（或其家人）一起參與的諮
商活動，或以原住民傳統儀式為介入方法，邀請被害人、加害人或雙
方家人一起參與對話的療癒圈（healing circle）。

（三）組織層次

　　以組織層次為介入策略的場域有兩種，一是庇護所、一是醫院。庇護所除了可為原住民受暴婦女提供團體處遇外，如何針對面談後流失，未住進庇護所的婦女提供彈性的服務方案，亦是庇護所可採取的積極作為，其中鼓勵工作人員透過外展進行家訪就是方法之一；因為工作人員外展一方面可減少婦女為了參與團體衍生出來的交通問題，另方面可讓婦女在熟悉的家中與工作人員建立關係。此外，非正式的團體活動（如聚餐）亦是可考慮舉辦的活動。

　　至於醫院，雖具有接觸和辨識受暴婦女的重要功能，不過由於醫院在辨識處於受暴困境之婦女的成效不彰，因此建議擬訂受暴辨識指標、提供辨識訓練、提升醫護人員與受暴婦女對話和同理的能力等，才能達到及早辨識受暴婦女、提供服務的功能。

（四）社區層次

　　社區對親密關係暴力的主動回應包括兩部分，一是對施暴者和受虐者的服務，另一則是在社區中公開的反對暴力，改變社區民眾對暴力的態度。特別是對原住民社區而言，表達親密關係暴力最重要的第一步即是基礎建設，社區需要將可滿足受虐婦女的服務（治療或庇護）整合進入醫療或心理衛生照護系統中，讓有需求的婦女可以使用。

　　有了與服務有關的基礎建設仍舊不夠，因為基礎建設的本身並無法回應因殖民經驗引發的歷史性創傷，而原住民族親密關係暴力的回應和預防都應回到社區層次，而非僅是個人層次，鼓勵社區領導者針對暴力議題進行討論、促進民眾對話，皆是社區層次對親密關係暴力

重要的回應方式。

（五）政策層次

司法系統上，預防親密關係暴力有保護令、逮捕和家暴法庭等三類的司法行動，不過這些行動都是主流社會的運作方式，現有的家暴研究也只反映了主流社會家暴防治的現況及作為；由於原住民社區有其特殊的環境脈絡，前述源於主流社會的司法行動和研究，並不適於原住民社區，因此建議政策和司法系統應在原住民族家暴防治工作上有更積極的因應作為。

第三節　澳洲原住民暴力防治工作

澳洲政府面對女性暴力的積極作為，由其成立「減少對婦女及其子女暴力行為國家委員會」（the National Council to Reduce Violence against Women and their Children），及其制定為期 12 年的國家計畫——「2010-2022 減少對婦女與其兒童暴力之國家計畫」（National Plan to Reduce Violence against Women and Their Children 2010-2022），即可看見澳洲對女性受暴問題的關注立場。

一、女性受暴概況

澳大利亞、澳洲聯邦（Commonwealth of Australia）（通稱澳洲）是南半球面積第二、全球第六的國家，含有六個州及兩個領地；2019年普查有 2,522 萬的人口數；由於外來移民多，且因其曾是英國殖民

地，因此歐裔移民（76%）遠多於亞裔移民（17%）；而原住民族人口約占總人口的 0.5%（維基百科，2022c）。

依據 WHO（2018）的調查，澳洲女性遭遇親密伴侶肢體暴力的盛行率是 23%、精神暴力是 26%、性暴力是 11%；與其他國家相較，此一暴力盛行率低於英國（25%）、美國（30%），但高於紐西蘭（17%）；另根據澳洲政府統計部門（Australian Bureau of Statistics, [ABS]）提供的資料，全國 15 歲以上的女性約 1/3 遭受過身體暴力，近 1/5 遭受過性暴力；2005 年超過 35 萬名婦女經歷了身體暴力，超過 12 萬 5,000 名婦女經歷性暴力（ABS, 2006）。

為近一步瞭解原住民女性的受暴狀況，澳洲統計部門（ABS）根據 2014-2015 年的調查資料表示，15 歲以上原住民女性，約有 72% 遭受來自伴侶或家人的暴力傷害、43% 的原住民女性因身體受傷而就醫，但卻有 60% 的女性以「意外」受傷之名告知警察（ABS, 2019），顯示原住民女性不敢公開受暴狀況的真實心情。另 2016 年 ABS 的統計，63% 的原住民女性、35% 的原住民男性曾經歷配偶、前配偶的身體暴力；而過去 12 個月內遭受前任、現任伴侶身體暴力的原住民女性是原住民男性的 4 倍（28% vs. 6%），因伴侶施暴而住院的比例，原住民女性是原住民男性的 2.7 倍（73% vs. 27%），而伴侶施暴也是 61% 原住民女性、39% 原住民男性向遊民服務求助的主因（Cripps et al., 2019）。

偏遠的北領地（Northern Territory）是澳洲家暴和性侵發生率最高的區域，每天有超過 61 件的家暴案件發生；與非原住民相較，北領地原住民的家暴受害率是非原住民的 18 倍，在與家暴有關的攻擊事件中，被害人 9/10 是原住民——以 2015 年為例，澳洲北領地與家暴有關的攻擊事件中 89% 與原住民有關，因家暴攻擊而就醫的案件

中，原住民女性是非原住民女性的 40 倍；另 2016 年 3 月到 2017 年 3 月一年中，北領地有 531 位女性、438 位兒童被庇護，尋求庇護者 96% 為原住民（Northern Territory Government, 2017）。

另根據澳洲政府的調查，2015-2016 年家暴會讓澳洲付出 220 億的社會成本；由於原住民女性、身心障礙女性、女性遊民等特殊處境婦女的問題被嚴重低估，澳洲社會還會為此多付出 40 億的社會成本，因此亟需政府提供適切服務以回應特殊處境婦女的各項需求（KPMG, 2016）。

二、暴力防治政策

澳洲政府很早即重視女性受暴之議題，並於 2008 年 5 月設立了「減少對女性及其子女暴力行為國家委員會」（the National Council to Reduce Violence against Women and their Children），就減少暴力侵害女性及其子女之防治措施提出建議。國家委員會根據與社區民眾的討論、分析澳洲本身和國際相關研究，以及調查法律制度的有效性、關於暴力可能付出的經濟代價等委託研究，據以制定以證據為基礎的國家計畫、減少對女性及其子女的暴力行為（沈慶鴻、王珮玲，2018）。

國家委員會曾在各州、不同領地與 2,000 多位民眾磋商、召開專家圓桌會議，並與受暴者、施暴者進行面談，2009 年 4 月發布「政府立即行動」（Immediate Government Actions），投入 4,200 萬澳幣發展各項措施以回應蒐集到的許多建議；這些措施包括了：建立新的全國家暴和性攻擊線上諮詢服務、在學校和其他場所推動尊重關係方案，並對民眾、家長展開暴力防治的倡議行動。

澳洲近年在聯邦、州及領地政府的密切合作下，共同制定了每階

段三年、四階段，為期 12 年的減少暴力行動框架——「2010-2022 年減少對婦女與兒童暴力之國家計畫」，希望匯集各級政府的力量，落實減少對婦女暴力之具體防治行為；國家計畫的願景是：澳洲婦女及其子女在安全社區中不受暴力侵害。國家計畫的價值和原則包括以下各項（Council of Australia Government, 2010; 引自沈慶鴻、王珮玲，2018）：

表 8-1　澳洲減少女性及女童受暴國家計畫的價值和原則

> ✓ 家庭暴力和性攻擊跨越所有的年齡、種族、文化、社會經濟和身體障礙，且有些婦女較其他婦女面臨更高暴力傷害的風險。
> ✓ 無論年齡、性別、性取向、種族、文化、身心障礙、宗教信仰、語言背景或社會地位，都有權利生活在安全無暴力的環境中。
> ✓ 家庭暴力和性攻擊是違法的，讓人無法接受的。
> ✓ 政府等組織應提供整體的服務和支持，並優先考慮受害者和倖存者的需要。
> ✓ 每個人都有權利獲得和參與能實現公平和公義的司法程序。
> ✓ 政府承認過去的失敗經驗，並採取新的合作措施以預防原住民婦女遭受暴力行為。
> ✓ 對暴露暴力兒童之服務，須優先考慮兒童的安全和長期福利。

資料來源：Council of Australia Goverment（2010）（引自沈慶鴻、王珮玲，2018）。

三、原住民地區的親密關係暴力防治

　　澳洲政府在「2010-2022 年減少對婦女與兒童暴力國家計畫」中提及，希望經過三階段、12 年國家計畫的努力，能達成下列六大成

果（Council of Australia Government, 2010; 引自沈慶鴻、王珮玲，2018）：

- ✓ 成果 1 ——社區是安全、沒有暴力的。
- ✓ 成果 2 ——關係是尊重的。
- ✓ 成果 3 ——強化原住民社區。
- ✓ 成果 4 ——滿足受暴婦女及其子女的服務需要。
- ✓ 成果 5 ——司法對策是有效的。
- ✓ 成果 6 ——停止犯罪者的暴力行為，並追究責任。

其中的計畫成果 3，展現的就是對原住民族家暴問題的重視；澳洲政府也期待透過三項策略達到減少原住民社區家暴的成果（Council of Australia Government, 2010）（如表 8-2 所示）：

表 8-2　澳洲國家行動計畫六大國家成果、策略與衡量指標

成果	策略	衡量指標
國家成果 3 – 強化 原住民社區	策略 3.1：促進原住民婦女在社區和澳洲社會的領導力。 策略 3.2：鞏固在地社區的能力策略。 策略 3.3：改善獲得適當服務的機會。	減少原住民社區中原住民婦女被家暴和性攻擊的比例； 原住民婦女能在社區發表自己對重要問題意見的比例（如暴力行為）。 數據來源： 全國原住民和托雷斯島民之社會調查。

資料來源：Council of Australia Government（2010）（引自沈慶鴻、王珮玲，2018）。

其實澳洲政府早在 1988 年即關注原住民族的家暴問題，由於深刻體認原住民婦女被暴力傷害問題的嚴重性，以及充分瞭解救援距離

遙遠、警力部署困難問題的存在，因此期待原鄉在地社區能夠投入以解決嚴重的家暴問題，目前澳洲政府推動的兩個方案——「家庭暴力區域活動方案」（The Family Violence Regional Activities Program, [FVRAP]）和「家庭暴力防治伙伴方案」（Family Violence Partnership Program, [FVPP]），都已成為重要的原住民家暴防治方案。

「家庭暴力區域活動方案」（FVRAP）是政府對地方區域性組織的支持計畫，2006 年有 51 個原住民組織參與，其推動的「我們的家行動計畫」（Our Family Action Plan），就在預防原住民社區內家暴、性侵、兒童虐待等問題的行動計畫；而「家庭暴力防治伙伴方案」（FVPP）則是政府強調社區參與和文化敏感度服務的重要性下，與地方政府、民間團體共同合作，發展伙伴關係以共同解決家暴問題的重要方案（FVRAP-FVPP, 2007）。

以下介紹 FVRAP 及 FVPP 各一項計畫，他們皆是澳洲原住民地區較知名的方案，一是大學與原住民社區推動的「家庭福祉增權方案」，一是非原住民機構和原住民機構之減少暴力傷害的合作方案。

（一）家庭福祉增權方案

由於澳洲原住民在統計資料和媒體形象上太固定在「失業、酗酒、暴力或低教育程度」上，容易讓人忽略原住民社區的真實面貌，也看不到原住民身上具有的優勢、韌力和創造力。因此 2001 年起，在大學和原住民社區組織共同的努力下，以參與式的行動研究方式，推動一個以增強權能取向為基礎的介入方案（empowerment intervention），此方案的目標在瞭解和證明增強權能取向的介入，能有效增進原住民健康和福祉的社會能力（Tsey et al., 2007）。

家庭福祉增權方案（family wellbeing empowerment program），

源於澳洲阿得雷德市，主要針對原住民「被偷的世代」[4]（Stolen
Generation）進行的創傷修復工作；此方案認為，支持家庭和個人發
展相關的技巧和能力，並不能彌補原住民族過去受到的傷害，此方案
不僅希望有機會能幫助他們表達過去的痛苦和傷害，也期待能協助他
們在高度競爭的澳洲社會能面對與日俱增的挑戰；方案希望透過社會
凝聚和社群連結增強原住民的權能，並期待透過社區組織和其他倡導
活動推動結構上的權能。

　　家庭福祉增權方案始於 1993 年原住民社區的非正式會議，民
眾在那裡分享每天的生活經驗並互相支持，在安全、支持的團體
氛圍中進行資訊交流及對權力的覺察；後來，此方案發展進入一
個較具結構、但可彈性調整的團體學習過程（120 小時），其以整
體（holistic）取向結合原住民的心理社會和生活經驗，被認為是個
兼具看世界的哲學觀點和處理日常生活挑戰之實務技巧的心理綜合
體（psychosynthesis）；因為一個人的成長過程，牽涉到生命的各個部
分，除了身體、情緒、心理、靈性的和諧外，還得學習如何因應每日
生活的各項要求和挑戰。

　　此方案認為事情是可以改變的，並將問題視為挑戰，鼓勵成員擁
抱改變而非抗拒改變，並認為改變過程中的持續陪伴是支持和教導
成員最好的方法。整個方案分為四階段，每階段 10 週、每週 3 個小
時，內容包括「認識諮商」、「因應悲傷和失落」、「改變和合作」（認
識問題、達成正向結果）及「持續向前」（瞭解關係，平衡身體、情
緒和心靈）等；執行過程不僅強化了參與者的自我價值觀、復原力

---

4 「被偷的世代」是指 1910-1970 年代間，數千個澳洲原住民在兒童時期被迫由原生
　家庭中遷移至政府機構和寄養家庭之事件，因為根據 2004 年的調查，15 歲以上
　的澳洲原住民有 40% 其自己或親友曾被迫進行家外安置。

（reslience）等個人權能、強化了參與者尋找資源和改變環境的能力，還能關注社區中的就學率、慢性疾病、家暴及醫療問題。除了研究團隊與社區成員間長期的伙伴關係外，以階段取向（phased approach）評估複雜的社區問題、以優勢取向（strengths-based）解決問題，及發展以實證為基礎（evidence-based）的工作方法等皆是方案成功的重要因素，另運作經費的透明化，更是方案成功的主因。

　　由於方案成效顯著，四年後就吸引不少基金的贊助，例如由Australian Health Ministers Priority Driven Research贊助的五年期方案、另一個由NHMRC Population Health Career Development Award贊助的五年計畫也在進行中，以及自2007年起還有一個由國家自殺預防基金贊助的方案；而在過去的兩年裡，家庭福祉增權方案也連結了一個健康介入方案和男性團體。自從這些方案加入後，多數社區成員明顯感受到酒精治療的進展，也達到了自殺預防、降低家暴發生的目的，社區民眾的親職技巧、慢性疾病患者自我照顧能力的提升更是其中明顯可見的變化。

（二）原住民機構和非原住民機構之合作方案

　　此案例是社區跨文化發展的成功經驗，是原住民機構和非原住民機構間因著伙伴關係的發展而成功減少暴力傷害的例子。一個由非原住民組成的機構理解到家暴和社區發展間的密切關係，於是採取社區發展取向，在有關女性暴力和創傷修復的問題上找到和使用了原住民可接受的解決方法（Nickson et al., 2011）。

　　Suncoast Cooloola Outreach Prevention Education [SCOPE] 是昆士蘭地區一個提供性暴力和家暴被害人服務的機構，遊說地方網絡、推動降低家暴影響和發生率的方案是其重要任務；其在設計此方案前曾

進行社區諮詢，之後還提出了一個以專家諮詢、支持和教育為主，解決家暴問題的跨區域外展工作方案。

Nungeena Aboriginal Corporation for Women's Business Inc. [Nungeena] 則是一個服務女性原住民的公司，他們透過文化、教育提升婦女們的靈性覺察，教導她們種植和使用藥草進行傳統的心靈療癒工作，另對經歷虐待、暴力和需要支持的女性來說，這裡更像個療癒中心、是社區女性原住民的活動基地。

由於理解到原住民社區的家暴，是文化解離、代間創傷及不良政策互動的結果，而這些不良政策又直接、間接影響了原住民社區的貧窮和暴力；SCOPE 和 Nungeena 都認為有必要瞭解原住民女性不願接受主流服務、忽略自己受暴經驗和感受的原因，因為其相信真正的創傷修復，應始於這些議題能被公開表達的時候。故為瞭解原住民女性抗拒進入主流服務的原因，他們邀請了原住民女性參與焦點團體——說故事圈（yarning circle），另還邀請主流機構的服務提供者參與另一個焦點團體，一起思考如何克服、減少原住民女性的求助困境，提高服務使用的意願；這些服務經驗和成果最後在社區論壇中發表，不僅促成了 SCOPE 和 Nungeena 間服務的連結、強化機構間的凝聚力，2004 年 9 月兩機構更簽署了合作備忘錄（memorandum of understanding），建立社區受暴婦女的轉介管道。

SCOPE 和 Nungeena 的合作提供了溝通平臺，SCOPE 的角色在發展團體方案，建立適合團體工作和療癒的資源工具，強化團體開始時的反思過程。由於其過去發展的療癒工具與原住民文化較無關聯，因此其希望能針對原住民婦女重新設計符合其需求與文化的資源工具；此時 Nungeena 在原住民社區的資源和關係，就成為 SCOPE 進入原住民社區的重要管道，SCOPE 非原住民的外展工作者

在 Nungeena 的協助下，與當地婦女建立關係，透過傾聽學習原住民婦女的世界觀及瞭解暴力對她們和孩子的影響，之後還利用社區的相片和藝術品，生產出可用於團體和其他療癒工作的原住民優勢卡（yarnabout cards）。

整個方案的成果還不只在生產一個連結相片和文化、藝術的優勢卡（culturally-relevant strengths cards），它還可以是一個社區發展的過程，因為在設計卡片之資料收集過程中，讓社區裡、外之利害關係人（stakeholder）可以一起工作、互動，透過藝術呈現出對澳洲原住民族被驅逐、壓迫歷史的理解，形成一個理解、尊重、和諧、融合的互動經驗。

Nickson 等（2011）認為此一跨機構合作過程的有效性在於：

1. 透過說故事協助婦女和參與者找出文化、靈性和社區意義，催化反思。

2. 提升個人、社區、工作者、機構等對具文化敏感之實務工作的覺察。

3. 療癒過程使用與文化有關的工具，可提升原住民女性使用主流服務的意願。

4. 同時增進原住民、非原住民夥伴對原住民文化的學習和理解。

此跨機構的合作方案不僅使主流服務變得更有文化覺察力，也能增加原住民女性尋求主流服務支持和協助之意願；而當主流服務變得更易被原住民婦女瞭解、接受時，推動婦女創傷修復的工作應就能漸入佳境了。

......

原住民女性的親密關係暴力不只是暴力問題，更是人權與社會正義的問題（Burnette, 2015）；特別是體認到原住民族文化、處境的特

殊性，及過去的殖民歷史、結構壓迫因素後，美、加、澳等國政府二、三十年前即意識到原住民家暴問題有其特殊性，因此擬定專屬的家暴防治政策、計畫與經費於原住民社區中推動家暴防治工作，並在原住民婦女的權益維護上展現積極作為，設計不同於主流社會的親密關係暴力防治政策或方案。

這些不同於主流社會的家暴防治政策或方案，除能意識到原住民族所經歷的歷史創傷、考慮到環境和結構因素外，還能將文化特性融入創傷修復的服務中，且不僅支持原住民受暴婦女、修復家庭和社區，施暴者也是其關注對象；另不單由專業工作者執行社區內的家暴防治方案，部落成員、耆老和民眾的共同參與，提升整體社區對暴力問題的意識覺醒，更是加拿大原住民地區家暴防治的重要策略。

討論與反思

一、綜觀各國原住民社區家暴防治方案有哪些共通點？

二、以他人經驗為借鏡，國外原住民社區家暴防治經驗有哪些可用於我國？

三、文化敏感性的治療假設：「缺乏了文化敏感性，傳統心理治療將會增加治療者與個案的敵對關係，形成知識暴力。」請試著想想，你是否曾有類似經驗，或耳聞相似的狀況？此狀況將對案主、服務工作產生何種影響？

第九章

最佳實務：
加拿大、澳洲原住民社區家暴防治作為

本章將由最佳實務的角度，介紹加拿大、澳洲公、私部門在原住民社區推動家暴防治工作的最佳實務經驗，並從中歸納出原住民社區家暴防治最佳實務的重要元素，以為國內規劃和設計原鄉家暴處遇服務之參考。

　　「最佳實務」一詞，源於重視績效、服務品質之組織管理領域，是指以較佳的技巧和取向達成有價值之服務成果；為了達到最佳實務，組織必須找出標竿、進行分析、工作投入，並持續一連串的系統性資料收集工作和品質改善過程，以達到組織學習、績效提升的目的（Mullen et al., 2008）。故最佳實務的提出，代表重視問題解決結果（outcome-based）的有效方法，而此方法需要有證據（evidence），且是一連串諮詢和研究的結果（Department of Families, 2002）。

　　由於最佳實務（best practice, good practice）是眾多專業工作者實務智慧的累積，是工作者歷經摸索、嘗試、整理、精粹，並在以證據為基礎（evidence-based）之要求下成為有效的實務經驗，而能傳遞成為其他專業工作者參考和採用的工作原則，其不僅可達到知識深化的目的，也符合責信（accountability）的精神（林勝義，2013）。

　　近年來，為記錄工作歷程、分享工作成果，發展最佳實務已成為不同專業、不同場域積極努力的方向，而在原鄉暴力防治的工作上，最佳實務的建構亦是各國政府、原住民組織積極投入的工作（INAC, 2016; NSW Department of Health, 2016）。加拿大自 1991 年起即推動多次家暴預防之多年期先導計畫，持續從這些不同於主流社會之家暴預防方案的推動經驗中，確認了原住民族家暴防治工作的最佳實務準則，並據此做為經驗分享、服務設計的參考依據；澳洲政府「原住民家庭健康策略五年計畫」（Aboriginal Family Health Strategy 2011-2016）提出之原住民族家暴問題的最佳實務準則，及原住民組織 ANROWS 的創新模式（Innovation model）亦應能為我們帶來更多的刺激與反思。

第一節　加拿大原住民家暴防治之最佳實務

一、INAC 的最佳實務

加拿大原住民與北方事務局 INAC 累積多年推動經驗後，認為已被確認和評估有效之最佳實務的家暴預防方案，包括了以下幾個要素（INAC, 2016）：

（一）整體取向（holistic approaches）：整體取向可擴大方案的經費來源，期待加總的資金可成就較大的服務規模。

（二）預防工作：建議多舉辦以青少年為主要對象的工作坊。

（三）關注文化：在有關生活技能、親職技巧方案上發展文化敏感性的服務。

（四）意識覺醒：喚醒大眾關注暴力議題，撰寫社區民眾對暴力的覺察紀要（public awareness calendar），持續推動防治工作。

（五）舉辦自我照顧（self-care）工作坊。

（六）伙伴關係：邀請皇家騎警、護士與其他工作者一起參加工作坊，強化前述工作伙伴與社區的緊密連結，以共同處理社區中的家暴問題。

二、ONWA 的最佳實務

The Ontario Native Women's Association [ONWA] 是重要的在地組織，成立於 1971 年，隸屬於加拿大原住民女性協會（the Native Women's Association of Canada, [NWAC]），是個關心原住民家暴問題的非營利組織；期待能為安大略省（Ontario）的原住民女性

發聲，透過文化修復推動原住民女性的平等、公平、正義，強化
（strengthening）原住民女性和其家庭的關係，是個致力於原住民社區
幸福感和改變的組織（Melanie & Smith, 2011）。

　　ONWA 推動原住民家暴工作係從家暴發生率的調查做起，
ONWA 的服務聚焦在受害者、兒童、加害者及社區的需求，其曾指
出他們服務成功的基礎在於延伸原住民的自治（self-government）架
構。2007 年 ONWA 透過密集諮詢原住民、非原住民的意見領袖，完
成「停止對原住民女性施暴的策略性架構」（a strategic framework to
end violence against aboriginal women），其中有關家暴防治最佳實務
的意涵包括（Melanie & Smith, 2011）：

（一）親密關係暴力和兒童虐待常同時發生，應同時介入：在加
　　　拿大，目睹家暴是次於身體暴力的兒童疏忽和虐待類型，
　　　且配偶暴力同時發生兒童虐待的比例逐年上升——從 1995
　　　年的 48.6% 增加到 2001 年的 66.7 %，因此原住民家庭服
　　　務機構大多同時提供兒童保護服務，或與兒童保護機構發
　　　展跨機構合作，並在照顧服務方案中發展預防性介入計
　　　畫。其中最佳實務模式，始於瞭解原住民母親面對兒童保
　　　護機構的負向經驗做起，再強化母親所擁有的復原力和優
　　　勢；且與母親互動過程中，融入原住民族的照顧文化，而
　　　非僅提供簡單的安置服務，此是從人性觀點而非行政觀點
　　　著手的重要做法。

（二）工作者非專家：工作者應為資源提供者，在協助、支持和
　　　分享的過程中提供服務；工作者和案主是夥伴關係，除重
　　　視文化脈絡和社區參與外，強化母親具有的優勢則是重要
　　　的創傷修復方法。

（三）動態性介入：依不同受虐關係、階段提供動態性介入，例
　　　如：對決定離開受虐關係的婦女提供所需的資源和支持性
　　　服務；「在婦女需要時提供必要的支持，且確保婦女可用自
　　　己的方式照顧孩子」是工作者對婦女應有的承諾。

（四）服務對象的參與：機構提供婦女、家庭服務時，應邀請原
　　　住民婦女參與屬於她們的服務計畫和服務輸送；另在規劃
　　　與社區有關的預防性和支持性服務時，亦應邀請社區參與
　　　服務的規劃和輸送。

三、MMIWG 的最佳實務

　　加拿大原住民女性不僅面臨嚴重的暴力傷害，失蹤、被謀殺
的比率也居高不下，因此不少原住民組織自 2016 年組成調查小組
（National Inquiry into Missing and Murdered Indigenous Women and
Girls, [MMIWG]）進行暴力調查，有 2,380 人參與此次調查和訪談工
作；MMIWG 在 2018 年完成的結案報告中談到，種族主義（Racism）
是殖民結構的核心，透過歧視性法案（如《印第安法案》（*Indian
Act*））、設置保留區、成立安置學校等違反原住民族權益的措施，
使原住民的暴力、死亡、自殺不斷發生；為了結束此一處境，應透
過文化、健康、安全、正義等四原則達到改變，並強調文化安全
（cultural safety）是健康（wellness）的基本原則，加入文化安全療癒
（culturally safe healing）有助於強化原住民自己、家庭、社區和族群
的連結（MMIWG, 2018）。

　　在談到家庭、社區和族群療癒時（healing），MMIWG（2018）
認為減少對原住民女性施暴的實務方案原則包括：

（一）看重健康（wellness）：以整體（holistic）方式瞭解安全和
　　　幸福，關注心理、情緒、靈性、身體的需求。

（二）跨專業（interdisciplinary）服務：以系統取向協調服務，而
　　　非缺乏資訊整合或方案間為了經費而彼此競爭。

（三）文化安全：瞭解文化安全的重要性，將原住民價值和傳統
　　　整合於方案中。

（四）持續的、強制的訓練：要求參與原住民社區方案的第一線
　　　人員和管理者在能力上有所裝備，並以文化安全的方式提
　　　供服務。

（五）信任關係：社工、醫護、法律等各類服務人員應與服務對
　　　象建立長期、信任的關係。

　　特別是在「安全」面向的改變上，執行調查報告的參與者認為
「邊緣化」是殖民主義、歧視的長期結果，並非意外或突然發生的現
象，因此降低社區及個人的貧窮率、失業、不安全居住的比率，才能
降低威脅女性安全的危險因子。為強化婦女及女孩的安全，以優勢基
礎為取向（strength-based approach）、聚焦於復原力的最佳實務內涵
包括了以下各項（MMIWG, 2018）：

（一）融入家庭和倖存者（inclusion of families and survivors）：融
　　　合是療癒的關鍵，邀請被害人的家人、親友參與，且看見
　　　他們所具有的優勢和力量。

（二）自我決定：發展由原住民主導（indigenous-led）的問題解
　　　決方法和服務，重視原住民個人、組織、區域的自決或自
　　　治。

（三）認識差異（recognizing distinctions）：原住民族有多樣性，
　　　不同族別的原住民仍有差異，應以公平、非歧視的方式，

透過自我認定、蒐集地理或區域資訊、居住環境等來認定他們的需求。

（四）文化安全：文化安全超過文化適切（appropriateness），要求服務過程中融入文化以增權原住民；而以原住民的語言、法律或協議、治理、靈性和宗教等提供服務，是創造文化安全性的最低限度。

（五）創傷知情取向（Trauma-informed approach）：在所有與服務有關的政策、程序、實務中融入創傷知情，除了辨識創傷的影響、對創傷徵兆做適切的反應外，確保服務步驟具有創傷知情取向，是傳遞創傷知情服務可行的重點。

最後，MMIWG（2018）還提醒服務提供者，應接受「原住民是照顧和療癒自己問題的專家」之看法，且當服務所傳遞的世界觀、文化、語言和價值，與接受服務的原住民是一致時，即是服務和療癒最有效的方法；另外，機構、服務提供者還需支持原住民主導的預防計畫（indigenous-led prevention initiatives）、支持解決創傷的各式服務，包括代間、多代或複雜的創傷，並不限定服務的時間和取向，另在心理衛生預防方案上，還應包括對男性和男孩的服務、青少年和成人的自殺預防策略，以及與安全、生理或心理健康有關的覺察活動等。

四、最佳實務之經驗歸納

前述透過文獻收集 INAC（2016）、ONWA（2011）及 MMIWG（2018）有關加拿大原住民親密關係暴力防治服務的最佳實務，雖然來源不同的文獻資料使用的文字不盡相同，但依其內涵歸納後發現：

方案的整體取向、關注文化／文化安全、自我決定／邀請案主參與、創傷知情、辨識差異、動態性介入、伙伴關係等是促成最佳實務的因子，且各因子間應互有相關；而其中的整體取向、關注文化／文化安全、自我決定／邀請案主參與等三因子，則是加拿大原住民親密關係暴力服務最佳實務的關鍵因子（圖 9-1）。

圖 9-1 加拿大親密關係暴力防治最佳實務

資料來源：INAC（2016）、ONWA（2011）、MMIWG（2018）。

第二節　澳洲原住民社區家暴防治之最佳實務

一、新南威爾斯（NSW）的最佳實務

　　為因應原住民社區的家暴問題，澳洲新南威爾斯健康部門（NSW Department of Health）在其提出的「原住民家庭健康策略五年計畫」（Aboriginal Family Health Strategy 2011-2016）中邀請原住民機構共同參與，以達到下列目的（NSW Department of Health, 2016）：

（一）降低原住民家暴問題的嚴重性和影響力；

（二）建構個人和社區家暴預防的因應能力及優勢的修復工作；

（三）透過服務滋養原住民家庭的靈性、復原力（resilience）和文化認同。

　　為引導未來五年原住民社區的家暴防治工作，該部門在其撰寫的《家暴因應報告書》（*Responding to Family Violence in Aboriginal Communities*）中，提出了「原住民家庭健康照護模式」（Aboriginal Family Health Model of Care）；該模式的發展即是「以證據為基礎」的最佳實務（evidence-based best practice），持續地透過方案活動進行研究和評估，並以整體的、社區為基礎的觀點（community based perspective）進行資料收集；整個過程先進行家暴的定義、瞭解家暴問題的普遍性及影響力，再藉此瞭解家暴的發生原因；之後還收集有效、可行的因應策略，援引國內、外相關政策和法令以促成政策脈絡的改變。而為了讓方案的發展和服務輸送符合以證據為基礎的標準、符合研究倫理的告知程序，及能找出原住民社區有效、可行的策略，就應持續邀請社區民眾參與社區論壇、工作坊，廣泛的收集和諮詢社區民眾、意見領袖的看法；而這些做法的目的都在確保方案的形成源自於社區，也為社區所有。

　　新南威爾斯健康部門為解決原住民社區內家暴問題所提出的「原住民家庭健康照護模式」，即是以療癒取向（healing approach）為基礎，內含策略領導（strategic leadership）、有效的服務輸送（effective service delivery）、具文化能力的工作場域（culturally competence workforce）及鞏固的社區能力（strong community capacity）等四個核心要素；每個核心要素下皆有多項持續推動的方案，依照以證據為基礎的實務精神收集各項資料，以能掌握方案的短期變化（如通報量、

服務人數、活動參與人數、服務可近性、合作狀況和文化能力等）和長期成效（解決暴力問題、轉介管道、維護女性權益、社區的暴力因應等）。

落實前述四個核心要素的五個原則，包括：

（一）全人觀點：不只重視生理上的幸福，也重視社會、情緒、文化的幸福；不只重視個人潛能的發揮，也重視整體社區能力的提升；且相信這些面向都是相互影響的。

（二）自我決定：原住民社區家暴問題的解決需源於原住民社區內部力量，由社區提供建議、管理和執行，鼓勵社區排定問題解決的優先順序，以確認問題解決的效益屬於全社區。

（三）夥伴關係：重視各項服務間的協調而非競爭、維繫不同社區間的凝聚力和合作關係，並藉由增強權能強化個人和社區的能力和優勢，以降低家暴的發生。

（四）文化理解：每個原住民家庭都浸潤在原住民族的文化下，因文化、家庭維繫、忠誠和義務是原住民生活的基礎，故強化情感的、靈性的力量能支持原住民面對多變和多重挑戰的社會；且原住民家庭和社區間是相互連結和互相影響的，任一家庭或兒童都無法孤立於社區之外。

（五）重視創傷和失落：第一線人員應有能力和策略服務受創的原住民社區，且須瞭解過去歷史對社區造成的傷害，及其可能存在的持續性影響和對健康造成的負向干擾；因此療癒（healing）是強化原住民家庭健康的重要策略。

最後新南威爾斯衛生部門（NSW Department of Health, 2016）還建議，在區域計畫中分享資訊、倡議及發展、維繫合作夥伴的關係，及採取整合取向的操作方式等是發展好實務（good practice）的重要

機制，如此方能達到資源較少浪費、縮短服務落差，並能呈現此服務方案對減少原住民家暴問題的有效性。

二、昆士蘭的最佳實務

為減少昆士蘭（Queensland, Australia）地區的家暴問題，確保受暴婦女得到最好的服務，澳洲家庭部門（Department of Families）的家暴防治單位於是結合專家、經驗豐富的實務工作者和機構，歸納其數十年來投入家暴防治和協助受暴婦女的經驗和工作程序，形成服務受暴女性的實務準則（the practice standards）；而為確保機構能在經費充裕下提供高品質的服務，這些準則也成為家庭部門規劃和分配基金時的參考依據（Department of Families, 2002）。

實務準則形成後，曾廣泛諮詢法院、原住民組織，及與受暴婦女有關之利害關係人的意見，期能滿足不同婦女的需求。澳洲家庭部門提出的實務準則有十個原則，包括了：安全、尊重、可近性和公平性（access and equity）、增強權能、保密、合作、倡導、預防、服務責信（accountability）及服務應在有效的組織環境中提供等十項。

三、ANROWS 的最佳實務

Australia's National of Research Organization for Women's Safety（ANROWS）是以降低女性及其子女暴力傷害為宗旨的澳洲非營利組織，長期致力於提供具實證（evidence-based）之防治女性暴力的研究、政策和實務建議；最近集合了位於西澳的 Fitzroy Crossing、北領地的 Darwin、昆士蘭 Cherbourg 等三個原住民地區之質性研究結果提

出了女性暴力防治創新模式（Innovation Modelsin Addressing Violence against Indigenous Women）；此模式整理自家暴受暴者、家暴受暴者同住家人，及曾與受暴者、目睹者和家人一起生活、工作的服務提供者等，期能降低偏遠原住民社區的家暴事件，終結源於殖民經驗、跨代創傷等的創傷經驗（Blagg et al., 2018）。

此模式希望原住民女性暴力防治方案能從原先的刑事司法模式，改變為基於原住民知識之社區集體療癒的典範轉移過程，而其動員並強化社區對暴力問題的反應，並非是要增強主流機構、警察和法院的權力和資源，而是希望在地原住民參與之綜合模式能受到重視；此一模式轉換主要是因不少原住民社區組織擔心，主流的非政府組織（NGO）較具彈性、也較少官僚化，又比在地的社區組織可靠，因此越來越能得到政府的青睞而將服務委託他們來執行，儘管這些非政府組織最終會因文化能力不足，再將工作委託給在地的社區組織，但其做為提供原住民服務的新殖民作用仍然令在地社區組織不安，因為這些非政府組織還是可能會因其他因素，而剝奪了在地原住民和原住民社區參與及執行服務的權力。

因此 ANROWS 提出的創新模式採取了「原鄉中心取向」（country-centered approach）的家暴實踐方法；由於意識到原鄉暴力居高不下的情況與殖民化有關，因此主張原住民組織和原住民實務應回到原住民自己本身，並把原鄉置於干預的中心；另因暴力的發生是多因素促成，故只針對單一因素的干預和回應注定是失敗的。所以在其提出的創新模式裡（如圖 9-2 所示），由裡到外整合了在地原住民和主流社會提供的各類服務，例如該圖的外部描述了與原住民較疏離的主流結構，如跨機構個管和評估、心理衛生、警察、強制處遇、假釋、矯治及監禁等；而圖的最外圈，則是透過由上而下的社區服務來連結

（bridge）原住民與主流司法系統之間的鴻溝，如危機介入、保護令、安置服務、家庭會議、整合性服務，以及修復性司法、區域計畫，及與酒精、藥物有關的處遇計畫等；圖的中心，為一系列的社區專屬計畫（community-owned initiatives），這些專屬計畫主要來自在地（placed-based）需求，且是源於文化力量的行動，而非政府或主流社會的要求。

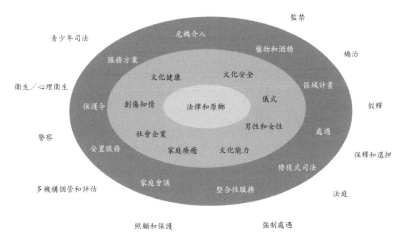

圖 9-2　原住民女性暴力防治創新模式

（Innovation Modelsin Addressing Violence against Indigenous Women）

資料來源：Blagg 等（2018）。

　　總而言之，此一由在地原住民主導的暴力防治創新模式有許多共同的特徵：

　　✓ 承諾由在地原住民主導。

　　✓ 有必要與男性相對人工作。

　　✓ 採取整體的（holistic）、在地的（place-based）方法。

　　✓ 注重預防和能力建構。

✓ 將家暴防治與其他議題結合，例如減少酒精使用、過於擁擠的居住環境和心理衛生服務。

✓ 為被安置婦女提供具文化意涵的服務。

✓ 原住民工作者與家暴受害者間建立療癒取向的關係。

✓ 發展預防工作場所暴力的政策與措施。

✓ 除了「家庭」暴力，也須注意其他形式的暴力。

✓ 採取去男性權力中心化（decentralization）的模式，並在服務中覺察集體、代間的創傷。

✓ 服務過程中，重視原住民的再中心化（re-centering）。

✓ 除了脅迫控制，暴力行為中可能也同時存在著諸如認知障礙、後天性腦損傷、酒精失調等問題。

由於暴力的發生不是單一因素，在發展暴力防治最佳實務準則時，也應同時關注有助於縮小原鄉與主流社會在暴力、失業、健康上的落差現象。這些準則包括（Blagg et al., 2018）：

（一）去殖民化的實務（decolonizing practice）

去殖民化的實務，是在挑戰支撐西方理論、實務方法的「殖民邏輯」，鼓勵原住民與非原住民透過跨文化的對話，脫離父權式的服務、改變建立在主流社會對原住民「問題」（problems）知覺上的介入方式；去殖民化的實務可強化原住民自身的優勢力量，並以「認識原住民的文化知識和實踐」，轉變西方為主的思維方式與行為。

（二）重視社會的及情緒的福祉和文化健康（social and emotional welling and cultural health）

社會及情緒福祉取向（social and emotional welling, [SEWB]）關

心原住民社區成員所經歷的歷史和代間創傷，以及暴力、虐待、毒品濫用等問題，並將育兒問題、青年問題納入其中；SEWB 連結的是文化，非僅聚焦在「身體健康」。故服務除了重視與家庭、社區合作，在發展合作主題時還可將家暴介入措施與較廣泛的原住民健康和福祉議題進行連結，並將健康鑲嵌在「文化框架」中；而該框架可引導醫療人員如何與家庭成員互動，提醒諸如尊重文化、知情同意和夥伴關係等原則，而非以由上而下的方式看待在地原住民之健康、福祉議題。

（三）與在地機構合作的結構（local coordinating structure）

在地方層次上，原住民家庭暴力防治委員應邀請法官、原住民社區領導者或長老、專業組織、庇護所等成員、單位參與相關會議，擬定協調一致的方法以協助家暴受害者，並確保施暴者和其家庭也有能參與的社區服務選項，以及強化暴力防治機構與原住民社區合作的承諾與責信。

（四）擴大原住民擁有和基於在地（place-based）的流程和服務

目前對暴力的服務和回應通常來自主流社會、原住民社區外的模式，且是基於非原住民哲學和價值觀的白人機構所為，然此一創新模式要求的典範轉變，則是希望能將簡單的刑事司法模式，轉移成為社區集體療癒的過程，並以情緒幸福及健康的哲學為基礎。

（五）長老和社區菁英（elders and respected persons）

女性和男性長老、社區菁英應盡可能成為介入的中心，能直接參與法院、社區建設方案，以及部落在地的療癒活動等；不過因長老、

社區菁英需參與的事務不少、非常忙碌，因此對部落組織內的其他成員進行能力建構亦是至關重要的事。

四、澳洲最佳實務之歸納

前述收集了新南威爾斯衛生部門（NSW Dept. of Health, 2016）、昆士蘭家庭部門（Queensland Dept. of Families, 2002）及原住民組織（ANROWS, 2018）等三個公、私部門提供之澳洲原住民社區家暴防治服務和最佳實務準則，雖然不同來源使用的文字描述不盡相同，但依內涵歸納後發現：自我決定／去殖民化／尊重、伙伴關係／合作／長老參與、文化理解／文化健康、創傷知情／社會及情緒幸福取向，以及增強權能、全人觀點、倡導、責信和有效能的組織等皆是家暴防治的最佳實務準則，而其中的自我決定／去殖民化／尊重、伙伴關係／合作／長老參與、文化理解／文化健康等三因子，則是澳洲原住民家暴防治的關鍵準則（如圖 9-3 所示）。

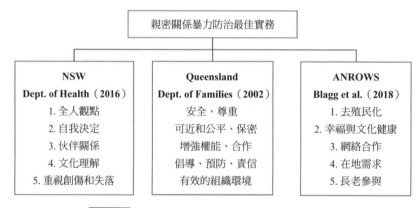

圖 9-3 澳洲原住民家暴防治之最佳實務

資料來源：NSW Dept. of Health（2016）、Queensland Dept. of Families（2002）、Blagg 等（2018）。

第三節　原鄉親密關係暴力防治最佳實務

最後，綜合加拿大、澳洲兩國政府及民間機構推動家暴防治和原住民服務的經驗，歸納出以下各項原住民地區家暴防治最佳實務之重要元素（圖9-4）：

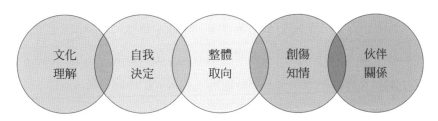

圖 9-4　**原住民親密關係暴力的最佳實務準則**

資料來源：作者自行歸納。

一、文化理解：關注文化的存在與文化的特殊性

辨識原鄉的特殊性，除了地理位置、交通設施外，文化的特殊性更是重點；由於文化與生活、脈絡息息相關，因此在思考暴力防治措施時，應瞭解原住民文化對暴力的觀點、文化在解決家庭暴力和家內衝突慣用的方式，以及在服務中納入文化的考量、利用傳統文化發揮療癒效果等才能讓防治服務被使用和被接受。

二、自我決定：重視去殖民化的在地決定

由歧視、壓迫經驗形成的無助感、無力感深深影響原住民，因此鼓勵參與、鼓勵表達並做決定，才能強化社區與個人的控制感，如此

以在地原住民為主的自我決定，已成為原住民社區工作的核心理念，暴力防治當然也不例外。

三、創傷知情：專業人員辨識和回應創傷的能力

認識原住民的創傷，除了來自家庭暴力的直接傷害外，還需能夠看見累積的、跨代的歷史創傷，以及個人的、集體的和結構的創傷；協助減少暴力的專業人員應在理解創傷後，還要有能力、策略協助婦女、家庭及社區面對創傷、理解創傷，並接受創傷的存在。

四、整體取向：納入原住民社區、家庭需求的服務設計

原住民社區的家暴問題與許多問題，例如失業、經濟、健康、物質濫用、家庭衝突、社區暴力等有密切關聯，因此防治或處遇親密關係暴力或家庭暴力，不能只處理暴力問題，而需有整體取向，將家庭需要、社區問題納入其中，推動整合性服務（就業、醫療、照顧等）以協助家庭及社區成員，且婦保、兒保應同時介入，才能有效解決引發原住民家暴的多樣問題。

五、與社區連結：強化伙伴關係催化合作網絡

外來專業組織要進入原住民社區並不容易，需與在地機構發展夥伴關係；原住民社區的暴力防治工作，不僅各專業人員間（社工、心理、警察、醫護等）的合作十分重要，與社區連結，邀請長老、在地社區成員參與家暴防治的推動，更是防治工作能否進入社區的關鍵。

　　最後需提醒的是，雖然發展原住民社區介入方案時，「專業工作者應懸置專家角色，將服務內容的決定權交還給服務使用者和部落成員」被認為是服務原住民「好的實務」（good practice）；不過此一自主的決定，對長期處在壓迫、歧視和弱勢處境下，呈現無力、失能（incompetence）和去權（disempowered）的原住民婦女或部落成員並非直接、快速的就能形成，因此在邀請其參與部落中與其權益有關的方案或活動時，持續的邀請、提供機會、鼓勵他們表達想法、進行互動與對話（Carniol, 2010; 引自 Baskin & Sinclair, 2015），成為服務方案設計和運作過程中的重要策略，此一增強權能的做法亦被認為是原鄉在地知識形成的重要歷程。

討 論 與 反 思

一、如果你是位家暴防治的實務工作者，請統整你的個案工作經驗，
　　你認為促成個案改變之最佳實務為何？

二、「與社區連結、強化伙伴關係、形成合作網絡」是原鄉暴力防治
　　經驗的有效因素。試想，針對你所在區域，有哪些在地單位／組
　　織能夠協助你解決家暴問題？如何連結或邀請他們共同參與？

三、「去殖民化」是重要的最佳實務原則，然運用在防暴計畫或方案
　　設計時，該如何著手才能落實此原則？

反思行動：
原鄉親密關係暴力防治建議與行動

本章彙整國內、外原鄉親密關係暴力研究和實務檢視，針對國內親密關係暴力防治工作提出反思與建議，最後還分享兩次在不同縣市、不同原鄉的行動嘗試，期待能與關心原鄉家庭、親密關係暴力防治之專業伙伴進行對話，並為國內原鄉暴力防治與處遇模式的發展累積經驗。

　　家暴防治工作自《家暴法》推動至今，二十多年來在制度建制和服務模式上的開創，確已成為國內社福業務和保護性服務工作上的亮點；不過防治服務模式忽略不同需求婦女的主體性（沈慶鴻，2009；潘淑滿，2007），對易受傷害族群、弱勢受害者缺少脈絡、文化的服務觀點，以及族群盲、性別盲的批評亦持續存在（王增勇，2001；沈慶鴻，2014b；游美貴，2006）。

　　不少投入暴力防治之研究者皆提醒，殖民（colonization）和性別暴力密切相關（Blagg et al., 2018; Hartmen, 2020; MMIWG, 2018），原住民女性的親密關係暴力是人權與社會正義的問題（Burnette, 2015）；因此討論原住民親密關係暴力議題時，必須帶著全觀的理解視角，關注原住民族的歷史文化脈絡、被壓迫脈絡、部落與當事人的認知、受暴者面臨的求助困境、主流防治政策的合宜性、以及服務輸送的可近性等問題；而原住民婦女的受暴問題，更必須思考文化、經濟、性別、階級等多重弱勢所交織形構的不利處境下（Cripps et al., 2019; Hartmen, 2020），並同時關照原住民族整體的創傷與失落議題（NSW Department of Health, 2016）。

第一節　原鄉親密關係暴力防治之實務反思

　　在《家暴法》通過運作的二十多年來，中央、地方主管機構從未致力於發展原鄉專屬之處遇服務模式，原鄉至今均採與主流社會相同的服務模式——聚焦於暴力，專注於被害人、且被害人與相對人分開的處遇服務，不同縣市只在委外服務方式上有所差異。

　　根據第六章的彙整，12 個原鄉縣市的親密關係暴力處遇服務各有四種服務輸送方式；其中只有宜蘭縣之原鄉不論被害人、相對人服務皆未委外，都由公部門社工直接提供服務；另有 2 個縣市——桃園市、臺中市則是針對原鄉進行單獨委外，且在在地機構不足的情況下皆委託同一個機構，由該機構同時對被害人、相對人提供服務，只不過不同的是：桃園市原鄉的被害人服務是部分案件委外（高危機程度仍由家防中心服務），但臺中市則是全案件委外。

　　若單就被害人服務而言，1/3（4 個）縣市都由公部門／家防中心提供服務（嘉義縣、高雄市、屏東縣、宜蘭縣），其餘 2/3（8 個）縣市則透過委外機構提供服務；而在相對人服務部分，2/3（8 個）縣市採全縣市委託，由一機構提供全縣市的相對人服務，多數機構並未因原鄉文化、地理位置的特殊性提供差異服務。

　　此外，在服務使用上，與整體被害人保護扶助使用情形相較，原住民被害人的需求是有差異的[1]，顯見原住民被害人在經濟和保護令聲請上的需求明顯；另由臺東縣、南投縣之親密關係暴力案件高危機比例皆高於全國比例，且原住民高危機案件的比例也高於非原住民案件的情形看來，主流模式不盡然能符合原鄉狀況，而非原住民被害人和相對人需求及特性也似乎與原鄉被害人、相對人不同。

　　綜合國內、外文獻與實務觀察經驗，原鄉親密關係暴力防治成效不佳，基本上可歸納為兩大關鍵點：

1　請參考第六章，比較衛福部、臺東縣政府之保護服務資料庫：全國被害人服務使用比例依序是：諮詢協談、其他扶助、法律扶助、目睹服務，然臺東縣政府提供之資訊，原住民被害人服務使用經濟扶助、保護令聲請、法律諮詢、心理諮商、目睹兒童等都是使用率較高的項目。

一、「一體適用」的防治模式忽略原住民族主體性與原鄉特殊性

全國一體適用（one size fits all）的親密關係暴力防治和處遇模式，由於無法因應原鄉親密關係暴力問題的多因性、複雜性、不符合原住民受暴婦女的需求，以致服務效益無法發揮（沈慶鴻，2009）；而原住民受暴婦女不常使用、不太願意使用主流社會家暴防治資源的原因，除了對資源不瞭解、擔心被歧視、正式系統服務輸送的便利性和可及性不足，以及距離遙遠形成服務使用上的障礙外，主流社會處理暴力衝突的律法與部落文化不符可能也是原因之一（沈慶鴻，2014b）。

例如 Valencia-Weber 與 Zuni（1995）、Shepherd（2001）深入研究美國印第安原住民社會、Balfour（2008）以加拿大原住民族為例，以及本書以研究訪談和實務接案的原住民婦女經驗做說明（沈慶鴻，2014b），皆顯示了主流社會的司法及暴力防治系統（如美國的強制逮捕政策，國內的強制通報、保護令制度），與原住民社會有關衝突處理、正義（justice）實踐的實質內容，和達到正義過程的觀點不同，源於西方社會強調個人權益、關係界線之政策理念，與原住民社會重視「家庭／家族」、「集體價值」、「部落和諧」，看重「關係」之傳統文化不符，均可能使原住民親密關係受暴婦女因不願激怒配偶、不願引起不同家族間的爭執，或被部落鄰居排擠、嘲諷，而不願向外求助、不使用正式資源。

其實主流社會家暴／親密關係暴力防治模式在原住民地區運作失效的例子中外皆然，Longclaws 等（1994）就曾表示，都市型的家暴服務中心對部落原住民毫無助益；Norton 與 Manson 亦曾以美國印第

安原住民家暴防治的經驗為例，說明「以政府為基礎」的家暴介入模式，對解決原住民族親密關係暴力問題是失敗的做法（引自陳秋瑩等，2006）。Cheers 等（2006）也表示，原住民社區的政策和因應作為，一直以來都是中央決定而非社區決定、是標準化而非脈絡化、聚焦於服務的提供而非社區的增權，且經常使用的是將個案帶離，把個案從他們生活的家庭、社區、社會和支持網絡中隔開的做法，不符合原住民個案的需要、也無法被部落接受；Cheer 等人因此提醒，主流社會的觀點和架構可能限制了我們對原住民族家暴問題的理解深度，並建議在原住民地區推動的服務必須嵌入部落脈絡，針對特定問題做回應，且讓部落民眾能夠參與，使其對處遇服務的決定具有決定權（ownership）是十分重要的。

　　澳洲倡議原住民女性暴力防治的原住民組織 ANROWS，在其暴力防治創新模式中提出「原鄉中心取向」（country-centered approach）的實踐方法，強調暴力防治工作應回到原鄉、原住民族本身（Blagg et al., 2018）；Jones（2008）、Nickson 等（2011）、Oetzel 與 Duran（2004）也建議，應在考慮原住民族親密關係暴力形成的歷史和結構因素、瞭解原住民受暴婦女求助態度的前提下，發展具文化適切性的處遇模式（culturally appropriate model）；且能讓原住民受暴婦女感受到文化安全的處遇環境裡（MMIWG, 2018）。國內學者也強調，部落的服務模式或方案須能回應部落聲音、反映部落現況（王增勇，2010）；黃源協等（2008）在接受原民會委託進行原住民族社會福利體系規劃和評估時亦曾呼籲，瞭解原鄉受暴婦女需求、建立一套能反應原、漢差異之原住民族家暴保護機制的迫切性。

　　只是至今，究竟什麼是「具文化適切性」的家暴防治模式或處遇服務方案？內容為何？方案該如何形成？上述研究者並未說明，也無

具體答案，但共同的提醒皆是——對原住民族的介入方案須能反映原住民族的文化特殊性、殖民歷史和同化政策的壓迫經驗，解決結構分配的不平等，以及考慮地理位置對有需求者可能形成服務使用上的限制等。

二、僅針對「暴力」的防治工作無法解決原鄉的親密關係暴力

不少研究者都曾提醒：原住民面臨的諸多社會問題，如酒精濫用、自殺、兒虐、家暴等問題不應簡化為個人因素，而應與其歷史殖民過程中的壓迫經驗、文化失落，以及國家政策的失當有關（王增勇，2001；沈慶鴻，2014b；Brownridge, 2008; Jones, 2008; Oetzel & Duran, 2004: Shepherd, 2001; Wahab & Olson, 2004）。王增勇（2001）曾引加拿大皇家原住民事務委員會（RCAP）所發表的報告指出，原住民部落內的暴力問題其實反映了充滿種族歧視的外在社會，只要原住民持續處在社會資本弱勢的循環中，原住民的家暴問題就可能不減反增。

因此部落的家暴問題不只是家暴問題，部落原本即存在著諸多的問題，只因暴力危及人身安全而被凸顯；因此，解構暴力的個人化歸因，看見結構性的處境、多系統的問題，幾乎已成原住民族親密關係暴力反思的共識。而引發暴力發生的原因、暴力發生後的影響，又與之後的暴力發生息息相關，因此解決部落的家暴問題，不能只從個人的暴力問題著手，若未能看見相關問題間的循環互動，只針對當次、當下，只處理暴力之「頭痛醫頭」式的暴力防治模式，是無法解決原鄉部落中的親密關係暴力問題。

　　如此的解讀視框其實是在提醒所有的研究者和政策制訂者，不應過度簡化原住民族的問題，因為唯有看見結構性問題、長期累積的壓迫經驗，才能理解原住民族的特殊處境，並理解諸如詹宜璋（2011）所提出之臺灣原住民族相較於整體人口群，呈現的：依賴人口比率高、失業率高、酗酒人口比率高；教育低、所得低、壽命低；福利資源少、醫療資源少、就業機會少之「三高、三低、三少」的現象。如此一來，也就能理解黃源協、莊俐昕（2014）的研究結果，以及原住民女性面對親密關係暴力「受暴卻不求助」的特殊性——黃源協、莊俐昕 2012 年以比例取樣的方式針對臺中、南投原住民地區 660 家戶、20 歲以上的原住民進行生活狀況和福利需求調查，研究結果呈現：該原住民地區的家庭解組普遍、家暴問題嚴重，然受訪者在需求調查中卻表示，家暴問題是所有問題困擾或需求程度最低的一項（僅16.1% 感到困擾、17.9% 有需求），顯示相較於其他生活問題造成的壓力（照顧負荷、就業壓力、教育資源、兒童營養、隔代教養、單親和中輟等），原住民受訪者認為較無需要解決家暴問題、也對家暴問題較不困擾。

　　故主導加拿大原住民族家暴防治的原住民族與北方事務局（INAC）建議，家暴防治的最佳模式應採整體取向（holistic approaches）（INAC, 2016）；澳洲原住民組織 ANROWS 也強調，由於暴力發生是多因素促成的，只針對暴力單一因素的干預和回應注定失敗（Blagg et al., 2018）。可見僅針對「暴力」進行的防治工作，是無法解決原鄉親密關係暴力的問題，應同時關注原鄉的就業、經濟、照顧問題，並針對原鄉問題進行整體性的通盤規劃，如此方有可能降低原鄉暴力的發生率。

第二節　原鄉暴力防治社工處遇之建議

　　負責規劃全國家暴防治政策、進行資源分配的衛福部，也曾在意識到「原鄉家暴防治工作面臨被害人保護扶助模式與資源不夠在地化及周延、缺乏預防性處遇資源，以及現行有關原鄉家庭暴力防治工作模式都是從部落外面引進正式的服務資源系統，缺乏從部落內部主體所發展之正向預防力量」等困境時，特別召集各縣市家防中心，並邀請主導原住民族事務的中央主管機關（原民會）共同參與「研商原鄉地區家庭暴力及性侵害防治工作執行困境與改善策略」會議（2014年2月19日），並決議要求「各地方政府應邀集各單位共同研商原鄉家庭暴力及性侵害防治之精進策略」（衛福部，2014），期待能夠改善原鄉家暴防治工作無法發揮功效、保護被害人之現況。

　　特別是在臺灣家暴防治模式已鞏固之際，處遇模式的多元化、發展可解決多因性、複雜性的原鄉親密關係暴力問題，以及滿足原住民受暴婦女需求之專屬的處遇模式，應是親密關係暴力防治當前努力的方向（沈慶鴻，2009）；王翊涵（2018）亦不認為可將臺灣當前社區推動家暴防治之預防性的工作成果，直接套用於原鄉部落，且為避免當前主流社會的防暴意識再殖民於部落中，其提醒在原鄉推展家暴防治預防性方案時，應先針對「意識」內涵、「方案」內容兩大議題進行思考，而其認為扎根於原鄉部落的「防暴意識」應立基於原住民族對家暴概念、知覺和態度的理解，故在發展家暴防治預防性方案前，應先詳實收集部落如何知覺、解釋、概念化暴力，才能使防暴意識的扎根是「以部落為主體」的；另提醒在方案發展時，須秉持服務過程肯認原住民族獨特的世界觀，運用原住民族的傳統習俗及文化技藝，並以培力或增權做為社會工作實務方法等的原則與精神，如此才能思

維、規劃、行動與評估整體方案的建構。

　　不過，究竟該如何改善衛福部提出的「原鄉家暴防治工作面臨被害人保護扶助模式與資源不夠在地化及周延」，及「缺乏從部落內部主體所發展之正向預防力量」，並符合多數學者提出的「扎根於原鄉部落」、「以部落為主體」之暴力防治？目前仍舊無定論，在歸納國內、外研究及最佳實務文獻，及個人的部落蹲點經驗後，針對原鄉親密關係暴力防治提出以下建議方向：

一、「個人」到「家庭」：模式調整才能減緩原鄉家庭的負向迴圈

　　如前所述，原鄉部落的家暴問題不只是家暴問題，解構暴力的個人化歸因，看見受暴者及施暴者的結構性處境、暴力的多系統問題，已成為國內、外原住民族親密關係暴力反思的共識。因此，暴力防治不能只從施暴者個人的暴力問題著手，若未能看見相關問題間的循環互動，減緩原住民社區中親密關係暴力問題的成效目標將會無法達到。

　　黃源協、莊俐昕（2014）針對原住民家庭狀況和福利需求進行調查時，也發現部落的社會問題，並非各自獨立而是互有關聯，其曾以負向迴圈（negative circulation）的概念說明原住民家庭在經濟、就業和健康三面向的關係，顯示只要某方面發生問題，即有可能衍生其他面向的問題，並捲入難以跳脫的惡性循環中。沈慶鴻（2014a）在研究部落親密關係暴力的特性和脈絡時雖引用其概念，但更一步表示：部落的負向迴圈不只在經濟、就業、健康三面向，人身安全、家庭結構亦與前述問題環環相扣，因為就業、經濟等問題常是暴力發生的前

因，而暴力造成的身心傷害、對家庭解組產生的威脅，又與婦女、兒少之健康和照顧緊密相關；特別是原住民受暴婦女在親密關係中的困境，不僅有暴力傷害的威脅，還包括了經濟困境、飲酒問題、人際干擾，並面臨了早婚、多子、重組關係等複雜關係的挑戰，才會糾結出伴侶溝通、情感交流、關係經營、家族衝突上的多重困境，故「以家庭為中心」的處遇模式應適用於原鄉家暴防治工作，也較能符合原住民婦女的期待，和重視家庭和諧的部落文化。

故依此觀點，暴力防治不應是單一因素、單一對象、單一角度的工作，而是多重對象、多樣管道、多元可能的作為（Jones, 2008; Oetzel & Duran, 2004; Shepherd, 2001）。雖然多元系統間的問題從無簡單、易解的答案，但較能全面、整體評估問題的所在，故整合資源之「家庭中心」模式應是原鄉家暴服務提供的基礎。王增勇等（2006）、黃源協等（2008）也認為，在文化特殊性、地理位置和資源不足的前提下，「以家庭為中心」的服務輸送應是原住民地區可發展的服務模式。Tsey 等（2007）在澳洲阿得雷德原住民社區推動長達十年之「家庭幸福方案」時，也是從關心家庭問題著手，而間接減少家暴發生的成功案例，Tsey 等人還發現，由於原住民不容易直接揭露家暴問題，故要減少家暴問題不一定只能從家暴方案著手，強化整個家庭因應生活挑戰的能力可能更為重要。

Gustafson 與 Iluebbey（2013）及 INAC（2016）也都強調，由於原住民的家暴和許多問題（毒品、酒精濫用、貧窮、失業等）密切相關，因此家庭整體性考量、涵蓋減少暴力代間傳遞的兒少早期處遇計畫、強化長老和祖父母在伴侶衝突處理上的責任、舉辦青年聚會以建立與兒童互動的正向楷模等內容，皆是可以達到減少家暴目標的有效服務。此外，澳洲原住民組織 ANROWS 連結三個原住民地區

發展暴力防治創新模式時也重視整體策略，表示家暴防治的關鍵是與家庭（而非個人）合作，將家暴干預措施與廣泛的原住民健康和福祉連結，提供減少酒精、精神衛生的服務，降低貧窮、失業、居住擁擠或不安全的比率，皆可降低威脅女性安全的危險因子（Blagg et al., 2018）。

　　且因家人、親友的融入，是原住民女性療癒的關鍵（MMIWG, 2018），因此邀請家庭成員和倖存者（inclusion of families and survivors）一起參與處遇，並同時提供相對人服務十分重要（Blagg et al., 2018; INAC, 2016; MMIWG, 2018）；Oetzel 與 Duran（2004）亦呼籲，應將施暴者納入暴力修復的處遇服務中，其認為以原住民族傳統儀式做介入的療癒圈（healing circle），可同時對受暴者、施暴者或其他家人帶來助益；INAC（2016）也指出，融入歷史創傷的觀點，為施暴者去污名化、發展施暴者服務計畫，是減少原住民家暴的重要內容之一，並強調如此才能將聚焦於個人、暴力的處遇措施，逐漸擴大為綜融作為的結構改變。

二、「家務事」到「部落事」：成為公共議題才能有效抑制暴力

　　雖然現今原住民社會重視「家庭／家族」、「集體價值」、「部落和諧」，關注「關係」之傳統文化不若過去穩固，但其仍顯著影響原住民親密關係受暴者向外求助、使用正式資源的意願；且因「家族介入」係多數部落處理家族或婚姻問題的慣常方式，因此以「家族介入」親密關係暴力的處理方式，是較被國內原住民接受的方法。

　　不過，「家族介入」較佳的看法仍舊隱含了不少部落族人仍視親

密關係暴力為「家務事」的態度，而此可能也是原鄉親密關係暴力低通報，及族人無法接受報警、訴諸法院，及不支持受暴婦女求助正式系統的原因之一。然而加拿大和澳洲原住民族之暴力防治經驗皆顯示，將親密關係暴力「家務事」視成「部落／社區事」的態度轉換，是讓暴力的回應和預防走出個人或家庭層次，回到社區、公共層次的關鍵（Oetzel & Duran, 2004）；而此亦是加拿大原住民族事務官方機構不斷呼籲的：解決家暴問題的第一步驟，就是促進公共認知、提升大眾覺察，並要求部落領袖應在公開場合明確表達其拒絕暴力的態度（INAC, 2016）；Melanie 與 Smith（2011）也認為此一倡議親密關係暴力「公共化」的重要性，不僅是受暴婦女復原的關鍵，也是促成部落民眾重視家暴問題的重要手段。

　　Bopp 等（2003）亦曾以其推動原住民社區服務的經驗提醒：社區系統的瓦解將助長家暴事件的發生；部落成員若將家暴視為受暴者個人和其家庭的問題，且視此類問題應由外在正式資源來處理的話，那麼此種「與我無關」的態度將是部落解組的重要警訊，此現象若持續存在，部落的公共力量和內控機制將被削弱，屆時整個部落都將受到影響，家暴則可能只是部落問題的冰山一角。尤其是原鄉家暴問題的發生，並非僅是受暴者與施暴者的個人問題，而是與許多結構性問題密切相關，部落民眾若無法轉換此一「家族事」、「個人化」的態度，那麼解決其他結構性問題的機會更將微乎其微；而在正式資源缺乏的部落裡，若僅期待受暴者個人或其家族自行處理家暴問題，那就無異於拋棄受暴者而任其自生自滅了。

　　特別是有些施暴者的家人、親友，甚至是施暴者本人，可能就是部落裡的有權者或某些重要服務的提供者（例如：警察、教會成員、長老），或者是與法律有關的工作者、政府官員時，更增添受暴婦女

求助的阻力（Palmer & Chino, 2016）；因此增加部落成員的暴力覺察、提升其對暴力傷害的認識，強化抑制暴力、人人有責的旁觀者運動（bystander campaign）等均十分重要，此不僅可抑制施暴者的施暴行為（Cripps et al., 2019），還可在社區中監控施暴者接受處遇後的改變情形（Larsen & Petersen, 2001）。

其實，此種將親密關係、兒少保護等家暴問題公共化、法律化的做法，即是《家暴法》立法初期最重要的特色，雖然部落民眾對暴力問題的態度轉換並不容易，不過近年國內原住民族覺醒運動的風起雲湧，不論是傳統領域的劃設、還是民族議會的召開，一連串的行動倡議或可視為原住民族關切部落公共議題的契機，雖然目前倡議的焦點仍停留在政治、土地等議題，未來或許與兒少、婦女人身安全，及與弱勢權益相關的問題也會隨著意識的喚起，成為所有原住民族關心的公共議題；再說，社區民眾的參與、增權是個緩步發展的歷程，只要持續的倡議和催化，或許暴力「公共化」的覺醒一如前述傳統領域的劃設，仍是可以期待的發展方向。

三、「專業」加「在地」：增權部落才能帶來質變

雖然原住民族傳統文化的規範力量已弱、部落約束力有限，不過家族、耆老、頭目的「介入」，或社區調解委員對親密關係暴力的「調解」情形仍舊存在，成效雖不若從前，但至今仍是部落解決親密關係暴力問題的方式之一。

因此如何提升「家族介入」、「部落調解」的處理成效，或許是防治機構可思考的方向，此一做為部落傳統衝突處理慣習的家族介入或部落調解，能否結合助人專業，成為協助家族或部落調解、發

展對話的服務策略，並達到保護被害人／倖存者、改變施暴者，並增權（empower）參與者之多重目的，值得專業機構發展暴力防治在地模式時的參考。而此一文化和專業融合之企圖，似乎與澳洲原住民地區以修復式正義（restorative justice）理念發展親密關係暴力處遇模式的做法，以及紐西蘭推動的「家族會議」（family group conference）的概念不謀而合[2]（林津如、黃靜薇，2010；Balfour, 2008; Larsen & Petersen, 2001）；其中修復式正義強調的療癒、道德學習、社群參與，以及對話、責任、道歉和寬恕等的核心價值，不僅是在地原住民族的文化特徵，其實也與暴力防治專業處遇保護被害人、改變相對人的目標一致。

　　此想法雖是建議，但其實希望促成原鄉網絡連結的網絡會議，「**邀請部落有影響力之人士共同參與家暴防治網絡會議**」的做法早已運作多時（此亦是衛福部在 2014 年全國原住民族家暴防治會議中的指示），只是目前受邀的部落有影響力之人仍處於「出席」、聽取網絡成員「政令宣導」之參與形式的做法，無法有效改善部落中的家暴問題，地方政府更重要的任務應是「鼓勵」出席會議的部落有力人士表達想法、分享其對部落問題的觀察，並增權其以個人角色（如村長、耆老）或所屬組織（如教會、社區發展協會）為改善部落家暴問題發展嘗試和創新作為，專業人員再根據其想法和觀察給予支持、提供資源；惟有這些有影響力之人及部落民眾認同暴力防治的重要性，且能實質參與、推動暴力防治的工作，才能讓部落成為暴力防治的主體，為部落親密關係暴力防治工作帶來質變。

　　類似建議其實已在加拿大、澳洲得到印證，也是原住民族家

2　其中包括家庭決策團隊（family group decision making）、決策小組（team decision-making），以及親密虐待圈（intimate abuse circle）等的做法。

暴防治最佳實務的關鍵準則，例如：加拿大原住民族與北方事務局（INAC, 2016）、澳洲新南威爾斯健康部門（NSW Dept. of Health, 2011）提出的伙伴關係；澳洲昆士蘭家庭部門（Queensland Dept. of Families, 2002）及民間組織 ANROWS（Balgg et al., 2018）強調的網絡合作、長老參與；加拿大原住民組織 ONWA 邀請案主參與服務設計（Melanie & Smith, 2011），以及 MMIWG（2018）和新南威爾斯健康部門（NSW Dept. of Health, 2011）都呼籲催化的社區民眾自我決定等，在在都提醒專業人員除鼓勵社區民眾參與、與部落民眾建立伙伴關係外，還需在過程中增權部落領袖和社區民眾、激發原住民社區組織的社群感，如此才能真正的扶植部落，催化為部落帶來長期、持續改變的內在力量。

　　澳洲原住民組織 ANROWS 為發展「去殖民化」的暴力防治實務，是因為其意識到原鄉暴力居高不下的情況與殖民化有關，因此主張原住民組織和原住民實務應回到原住民本身，把原鄉置於干預的中心，鼓勵專業機構與在地機構合作，發展社區專屬的計畫（community-owned initiatives）、建立在地住民擁有和基於在地（place-based）需求的服務和流程，強調源於文化力量的行動，而非因應政府或主流社會的要求；其認為如此才能讓女性暴力防治創新模式從刑事司法模式，改變為基於原住民知識之社區集體療癒的過程，且不剝奪在地原住民和社區組織參與及執行服務的權力（Blagg et al., 2018）。

　　此類針對原鄉增權的做法，亦是國內不少研究者的共識（如王增勇，2001；許俊才等，2012；黃淑玲等，2001；黃源協、詹宜璋，2000），由於不少原鄉社區組織對政府由上而下推動的介入方案，呈現出「抵主流、去專業、重內在、不外求」的態度傾向，詹宜璋（2018）因此建議或許仿 Chino 提出之立基於美國印地安保留區相關

方案的成功經驗，進行參與、領導、社會支持、社區感、資源運用、技能等「部落能力建構」的做法，才能逐步激發、催化民眾的自主力量，真正達到家暴防治「重內在、不外求」的目標。

四、「專業」融「文化」：善用長老與在地婦女發展療癒方法

減少地理位置上的孤立、改變缺乏文化敏感性服務造成的求助障礙、消除求助過程中受暴婦女感受到的歧視、無法信任及恐懼等問題（Fiolet et al., 2019），是支持原住民受暴婦女求助的第一步；即使是政府已委託了非營利組織提供原鄉受暴婦女的服務，改善服務資源不足、次數有限的缺點，以及假日和晚上未提供服務的限制等（Palmer & Chino, 2016），仍能減輕受暴婦女向部落外求助可能付出的代價和挑戰。

不過，使訓練效益歸零的專業人力異動，是原鄉社工服務推動的困境（郭俊巖、賴秦瑩，2019；黃源協、莊俐昕，2015），然而即使不是專業人力不足，距離、交通等因素也會讓家暴社工的服務輸送面臨困難；因此 Rawsthorne（2010）在對澳洲原住民地區家暴防治工作的發展上即建議政府，除了給予社區持續穩定的經費外，在專業工作者輔助人力的補充上，還可訓練在地原住民婦女，鼓勵她們學習家暴相關的專業知識、法律和因應方式，給予其相對應的權力以協助政府進行暴力防治工作的倡議，而鼓勵在地社區成立原住民家庭暴力委員會（Aboriginal Women Against Violence, [AWAV]），並與當地政府的家庭暴力委員會共同合作，讓在地原住民婦女成為反家暴的倡議者或培訓師。

　　此種訓練社工，同時也訓練長老、受暴婦女或在地志工的做法，亦是聯合國相關組織（如 UN Women、HWO 等）推動婦女暴力防治之「社會服務體系」最低服務項目與準則中認可的工作方向[3]，建議各國政府提供培訓機會給社工和志工以建立其專業知能，這些培訓包括了職前與在職進修、定期的督導與支持、自我照顧的模組，以及提供其安全、支持與尊重的工作環境，以能適當回應受暴婦女的問題（引自沈慶鴻、王珮玲，2018）。

　　而此一專業機構邀請在地民眾、善用長老和走過暴力困境之受暴婦女的影響力，亦應是原鄉增加服務提供者、擴大服務可及性（accessibility）的可行方向，此做法不僅可以減少原住民案主與專業人員關係建立不易之信任問題，還可藉此契機發展在地療癒方法。此外，加拿大原住民組織 ONWA 也提醒機構工作者，他們並非原住民婦女創傷療癒的專家，只是資源提供者，因此有必要邀請原住民婦女參與和其自身相關服務計畫的擬訂（Melanie & Smith, 2011）；MMIWG（2018）也提醒工作者，應接受「原住民是照顧和療癒自己問題的專家」之看法，因為當服務傳遞的觀點、文化、語言和價值，與接受服務的原住民案主一致時，即是服務和療癒最有效的方法。

　　特別是將文化和信仰帶入處遇方案、協助受害者進行創傷修復，是許多原住民創傷修復方案都強調的處遇要素；此種利用傳統文化發揮療癒效果的例子，已在 Nickson 等（2011）以文化提升婦女靈性覺察之方案中得到證實；不少研究者也支持融入原住民信仰、儀式和傳

3　2015 年在聯合國所屬的不同機構聯合出版了《婦女與女童暴力基本服務——核心要素與品質方針》（*Essential services package for women and girls subject to violence-Core elements and Quality Guidelines*，簡稱 UN 服務方針），在「社會服務體系」部分之最低服務項目與準則中提到的四項基礎工作，包括了：轉介、危險評估與管理、培訓與人力發展、網絡協調與問責等。

統教化的團體治療，不僅可做為參與者認同和情感表達的工具，也有助於情緒宣洩，達到淨化和創傷療癒的目的（Melanie & Smith, 2011; Oetzel & Duran, 2004; Wahab & Olson, 2004）。

　　而其實原住民受暴婦女求助原住民長老／傳統療癒者（healer）的現象，早已存在，例如 Evans-Campbell 等（2006）曾調查都市原住民受暴婦女之求助經驗發現，有 70.5% 的受暴者尋求專業諮商、65.9% 曾向原住民長老求助，顯示專業工作者、原住民長老皆是原住民受暴婦女會求助的對象，Evans-Campbell 等人因此建議專業工作者和原住民長老合作，應能對原住民受暴婦女提供更完整的服務。Puchala 等（2010）在探討原住民傳統靈性療癒能否降低家暴創傷的研究中也發現，原住民婦女願意接受精神科醫生的服務，也願意接受原住民長老／靈性引導者的協助，且表示長老的照顧者角色、溫和及熱情，是其能有效介入家暴問題的原因；此結果也使 Puchala 等人確信，對原住民受暴婦女而言，傳統的靈性取向比臨床取向更具療效。Blagg 等（2018）也指出，在原住民社區中若能得到長老和受民眾敬重者（elders and respected persons）的支持，邀請其加入暴力防治的工作，將能協助受暴者，並在原鄉傳遞暴力預防的知識與資訊。

　　可見此一納入社工、部落長老、受暴婦女或其他志工的做法，是暴力防治走出主流專業框架的可行方式；而融入在地民眾的工作團隊，不僅能夠促進專業工作者的文化敏感度及對原住民族文化的理解，還是在原住民社區發展文化適切性、創傷療癒服務的重要契機。

第三節　蹲點觀察、理念倡議與在地行動

　　前述的反思與建議，源於作者走入原鄉蹲點經驗的觀察與閱讀文獻的啟示，過程中常有感於萬育維等（2009）感嘆臺灣原住民社會工作教育侷限在傳統社會工作教育框架、複製歐美理論學派與倫理價值的現象，以及 Sinclair（2019）對主流社會工作和原鄉實務現場相關性的質疑，也期待有朝一日能有在地參與（indigenization）、累積在地知識（indigenous knowledge）的機會。不過 Blagg 等（2018）和 MMIWG（2018）所謂的去殖民化、去主流的家暴防治實務究竟為何，仍舊模糊。

　　而就在 2012-2014 年陸續完成 7 場焦點團體，走遍臺灣北中區、東北區、東南區及南區部落，和 28 位部落菁英、7 位網絡成員互動，以及持續陪伴社工訪視的一年後，發現積極的在地社工有服務熱情，但缺乏專業支持；關心部落發展的頭目和村長有理想，但未關注親密關係暴力；而熟悉親密關係暴力議題、徒有推動服務模式經驗的研究者，卻因沒有在地連結而進不了部落；但當主流家暴防治成效有限與原鄉實務困境的研究結果重覆性出現時，想要有所改變、嘗試的念頭就在心中發芽了。

　　「……為了部落的和諧，我們很願意嘗試這種方法，因為我們一直在找機會讓部落更好，所以我們很願意嘗試……」（2012／G2-C／社工督導）

　　「部落服務模式常受制於『專業門檻』；若有幸找到有心人，能夠影響一群人，開始形成服務願景和行動想像，便該鼓勵

與支持、奧援培力，呵護部落在地力量一步步成長。」（詹
宜璋，2018：239）

　　就在縣府被害人服務委外機構在地社工督導的鼓勵（G2-C），以
及同樣投入原鄉研究、關心原鄉議題之學術同儕的呼應激勵下，2014
年和蹲點機構原鄉參與式的行動研究於是緩步展開；相對於中央、地
方政府執行的主流家暴防治模式，我們努力想要集合原鄉初級、次
級、三級機構之家暴「家庭中心」網絡合作的嘗試，則是一次由下
而上的倡議行動，整個過程的規模雖不若 Tsey 等（2007）在澳洲原
住民社區推動長達十年的「家庭幸福方案」，還是 Nickson 等（2011）
連結非原住民專業工作者和原住民社區一起創造了幫助原住民受暴
婦女創傷復原工具的社區發展方案，或者是 Gustafson 與 Iluebbey
（2013）在蘇丹難民社區進行傳統規條對家暴或親密關係暴力影響的
研究等，但仍是屬於我們自己原鄉實務現場反饋的行動起步。

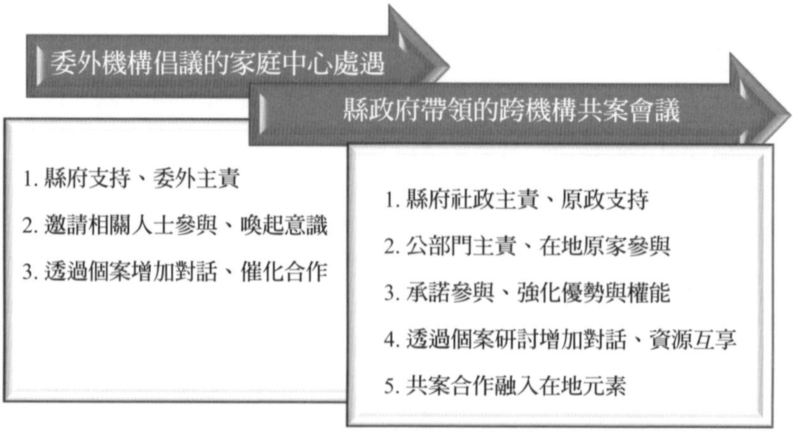

委外機構倡議的家庭中心處遇

縣政府帶領的跨機構共案會議

1. 縣府支持、委外主責
2. 邀請相關人士參與、喚起意識
3. 透過個案增加對話、催化合作

1. 縣府社政主責、原政支持
2. 公部門主責、在地原家參與
3. 承諾參與、強化優勢與權能
4. 透過個案研討增加對話、資源互享
5. 共案合作融入在地元素

圖 10-1　原鄉家暴防治兩階段之行動嘗試過程

資料來源：作者自行繪製。

　　整個行動過程雖概分為以下兩階段，但在此之前其實已在桃園、苗栗原鄉陪同社工家訪一年了：

第一階段：苗栗縣府原鄉委外機構倡議的家暴「家庭中心」處遇的網絡合作計畫（2015 年）（沈慶鴻，2016）。

第二階段：由屏東縣府帶領的「家庭中心」跨機構共案合作模式（2016-2019）（沈慶鴻、戴如玎、林妍廷、陳麗娟，2020）。

一、第一階段：委外機構倡議之家暴「家庭中心」網絡合作計畫

（一）行動緣起

　　由於蹲點期間的觀察、訪談及閱讀，深刻感受「原鄉的家暴不只是家暴」的體會，隨時都在思考走出家暴處遇模式「一體適用」的可能性，並在親自以「家庭中心」取向接案，且看見暴力中止的成效後，更強化了家暴家庭處遇的想法；因此在與縣府原鄉家暴委外機構形成共識後，即主動聯繫苗栗縣政府社會處進行前述反思和建議的理念倡議，並爭取至縣府層級之家暴防治委員會進行口頭報告；最後在取得出席委員、社會處長官支持後，此一嘗試邀集原鄉三級（初級、次級、三級）家庭處遇機構的「原鄉家暴『家庭中心』處遇網絡合作計畫」初步形成，並由研究者代表倡議的在地機構負責此計畫的主責角色。

　　啟動的網絡合作計畫預計邀請兩大類成員，一是於原鄉提供服務的機構，二是在地的部落菁英（村長、教會幹部、代表等）。而在原

鄉提供家庭服務的初級、次級、三級機構包括了：各級學校、幼兒園、托育、課輔、經濟扶助、中輟、老人照顧、身心障礙、就業服務等機構，以及婦保、兒保、安置、醫療（衛生所）、警政（派出所）等。邀請這些機構參與，除了希望取得出席成員對「家庭中心、家庭系統」理念的支持，還期待三級機構間能成為個案轉介、處遇服務的密切合作夥伴，強化暴力預防的工作（圖 10-2）。而在部落菁英的邀請上，也會考量對地方事務關心程度，以及保密、關係、信任議題等的適合對象。

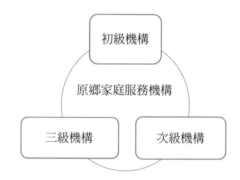

圖 10-2　家暴「家庭中心」處遇合作網絡

資料來源：作者自行繪製。

（二）網絡運作

在正式的網絡會議前，為說明原鄉預防暴力的跨三級機構合作理念，於是召開了一次共識會議；並為使未來的網絡合作會議不是「上對下」長官主導的事務交辦或進度追蹤、不是情感交流的聯誼活動，更不希望成為現行暴力預防社區宣導計畫般的淪為機構輪流進行的業務宣導，因此與社會處討論後決定以「個案服務／個案研討」方式帶領討論，期待透過個案需求、服務概況，增加機構實質對話、提升服

務效益的可能性。但為兼顧各機構的工作負荷、考量督導社工們的忙碌程度，最後確認三個月一次、本年度（2015 年）共四次，並由科長擔任主席的會議規劃，而由倡議單位——縣府原鄉家暴被害人服務的委外機構負責提案及會議聯繫，期待透過示範，其他在地機構未來亦能成為提供個案討論的單位。

在縣內家暴委員會、社會處的支持下，這個實驗性嘗試在過程中有些發現：

1. 原鄉家庭中心、系統取向的個案問題觀察，獲得多數出席者的認可及回應，伙伴們十分願意分享自己的發現和體會，每次會議皆略為超過預定結束時間。

2. 原鄉在地菁英、學校老師的出席較機構踴躍，每次會議約 1/3 至 1/4 的未出席者多是機構代表；不少機構代表多次對會議目的表達困惑、質疑網絡會議的必要性，雖經主席（科長）和研究者多次說明，也表達探索過程必然存在的模糊性，但似乎仍未能化解機構代表的疑問。

3. 以個案方式呈現，聚焦於個案多元需求、網絡合作上的討論，原期待能改變目前機構服務宣導式的網絡會議；然而反映個案感受、呈現服務概況之書面資料，卻像是面放大鏡，讓彼此間尚缺信任的機構社工不安，於是延宕繳交的書面資料，不僅讓主責單位為難，持續催繳的動作造成壓力、也影響了機構間的互動關係。

（三）行動檢視

原預計辦理四次的網絡會議，因第三次會議機構部分的出席狀況不佳，擔任主席的社會處科長決定將在進行未出席機構拜訪後，再決

定原先已設定的第四次會議是否更動；然因年底工作過於忙碌，遲遲無法完成機構拜訪之事，最後只辦了三次就結束此次的計畫。雖然可惜，但也有不少真實的體會與學習：

1. 原鄉「家庭中心、系統取向」的家庭處遇網絡合作理念獲得支持：幾乎多數的部落菁英、機構代表同意此觀察——部落有家暴問題的家庭，大多面臨多樣的家庭困境，引發暴力衝突的原因很多，只針對暴力問題的處理無法減少暴力衝突的發生。

2. 在地身分、融入程度不同影響出席意願：由於原鄉案家問題多樣，因此數個機構同時或前後介入同個家庭、不同成員的現象普遍，然無共識的服務容易形成干擾和誤解，機構對話、資訊交流實屬必要，故期待藉此跨機構會議能促成不同機構工作者的經驗交流與資訊交換。然機構實際出席狀況卻不如預期，根據聯繫過程及會議進行中的觀察，屬於在地部落的成員（如：村長、警察、社區發展協會理事長等）、機構長駐於部落的成員（如：部落小學、幼兒園老師、在地家暴機構社工）對此理念的接受度、出席意願，皆較非部落成員、非在地機構（即原鄉為其服務範疇，但機構不設於此）高。

3. 縣府委外的民間機構無力扮演促成網絡合作的主責角色：網絡合作的工作，惟有各機構皆投入、參與、認可合作的必要性，合作才能真實達成、有效推動。家暴安全網會議目前雖是出席及合作成效俱佳的網絡會議，然在運作初期亦面臨重重困難，之後在衛福部、縣市政府由上而下、祭出各項要求（例如法定業務的強制要求、社福考核的規範、重大致死案件的檢討壓力等），並歷經幾年的摸索與磨合後才逐漸穩定；相較於本網絡會議由民間機構擔任會議邀請、聯繫的主責單位，在無強制、

無壓力的狀況下，僅靠理念訴求的促成方式實在是件難度頗高的任務。

二、第二階段：縣政府帶領的社政、原政跨機構共案合作會議

第一階段摸索的後期（2015年年底），接到了屏東縣政府社會處帶領原鄉個案研討的邀約。此一個案研討係屏東縣政府社會處自行向中央公彩基金申請原鄉家暴方案的部分內容，由於知悉作者持續於苗栗原鄉進行家暴蹲點研究，因此不僅邀請參與個案研討，也期待隔年（2016年）能擔任原鄉公彩方案的外聘督導。由於深刻感受社會處對原鄉議題的重視，故在此因緣際會下開始了原鄉家暴處遇的第二階段嘗試。

（一）準備期（2016年）：社政關注原鄉需求，積極與原政攜手

多年來屏東縣原住民家暴、兒少家內受虐的通報比例，皆遠高於全國原住民通報件數的比例[4]，引發主管保護性業務之縣政府社會處的關注；然因距離、文化差異，使得主責成人保護的各區家庭福利服務中心（簡稱家庭中心）社工與原住民案主間的專業關係建立不易，連帶影響服務成效，且家庭中心不論是福利組，還是保護組，各區主責社工在服務原住民案主時，普遍出現聯繫不到、家訪未遇、資料未更新、收集不完整的難題；而原鄉民眾對公部門社工的不信任，也讓服

4　以2018年為例，屏東縣原住民家暴通報數占全縣家暴通報數的比例（8.26%），約是全國原住民家暴通報數占全國家暴通報數的一倍（4.37%）、原住民兒少家內受虐的比例（20.74%，50人）亦遠高於全國原住民兒少受虐的比例（9.48%，396人）。

務無法深入、暴力預防及減少的目標不易達成。

其實，不僅家庭中心之非原住民社工在服務原住民案主時面臨難題，屬於原民處委外之原家中心的原住民社工在服務原住民案主時，也會因不熟悉行政系統、福利資源，以及個案資訊不完整而影響服務成效、難以突破服務障礙。就在社政、原政各有限制的情況下，為打破個案服務各自為政、案件轉介關係斷裂的現況，彼此合作、各顯優勢實有必要，因此創造原鄉案件「共同服務、不同焦點」的共案合作計畫於是形成，期待關係、資源、資訊皆有充分交流的機會（如圖10-3 所示）。

就在共案合作計畫醞釀過程中，此時擔任原鄉公彩方案外聘督導的作者，在 2016 年方案展開的第一次個案研討中，因個案案情十分複雜，不僅婚暴併兒保、被害人變成加害人外，持續、反覆的通報也讓長期服務出現疲態[5]；為先示範網絡共案合作、家庭中心取向的可能性，於是接手擔任「家庭處遇」夫妻會談的主責工作者，與成保、兒保、原家中心社工合作，並以外展方式，進入部落與案家一起工作。

前後進行了 6 次「共訪」服務，結案後再進行三次追蹤（三個月、六個月、一年），成保社工（原主責）、兒保社工、原家中心社工皆同意此次服務的成效頗佳（暴力停止、且一年未再通報、施暴者飲酒行為改善、夫妻溝通次數增加、全家重新參與教會活動，並同意子女使用特教資源）。此一「共案合作」經驗，對工作團隊發展原鄉工作模式提供頗大的增權效果、也看見彼此間的「互相需要」，當年年底社會處於是邀請原民處於原鄉辦理合作共識營時，出席的縣府社

---

5 該案十分複雜，此次再通報事件中被害人轉而成為加害人，且曾出現婚暴併兒保狀況；該案自 2005 年起迄 2016 年共 10 次通報，約 8 次通報紀錄皆記載著酒後暴力之情事，11 年內曾有 9 位保護社工介入，服務期程約 1 個月至 21 個月不等；家中子女眾多，其中幾位有發展遲緩現象。

工、原家中心社工均承諾出席「網絡會議」的意願。

共案：有多重困境、網絡合作必要之原住民案主

圖 10-3　公私部門、非原住民與原住民機構共案合作網絡

資料來源：作者自行繪製。

（二）運作期（2017-2019 年）

　　有了共識營的對話及原民處的支持後，社會處於是積極展開網絡會議的籌備工作；同樣的，為進入實質討論，避免抽象理念、模糊行動影響合作運作，亦決定以「個案討論」為媒介建構共案的網絡合作模式，並決定如下的運作方式：

1. 考量家庭中心和原家中心原有的工作量，為不造成工作排擠和出席壓力，網絡會議每兩個月召開 1 次（整年度 5 次），且年初即排定會議時間。

2. 為建立「個案討論」的會議形式、不造成原家中心社工提案和資料準備上的壓力，會議初期（第一年）由社福中心社工負責提案、社工督導協助資料準備。

3. 為追蹤會議後共案合作的效果，提案後的下次會議（即兩個月後）會進行案件後續服務的追蹤，以掌握案件的動態變化（若有需要，則延長追蹤次數）。

4. 為能符合原鄉公彩方案的目標，網絡會議的提案原則為「案主

需具原住民身分、面臨多重困境、有網絡合作共案需求」之案件。

每次網絡會議除擔任主席的社會處科長、外聘督導外，還有社會處各區家庭中心之社工督導、社工，以及原民處、8個原家中心的社工／社工助理；若有需要，亦會安排其他與當次討論個案相關之機構出席。

2017年至2019年三年來每年均召開5次網絡會議，每次平均20人出席；比較社會處家庭中心和原民處原家中心兩單位，發現出席人數差距不大，甚至每年原家中心的出席人數，皆多於社會處家庭中心的公部門社工。根據統計，2017至2019年三年來約有1/5（19.12%）的人每次均參加——家庭中心（19.76%）、原家中心（18.47%），代表有1/5的成員對網絡會議十分支持；家庭中心社工參與3次以上的多於原家中心，而參加1至2次的人員，則是原家中心多於家庭中心（由於原家中心人力較少機構需有留守人員，社工與社工助理僅能輪流參加）。

此外，總計2017年至2019年三年15次會議、共提出26案；家庭中心和原家中心的提案數相同（各13案）。在26個討論的案件中，四成（42%，11/26）案件有3個議題；約半數（46.15%，12/26）案件連結3個以下的機構數、另近四成（38.5%，10/26）的案件連結了4至6個機構。而提案討論的26個案例中，六成（61.5%）案件討論2次、二成多（23.1%）的案件討論3次。而透過家暴主責的公部門社工與在地原家中心社工共案合作的過程中，不僅連結了正式系統、非正式系統的公、私資源，甚至是部落裡的雜貨店，都曾成為可發揮助人功能的重要資源。

而經整理後發現，2017年提出的10案中，有9案（90%）自提

案會議後一年內未再通報，有 7 案（70%）兩年內未因同一原因再通報；2018 年提出的 11 案中，100%（11/11）自提案一年內未再通報、81.81%（9/11）兩年內未再通報，而再通報的 2 案，其中 1 案因原議題再通報、1 案因新議題再通報；而 2019 年提出的 6 案，除其中 1 案（案 27）案主過世外，其他案件則於資料撰寫時尚在追蹤期內，此時還無法評估服務成效。整體而言，此三年的期間所有成員皆能積極參與，會議效益也已獲得原民處、原民會扎根計畫督導，原家中心母機構的認同。

（三）轉型期（2020 年至今）

2019 年年初，擔任網絡會議主持人的社會處科長因產假（2 月至 4 月），會議於是延後召開；此時，一個原家中心的承辦單位異動，不少參與多時之原家中心資深社工也陸續因離職而未再參與，打斷了整個團隊累積的權能。這些變化提醒了團隊是該再次檢討與對話的時刻了，於是團隊即在下半年後續的會議中，再針對原鄉個案跨機構網絡會議的定位和功能進行發想。

幾次會議裡，公、私部門不少出席成員皆表示，經過三年運作的網絡會議已達原先成立之「共同合作、資訊交流」目標，也間接強化了暴力預防和處遇服務的成效，咸認為網絡會議帶來互相瞭解和熟悉，使得跨機構夥伴在個案服務上已不需等待共案會議召開協調服務，平日非正式的互動和聯繫已然成型；由於網絡會議已達成預期功能，於是再形成「建構原鄉家庭會議模式」的下階段目標，計畫先朝區域型網絡著手，以區（家庭中心、原家中心）為單元、社會處各區督導擔任召集人，各區先行運作後再做全縣整合。

（四）行動檢視

　　屏東縣原鄉網絡合作的會議平臺不只發揮了資訊交流的功能，最重要的是能將會議決議與共識延伸至個案的家庭及部落，透過家庭中心或原家中心社工為媒介，將服務和資源引進案家——媒合心理師到案家進行家庭關係修復會談、協助無力管教的 vuvu（外婆）使用檢核表培養孫子生活自理能力、倡議部落雜貨店減少賣酒給案家、安排兒少寒暑期活動分擔家屬照顧壓力，甚至是結合鄰近部落就業機會，激勵被害人就業意願，並積極改善案家家庭生活等重要成果。

　　此次行動摸索，我們發現公、私部門，原鄉與非原鄉機構的跨機構共案合作發揮了以下功能：

1. 增強權能：在社工人力異動頻繁、督導資源不足的原鄉，此會議對不同對象發揮了增權功能；例如：會議過程中，資淺社工藉由觀摩他人的發問、提案，認識了個案處遇的多樣性；資深社工則透過示範、分享，提升了個案處遇的深度，並能覺察僵化服務方式的限制；甚至對社工實習生，此會議也發揮了事前未預期的激勵作用。而在會議後，各有案主之共案合作過程中的彼此增權，更在一起訪視、聯繫討論的過程促成。

2. 文化能力：原住民、非原住民社工在個案問題分析上的對話，是網絡會議最大的貢獻；鼓勵公、私部門的原住民社工督導，以及具部落菁英身分（家族耆老、部落貴族、教會師母等）的原住民社工分享觀點，除能交流社工專業，還能提供文化角度的詮釋、部落環境的分享及在地人的觀點，讓每一次的提案討論都成為文化能力提升、打開僵化視框的機會。

3. 訊息核對：澄清資訊、確認案主及案家的居住現況和需求，亦

是會議重要的功能，改善了過去公部門主責社工訪視次數過少、訪視未遇、聯繫不到的困境；另透過公部門的系統勾稽，讓原家中心社工掌握案家已獲得的社福補助資源，也對釐清案家處境發揮頗大功能。

4. 動態追蹤：仿安全網會議模式，建立本次共案合作網絡會議的列管及解列機制，決策落實在案家能力提升及問題解決的程度；由於不少原家中心社工就住在部落，其對案家變化的動態性觀察，成為解列與否、策略調整最真實、重要的回饋來源。

　　三年的嘗試與磨合，社政與原政系統，甚至與各原家中心的母會間，從生疏、抗拒、觀察到熟悉、認同和接納，因為關係的改變，讓彼此間不用再透過會議，開始了個案或方案的合作，更多的對話及共識形成；公部門非原住民的主責成保社工在原家中心原住民社工的合作參與下，更能貼近原鄉、認識原住民案主。

　　儘管這次的行動，尚達不到加拿大原住民族與北方事務局推動FVPP的指標：方案須由原住民提出的指標（INAC, 2016），以及莊曉霞（2019）建議的由原住民族人詮釋、決定之原住民族主體的社會工作方向；且行動過程還是會因人員異動頻繁影響增權效果、母機構不高的支持度影響出席機會、輪流參與的方式影響個案服務的連貫性，以及公、私權力不同影響參與成員的位置及開放度，不過隨著經驗和時間累積，原鄉個案跨機構網絡確實發揮不少功效，網絡系統間的連結度增強，破除過往各做各的，或疊床架屋之無效服務。

······

　　原住民女性親密關係暴力防治必須思考其多重弱勢的不利處境，並帶著全觀視角，關注原住民族的歷史文化脈絡、被壓迫經驗、部落與當事人的認知、面臨的求助困境、主流防治政策的合宜性及服務輸

送等問題，故不少文獻都提醒，原鄉處遇服務模式需要回應原住民族的特殊處境，試圖協助婦女面對這些直接、間接，以及危機、長期的問題。

不過什麼是回應原住民女性特殊處境的暴力防治及處遇模式？不是件容易回答的問題，但是鼓勵實務工作者、在地原住民組織自發的嘗試作為、創新與實驗計畫應是中央或地方政府可行的措施。本章後段，作者藉由蹲點過程中與在地原住民社工、社工督導對話醞釀的反思與建議，透過地方政府的支持進行之行動嘗試，雖然可修改、可努力之處仍舊不少，建構去殖民化之實務模式的目標也遙遙無期，但在沒經費、沒強制、沒評鑑壓力下，可以從理念倡議走到行動嘗試，已能讓我們看見原鄉家暴防治工作的無限可能了。

一、若有機會請你為原鄉家暴防治提供意見，你會提出何種建議？

二、近年來原鄉社區推動不少服務方案（如社區關懷服務、老人共餐／送餐服務），你認為推動原鄉服務方案的有效因素為何？而有哪些是家暴防治工作進入原鄉可參考、複製的做法？

三、原鄉在地機構十分需要政府的扶植與增權，為因應原鄉交通、地理位置和專業資源上的便利性限制，政府可提供哪些委外條件或措施才能鼓勵機構、社工師事務所投入原鄉服務？

專業知能：
原鄉家暴社工之訓練與能力

本章聚焦於親密關係暴力防治處遇服務社工的專業能力；說明原鄉家暴社工的來源、基礎教育和繼續教育，強調文化能力、創傷知情對服務原住民案主的重要性，最後則介紹「文化安全」的概念，說明此概念在提供原住民創傷療癒的重要性。

為能落實對婦女暴力的防治工作，聯合國所屬組織（如 UN Women、WHO 等）在 2015 年曾共同出版《婦女與女童暴力基本服務——核心要素與品質方針》（*Essential services package for women and girls subjects to violence-Core elements and Quality Guidelines*），針對社會服務、衛生、司法與警政等體系提出「最低服務項目與準則」之具體建議；而在社會服務體系之「最低服務項目和準則」的基礎工作裡，包括了：轉介、危險評估與管理、培訓與人力發展，以及網絡協調與問責等四項基礎工作，其中與專業工作者最直接相關的即是「培訓與人力發展」，其內容除了強調專業工作者的養成教育外，還強調專業工作者應接受職前訓練，與持續的在職進修和定期督導，建議各國政府應提供專業人員培訓機會，確保專業人員能持續獲得新知（引自沈慶鴻、王珮玲，2018）。

張錦麗等（2015）接受衛福部委託協助研擬「性別暴力防治有效性之衡量指標」時，參與研究的社政、警政、醫療、司法與教育等各網絡之學者、專家也認為，「人力與資源配置」是國內家暴防治最重要的議題，也是影響防治成效最重要的關鍵核心指標；可見專業人力的「質」與「量」持續受到國際組織及國內學者、專家的關注，多數學者、專家都同意：減少社工異動、深化社工專業，才能提升家暴防治服務的品質和有效性。

第一節　教育與訓練

在以社政為主軸、社工為個管中心的家暴防治處遇架構下，家暴社工的優劣將直接影響到被害人的權益維護及防治目標的達成與否，

因此家暴社工的教育和訓練至關重要。以下區分養成教育、繼續教育，以說明原鄉社工的來源和訓練。

一、養成教育

（一）社工相關科系

大學是培養專業人員最重要的園地，四年、128 個學分，且其中至少七成的專業學分是社工專業養成的開端，實習更是專業深化的起步。目前共有 34 所大學（含科技大學）有社工相關系所，每年培養出 3,000 位社工，約一半畢業生會投入社工相關工作（陳麗欣，2014；施養正，2019），這些社工相關科系的畢業生就是實務場域裡社工需求的主要來源。

（二）社工（在職）學分班

雖然每年培養出來且從事社工相關工作的畢業生不少，但根據多年來的觀察，社工相關科系畢業生願意投入原鄉服務者實在少之又少，即使是少數來自原鄉的原住民學生也不一定畢業後就會返鄉服務，因此多數原鄉機構面臨找不到社工，或就算找到社工也留不久的窘境。

由於政府委外的社福方案多規定聘用人員須具「社工」資格，因此為解決偏鄉機構長期找不到社工的問題，鼓勵非社工相關科系畢業者從事社工工作的「社工學分班」藉此應運而生；只要修畢具「社工師」應考資格的學分數（至少五大類領域、15 科 45 學分的社工課程），就具有「社工」聘用資格，甚至對還沒修畢 45 學分者就先以

「社工助理」聘用之，以解決偏鄉機構長期人力不足的困境。例如：原民會在成立原家中心時，在人員聘用上即有要求「有意加入原家中心者先入社工學分班就讀，先以社工助理聘用，之後再以薪資制度鼓勵社工助理修畢課程，取得社工資格[1]」的做法。

　　由於此類社工學分班多針對在職工作者進行招募，因此主要以「在職專班」方式運作，課程多在晚上、假日進行，並採密集方式辦理，以滿足工作者一邊工作、一邊進修的期待。

（三）原住民專班

　　過去為鼓勵原住民進入專科學校就讀，教育部曾在師範體系及醫學教育部分以「公費名額」，一般科系則以「加分優待」的方式培育原鄉專業人員，期望這些原住民學生畢業後能回原鄉服務；近年為落實《原住民族教育法》第 17 條「鼓勵大學設相關院、系、所、中心」，原民會遂於 2011 年提出「原住民人才培育所需學門或學系需求表」、2013 年起鼓勵大專院校開設專班，使「原住民專班」成為原住民學子進入大學的熱門選項（原民會，2019）。

　　至 110 學年度止，已有 22 所大專院校、33 個學系／班別設有原住民專班（碩士班 5 班、學士班 28 班），公、私立學校皆有，科系也相當多元，其中設有社工相關科系的有 3 所大專院校之學士班學位學程，分別是國立暨南國際大學的「原住民文化產業與社會工作」、靜宜大學的「健康照顧社會工作」、美和科技大學四技日間部的「社會

1　原家中心成立後皆以此原則聘用社工人員，2019 年年底此聘用原則出現落日情形——根據原民會（2019）規定，2018 年已聘僱為社工員者，須於 2019 年修畢 45 學分，未取得者不予聘僱；2019 年非社工系畢業者須於 2020 年修畢 45 學分，未取得者不予聘僱。

工作系」等原住民專班，2 校每年最多可培養 110 位[2]社工畢業生（表 11-1）（教育部原住民及少數族群教育資訊網，2022）。

表 11-1　原住民專班

類別	大專院校	大專院校／原專碩班、學班
學校數	159 所大專院校[3]	31 所大專院校
學系數	34 個 社工相關學系	3 個社工相關學系 暨南國際大學（文化產業與社會工作）／ 50 學生 靜宜大學（健康照顧社會工作）／ 35 學生 美和科技大學（社會工作）／ 25 個學生

資料來源：作者自行整理。

　　然而，不論是社工（相關）系、社工（在職）學分班，還是原住民專班，大學階段主要還是以培養專業社工的基礎能力，並無法滿足家暴、保護性服務的專業工作，雖然不少學校有開設家庭暴力防治、保護性社會工作、婦女福利服務、家庭福利服務等選修課程，或安排機構參觀、實務講座，甚至以實習拉近學生與家暴實務場域的距離，雖都有助引發學生對家暴領域的興趣，但也只是初步認識，還需依賴進入實務場域後的繼續教育。

二、繼續教育

　　為維護保護性社工的基礎能力，衛福部訂有保護性社工訓練計畫

2　國立暨南國際大學原專班 2014 年開始招生，每年 50 個名額；大一入學時不分組，二年級時可自行選擇組別（文化創意組或社會工作組），106 學年度（即 2018 年 6 月）社工組第一屆畢業生有 18 人、107 學年度（即 2019 年 6 月）第二屆社工組畢業生有 23 人。

3　根據教育部網站，110 學年度公私立大專院校共計 159 所。

——「家庭暴力防治社工人員訓練計畫」、「兒童及少年保護社工人員資格與訓練實施計畫」及「性侵害防治社工人員分科分級訓練課程」等，分別針對新進人員、年資兩年以下及繼續教育進行規定，2017年衛福部再修改前述訓練計畫（分別在3月7日及12月19日），最後並以「保護性社工訓練實施計畫」取代原先區分對象之訓練計畫，2020年此計畫又做了些許修改。

保護性社工訓練涵蓋的保護性社工，包括：兒少保護、家庭暴力、性侵害、性剝削、老人保護、身心障礙保護、以及集中篩派案窗口等社工，其內容涵蓋：新進人員、一年以上年資者、督導、行政主管等四類對象的在職訓練課程。此處，以家暴社工為例說明其繼續教育的類別與課程內容：

（一）新進人員訓練

指首度辦理保護性工作者，應於到職後一年內完成的訓練課程，包括基礎課程、進階課程。基礎課程係指的衛福部社工人員分級訓練課程所列基礎，進階課程則包括：共通課程（12小時）及個別課程（9小時）。個別課程的主題，包括：家暴本質與樣態及家暴社工角色與工作重點、多重暴力家庭議題、重大家暴案件反思等。

（二）在職人員訓練

針對辦理同一項保護業務年資超過一年以上者，每年應完成在職訓練20小時——每年應完成至少3項（個案研討不能超過1/2）、每兩年應完成6大項課程訓練；除了保護性工作相關法律應用、處遇技巧精進、創新服務模式、網絡分工合作及個案研討外，還有一門與族群服務相關的「多元服務對象與文化敏感度」課程；督導、行政主管

則另有訓練時數和課程規定[4]。

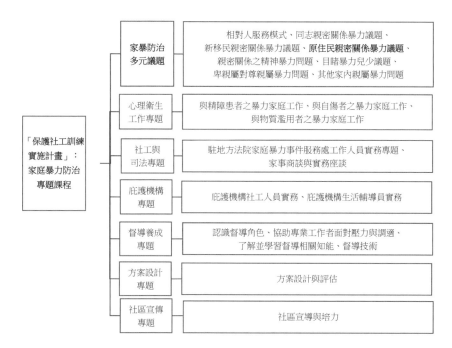

圖 11-1　「保護社工訓練實施計畫」：家庭暴力防治專題課程

資料來源：整理自衛生福利部（2020）

　　保護性社工訓練實施計畫中所列出之家暴防治專題課程，包括有：家暴防治多元議題、心理衛生工作專題、社工與司法專題、庇護機構專題，以及督導養成專題、方案設計專題、社區宣導專題等七大主題課程供訓練單位參考，而在家暴防治多元議題中，「原住民親密關係暴力議題」亦涵蓋其中（請見圖 11-1）。

　　前述由衛福部修訂的「保護性社工訓練實施計畫」看來，在新

4　督導每年除比照在職人員應受在職訓練至少 20 小時，另應接受督導專題訓練每年至少 6 小時；行政主管比照在職人員，每年應接受至少 10 小時訓練。

進人員基礎課程之分級訓練中，也列出「多元文化敏感度」（3 小時）的課程，以及年資一年以上之保護性社工的在職訓練有 3 小時的「多元服務對象與文化敏感度」課程，及在家暴防治七大主題課程之「家暴防治多元議題」中有將「原住民親密關係暴力議題」涵蓋其中；然即使如此，這些列入的課程，也只是眾多選項之一，並非每個人或每年都會接受與多元文化、原住民親密關係暴力有關課程的在職訓練。

大學的基礎教育也是如此，不論必修、選修，很少學校會單獨開設多元文化、原住民族或弱勢族群相關的課程，充其量只是在某項課程中加入一、二個與文化、價值有關的單元，對族群服務有關之專業能力的培養和深化助益不大；而與專業資格認定、專業人員任用有關的社工師考試中，族群與文化議題也未受到重視。

其實，社工這門學科持續被認為是複製歐美經驗的舶來品，社工教育採取的父權、異性戀、中產階級觀點，也被提醒是忽略了少數族群及差異的多元化，甚至被批評是「為主流而辦的教育」；因此如何放棄族群盲目（race-blind）的教材及教法，重新檢視臺灣社工教育體系中的族群權力關係，成為符合原住民利益、以原住民為主體及「為原住民族所辦的教育」，是值得我們努力的目標和方向（劉鶴群等，2011）。

而莊曉霞（2020）為增權原家中心社工專業能力，提出了專業知識、文化知識、知識整合等三方面為未來教育、訓練和督導工作的參考，其建議專業知識應包括：群族和性別相關理論、部落工作與溝通協商技巧、家庭工作、文化敏感度與反思評判能力等；文化知識則需涉足各族的世界觀、價值系統及文化邏輯的實踐方式、族人認知、存在和實踐方式、部落社會組織與運作、文化知識對社工在部落實踐的意涵等；知識整合則強調專業知識運用在部落的適切性評估、抽象理

論知識在具象生活場域中運用的轉化能力、文化知識和專業知識的轉
譯與實踐等。

　　只是這樣的能力架構，似乎無法在通才教育、各領域人才養成的
社工系被滿足，也不易在機構層次（特別是小型的、在地的機構）下
落實，如何能發展成「為原鄉、為原住民案主、為原住民社工」而辦
的教育，值得教育部、原民會、衛福部，以及關心原鄉教育議題和專
業人才培育之有志之士持續探究了。

第二節　文化能力與文化安全

　　由於缺乏以部落為基礎或文化敏感的服務資源和專業能力，會
增添被害人求助障礙（Palmer & Chino, 2016），且文化安全（cultural
safety）、創傷知情實務（trauma-informed practices）、重視及強化文化
（prioritizing and strengthening culture）為原鄉防治親密關係暴力的重
要原則（Cripps et al., 2019; MMIWG, 2018），因此本章將依續介紹前
述概念，以裝備專業人員工作知能。

一、文化融入

　　暴力是文化產物，暴力的經驗、詮釋和反應與脈絡息息相關，
是許多原住民親密關係暴力研究者的提醒（Hay et al., Green, 2007;
Jones, 2008; Longclaws et al., 1994; Shepherd, 2001; Wahab & Olson,
2004）；然就暴力發生的原因而言，原住民親密關係暴力的原因並不
特別，也和一般人口的差異不大（Brownridge, 2008; Jones, 2008）。不

過，需提醒的是：看似相似的暴力原因，也會因結構、脈絡環境和族群文化差異而有不同的內涵（沈慶鴻，2011）。

依歷史和人類學的紀錄，加拿大原住民族在和歐洲人接觸前，家暴和虐待行為是不存在的（Puchala et al., 2010）；林芳如（2008）、洪翠苹（2008）針對臺灣原住民族親密關係暴力研究時亦表示，強調互補、和諧、追求平衡是原住民族的價值，暴力並非原住民族的傳統；然而現今親密關係暴力的普遍和嚴重，卻成為全球原住民族的共同現象（童伊迪、黃源協，2010；Brownridge, 2008; Evans-Campbell et al., 2006）。

因此，原住民社區家暴問題的根源，除了對暴力容忍的文化傳統外（Jones, 2008; Longclaws et al., 1994），還可追溯到國家之前對原住民族不當的同化政策，此政策反映了一個充滿種族歧視的社會環境，尤其是對原住民婦女的貶抑，剝奪了她們做為人的基本尊嚴與權利；此觀點指出了從結構及脈絡理解原住民問題的重要性，其不僅反應出個人、家庭、部落、族群間的緊密連結，更呈現了微視個人經驗受到鉅視社會結構影響的結果（王增勇，2001；黃淑玲，2000；黃增樟，2005；Brownridge, 2008; Longclaws et al., 1994; Shepherd, 2001）。

而此種結合結構鉅視和個人微視進行暴力探究的觀點，成為理解原住民族親密關係暴力的途徑，而唯有從歷史、社會脈絡和殖民經驗理解原住民女性的弱勢處境，才不會陷入個人化歸因及「責備受害者」的現象，成為關切原住民權益工作者的重要提醒（王增勇，2001；Brownridge, 2008; Shepherd, 2001）。

因此，強化文化力量、提升文化覺察的再傳統（re-traditionalizing），成為近年來解決原住民族問題、修復原住民暴力創傷的重要方向（Larsen et al., 2001; Wahab & Olson, 2004）；Jones（2008）認為處遇必

須融入原住民的生活，必須瞭解他們的歷史創傷，服務提供者也必須
與社區有連結，並建立信任關係；而以社區可接受的方式進行教育，
鼓勵社區涉入暴力議題，才能終止對暴力的否認。而此種文化融入的
提醒，對非原住民的實務工作者十分重要；因為文化脈絡除了影響暴
力和虐待的觀點、也影響行為的表現，專業人員需瞭解其間差異，除
了實務方案需反應文化差異外，為了建立信任、合作的工作關係，也
需接納和欣賞原住民族的價值取向（Gustafson & Iluebbey, 2013）。

　　此種利用傳統文化發揮療癒效果的例子，在 Nickson 等（2011）
以文化提升婦女靈性覺察之方案中得到證實；Barkdull（2009）也表
示文化創新、自我決定和經濟發展，已為美國貧窮率最高之原住民部
落帶來希望；融入傳統價值、心靈實務和原住民語言的文化創新工
作，不僅重新建構了原住民家庭的優勢和資產，持續出現的修復和希
望，也成為滋養和支持部落的力量。

　　此將原住民信仰、文化帶入處遇方案，協助受害者創傷修復，亦
是得到多數研究者支持的處遇要素。Brownridge（2008）認為家暴的
危險因子與原住民族被殖民的歷史有關，因此原住民文化應被重新
喚起，文化持續性（cultural continuity）會是親密關係暴力的保護因
子；Valencia-Weber 與 Zuni（1995）及 Shepherd（2001）都表示，其
實不只是家暴，原住民族很多問題的產生都與傳統文化的失落有關，
因此瞭解原住民族的文化脈絡，發展一個具有文化適切性（culturally
appropriate model）的處遇方案，對解決原住民問題十分重要。

　　而這個文化融入可以是庇護所的環境安排、食物提供、活動設計
及工作人員的語言能力（Shepherd, 2001），當然也可以是融入傳統教
化、儀式和靈性的活動設計或團體治療（王增勇，2001；Longclaws
et al., 1994; Oetzel & Duran, 2004; Wahab & Olson, 2004）。莊曉霞（2020）

在對原家中心社工增權經驗的研究也發現，靈性對增權至關重要，靈性是原住民族認識論的基礎，不論是祖靈還是西方宗教，將信仰轉化成靈性力量，並將之落實於生活及專業實踐中，成為他們面對苦難的成長和療癒動力；此外，靈性還能將經驗轉化為內在的精神意義，是原住民創傷後重要的復原力量，在日常生活及文化表達中所有事物透過靈性得以連結，影響族人的存在方式與福祉；而在原住民生活經驗中，靈性可以各種不同方式呈現，學習傳統的音樂與舞蹈、占卜、參加祭典、打獵、宗教禱告、唱詩歌、傾聽耆老講解歷史、傳統故事等，皆是具療效的靈性形式。

二、文化能力

由於文化是代代相傳之生活型態的總稱，其不僅影響語言、價值、思考習慣、藝術表達和人際關係，也影響人們對問題的觀點（Lu et al., 2001; Taylor, 2007）；來自不同文化的人們會將其獨特的生活方式表現在法律的價值和概念、社會關係、信念系統、道德觀和風俗、生活用品及物質生活上，當其互動和溝通時，跨文化間的不同和差異將會顯現（O'Hagan, 2001; 引自陳依潔，2008）。

在所有的專業能力中，文化能力（cultural competence，或稱為文化才能、文化知能）是服務邊緣、弱勢族群最被強調的專業能力；不僅跨族群服務的研究焦點大半集中在文化能力上，有關非原住民社工所面臨之跨族群／跨文化服務困境，也多聚焦在文化能力的討論上，提供具文化適切性的方案是服務推動的方向，而培養兼顧專業和文化能力的專業工作者，是運作文化適切性方案的基本要素（Jones, 2008; Shepherd, 2001）。

（一）文化能力倫理準則

全美社會工作人員協會（National Association of Social Worker, [NASW]）是美國社工人員最重要的組織，其所提出的倫理準則更是全美社工遵循的標準；在其 1996 年的倫理守則中就曾強調文化能力的重要性，2001 年更出版了文化能力的倫理準則（standards）、2007 年還針對社工實務場域提出文化能力指標（indicators），除持續強調文化能力在多元社會的重要性外，還呼籲學校及社區機構應將文化能力的能力培養列入社工實務訓練中。

NASW（2015）修改了 2008 年版《倫理守則》（*Codes of Ethics*）中的「實務社工文化能力準則和指標」（standards and indicators of cultural competence in social work practice），提出實務社工文化能力的十項準則（表 11-2）。

表 11-2　實務社工文化能力：十項準則

準則 1.　倫理與價值（含熟知倫理困境與價值衝突）。

準則 2.　自我覺察（瞭解自身文化價值信念做為欣賞、認同多元文化的基礎）。

準則 3.　跨文化知識（關於不同文化傳統、歷史、家庭系統、藝術表達的知識）。

準則 4.　跨文化技巧。

準則 5.　服務輸送：提供文化多樣化服務。

準則 6.　文化的增強權能與倡議。

準則 7.　使專業工作場所多樣化。

準則 8.　專業教育：參與多元文化訓練以提升多元文化能力。

準則 9.　提升語言的多樣性。

準則 10.　足以進行多元文化溝通的跨文化領導。

資料來源：NASW（2015）。

此外，2015 年 NASW 的種族和多元族群全國委員會（National Committee on Racial and Ethnic Diversity）還修改了倫理準則的部分內容，在文化覺察、文化敏感度、文化回應等概念中，新增了文化謙遜（cultural humility）、交織性（intersectionality）兩概念，除提醒社工面對來自不同文化、群體的個案需要謙遜，並向個案學習、改變專家角色外，還強調個案經驗的複雜性，提醒社工應理解少數族群可能出現的多重弱勢處境（NASW, 2015）。

此次修改，再次呼籲社工應覺察不同對象獨特的生活經驗，並在較廣的社會脈絡中瞭解其經驗的相似性與差異性；同時還要求社工應使用交織性取向（intersectionality approach），時時檢視實務工作中壓迫、歧視、宰制等，有無透過種族、族群、移民、宗教、性取向、性別認同、階級或能力等形式重複出現。

此外，聯合國所屬組織（UN Women、WHO 等）共同出版的《婦女與女童暴力基本服務──核心要素與品質方針》中，也曾提出為受暴婦女與女童服務的六項共同原則（表 11-3），強調「服務應具文化意義與年齡的敏感度」（第五項原則）（引自沈慶鴻、王珮玲，2018），可見不只族群、性別會帶來個案需求上的差異，「年齡」亦是社工服務提供時應考慮和注意的重要變項。

表 11-3　婦女與女童服務六項共同原則

> 1. 權力基礎取向。
> 2. 被害人／倖存者中心取向。
> 3. 婦女與女童的人身安全為服務提供的第一要務。
> 4. 提升性別平等及婦女賦權。
> 5. 服務應具文化意義與對年齡的敏感度。
> 6. 加害人應為自己的暴力行為負責。

資料來源：UN Women（引自沈慶鴻、王珮玲，2018）。

另因多數社工來自主流群體，當其服務不同地區、文化之個案時，誤解、衝突將無可避免（馬宗潔，2004；Coleman & Unrau, 2001）。王增勇（2010）甚至曾直接指出，「社會工作者」這個角色是主流社會的產物，因此社工需要時常反思自己是否會將主流文化的價值帶入原住民族社會工作的過程中，或是不自覺的採用主流文化來詮釋原住民族的生活狀況；Sinclair（2019）也在加拿大原住民族社會工作教育反思中提到，社工可能會認為自己是非壓迫者或非種族主義者，但其可能早就受到主流社會的影響、帶著主流社會的價值觀與原住民案主工作而不自知。

（二）文化能力的培養

其實在全球化的風潮下，多元文化主義（multiculturalism）已成普世價值，而在概念上多元文化主義有三層意義：分別在實證上的意義，多元文化主義是指一個國家內有多個族群存在的事實；就規範而言，多元文化主義是宣示一種多元族群間的和平相處、相輔相成；另政策面，則要防止疏離的少數族群因邊陲化而自我退縮，同時又要避免他們因相對剝奪感而有分離的打算；故多元文化主義的精髓，在於國家對少數族群文化的正式承認，並表達多數族群願意平等看待少數族群，因此不僅要肯定少數族群的自我認同、矯正過去同化政策帶來的劣勢，還要正面肯定所有族群對國家具有相同的重要性（Konig, 1999; 引自施正鋒，2011）。

而在助人專業上，多元文化能力（multicultural competence）則是在此脈絡下被強調的知識和能力；根據文化能力的操作性定義，文化能力包括三部分：文化的覺察與信念（cultural awareness and belief）、文化的知識（cultural knowledge）、文化的技巧（cultural skills）；一個具文化能力的專業工作者能敏察於不同案主的態度／信念，擁有瞭解案主文化的知識，以及具有文化回應性的適當技巧（Sue, Arrendondo, & McDavis, 1992; 引自莊雅婷、陳秉華、林淑君，2012）。

圖 11-2 文化能力的整體性實務

資料來源：Cook Ross Inc（2020）。

　　然要將前述三部分表現在實務工作上，呈現出具有文化能力的整體性實務（comprehensive practice of cultural competence），工作者就需要由自身做起、保持開放態度，持續的自我覺察、覺察他人，精進文化知識、文化技巧；就能在此循環不斷的過程中提升自己的文化能力（Cook Ross Inc, 2020）（圖 11-2）。

　　澳洲原住民兒童照顧機構（Victorian Aboriginal Child Care Agency, [VACCA]）自成立起，即努力發展提供原住民兒童和家庭具文化能力的服務體系，除承諾和尊重原住民的自我決定、原住民

文化是其服務時的基礎規則，還曾引 Terry Cross 提出的文化能力連續性（continuum）之概念性架構（a conceptual framework）（圖 11-3），期許工作伙伴都能從文化破壞（cultural destructiveness）、文化無能（cultural incapacity）、文化視盲（cultural blindness）、文化前能力（cultural pre competence）到文化能力（cultural competence），最後再達到文化精熟（culturalproficiency）的程度（VACCA, 2008）。

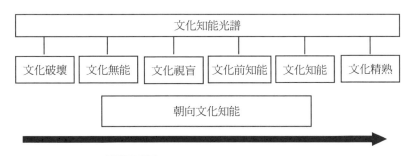

圖 11-3　原住民的文化能力架構

（Aboriginal Cultural Competence Framework）

資料來源：VACCA（2008）。

茲將前述不同文化能力狀態的各項特徵說明如下：

✓ 文化破壞：指有意的態度、政策或實務措施對生活在特定文化中的個人或文化造成傷害，例如因錯誤政策造成澳洲原住民「被偷世代」的形成就是文化破壞者最好的例子。

✓ 文化無能：具極端的偏見和父權態度，缺乏能力幫助少數族群案主或社區的工作者。

✓ 文化視盲：指提供服務時不暸解跨文化因素、認為主流服務不需要改變就可滿足原住民案主的工作者，此類工作者容易忽略案主的文化優勢。

✓ 文化前能力：此類工作者希望傳遞有品質的服務，願雇用少數
　族群員工、給予訓練，甚至是升遷機會，但仍未完全瞭解文化
　差異在組織中可能造成的影響。

✓ 文化能力：此類工作者能接受和尊重差異，並能持續的自我評
　估、仔細關注差異的動態性影響，且願持續的拓展知識、資
　源，對不同對象採取較能滿足其需求的服務。

✓ 文化精熟：此類工作者對文化持高度評價，並可透過研究持續
　增加具文化能力實務的知識基礎、影響關懷取向，並是能透過
　提升不同文化者的自我決定增進互動關係的工作者。

　　澳洲學者 Hart 與 Dargan（2014）也提出文化能力光譜（Continuum of Cultural Competence）（圖 11-4），認為能力層次上的改變（由無能力的文化盲到具文化能力），會帶動實務工作上的改變，並強調批判的反身性（critical reflexivity）在文化能力增進過程中的重要性；其認為文化能力的形成過程要從知識上、理性上的理解，進展到對自己的偏見和歧視具較深層的覺察，如此才能隨時間的累積逐漸統整知識、技巧和價值，滿足不同文化者的需求。

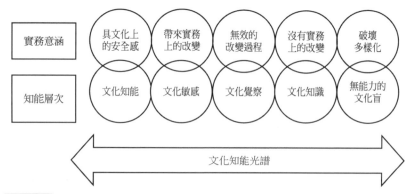

圖 11-4　文化能力的連續性光譜（Continuum of Cultural Competence）

資料來源：修改自 Hart 與 Dargan（2014）。

Hart 與 Dargan（2014）還強調，文化能力是一組一致的行為、態度和政策，可展現在個人、組織、結構等三面向，一個具文化能力的系統能讓其中的組織、專業人員在跨文化情境中提供有助益的服務；由於文化能力是個持續變化的動態過程，因此我們可在這些面向中設定不同標準以評估文化能力的進步情形：

（一）個人面向：展現在個人的知識、技巧、價值、行為上的文化能力。

（二）組織面向：展現在組織的管理和運作架構中，包括：政策、程序、使命、計畫書和服務等的文化能力。

（三）系統面向：展現在組織廣泛運作的系統中，例如州政府、聯邦的標準、法令、法規上的文化能力。

總而言之，文化能力雖然重要，但由前述光譜概念可知，文化能力的培養是個逐步、漸進的過程；詹宜璋（2009）提醒，跨文化學習模式的培養由「文化知識」與「文化敏感度」兩向度共同決定，而跨文化學習立場的轉變則逐步由「意識提升／覺察」而「對話」，乃至於「反躬自省」，因此工作者必須要能將有關弱勢族群之文化知識，與自身或專業反思融入實務中，並發展出與服務對象文化相容的服務模式或策略，如此方可視為真正的文化勝任者。

三、文化安全

過去一直用於健康及醫療照顧的文化安全（cultural safety）概念，近來也被用在對原住民女性暴力的療癒上（healing），加拿大在「原住民婦女及女孩失蹤及謀殺的全國性調查」（National Inquiry into Missing and Murdered Indigenous Women and Girls, [MMIWG]）之結案報告中

談到，進行家庭、社區和族群療癒時，文化安全是健康（wellness）的基本原則，認為在加入文化安全的療癒（culturally safe healing）有助於強化原住民自己、家庭、社區和族群的連結（MMIWG, 2018）。

　　文化安全（cultural safety）是近年來健康照顧和社區療癒的新取向，用來改變傳遞給原住民族健康照顧的實務計畫與策略，也被認為是發展與原住民族有關政策和服務的有力工具（Brascoupé & Waters, 2009）。

　　Ramsden（1992）認為在文化取向的連續性上，是從文化覺察（cultural awareness）到文化能力（cultural competence），再到文化安全的移動過程（圖 11-5）；在概念上，文化能力的研究提供了文化安全的基礎，是文化安全的關鍵概念，目前已累積較多的研究和文獻，文化安全則是相對新的概念，較少被研究和瞭解；在實務上，文化安全與文化能力有關，文化安全是文化能力的延伸和進步（improvement），具實務意義、能形成有效的以病患為中心的照護（patient-centered care）和專業倡議的角色（引自 Brascoupé & Waters, 2009）

圖 11-5　文化概念的連續性

資料來源：作者自行繪製。

　　不過，Cooney（1994）、Wepa（2004）則以「典範轉移」（paradigm shift）說明文化安全和文化能力的差異，強調文化能力、文化安全的轉移不只是線上的一步，而是取向上的改變；文化安全是較基進

的（radical）、較政治化的（politicized）的文化考量，與文化能力之間的差異不在知識上，而是對權力（power）的看法不同；文化敏感度、文化能力等概念較看重服務提供者（service provider）的經驗，然文化安全看重的並非服務提供者是否已瞭解、有能力，或對原住民族的文化是否知情，而是服務結果（outcome）──服務接收者（recipient）接受服務後，是否感到安全、要如何才能安全，並強調服務接收者不是一個被動的接收者，而是關係中的有權力者，提供者和接收者兩者的角色應是平衡的（引自 Brascoupé & Waters, 2009）。

　　紐西蘭、澳洲有關原住民族文化安全的討論，主要集中在健康照護、護理等場域，由於一直以來的醫病關係多建立在結構性的不平等，為面對這個不平等的現象，以原住民化（indigenize）為知識的基礎，是要讓接受服務的原住民病患在與健康照護有關的問題上具有所有權（ownership）、使用權（access）和控制感；故所謂的文化安全，是指健康政策擬定者與健康服務提供者，站在理解服務接受者（原住民族）的文化、社會條件及歷史前提下，建立平等的伙伴關係，共同解決原住民族的健康問題與危機；在解決問題的過程中，健康政策擬定者與健康服務提供者須意識到，解決權力不平等是療癒（healing）原住民族健康不均等的核心任務，一方面要將收集及分析的資訊透明化，並藉由訊息交換及增強權能，增加原住民族參與解決健康問題及危機的能力；另一方面，結合原住民族的知識、文化與傳統，應用於健康政策規劃及計畫執行中，透過強化社會療癒的效果，增加原住民族健康政策及計畫執行的效益，確保原住民族社會的安全狀態與健康問題獲致解決（Brascoupé 2009; 引自日宏煜，2018）。

　　而至關重要的是，文化安全的實踐是建立在尊重、文化交流基礎的雙向關係上，旨在實現平等、共同承擔責任；由於接受西方醫學

訓練之醫護人員的權利一直超越原住民病患，而文化安全的概念則是認為非原住民護士和原住民患者之間應是「協商平等的伙伴關係」（negotiated and equal partnership），信任（trust）才能在共享信息和重建關係上發揮核心作用。

　　文化安全被認為是優於文化敏感性和跨文化服務（Brascoupé & Waters, 2009），也超過文化適切性（appropriateness）的服務（MMIWG, 2018）；因為它不要求或期望醫護人員對其他文化或族群的多樣性有多瞭解，而是認為醫護人員應理解和尊重其他文化、族群的病患有不同看待事物和做事方式，因此護士的專業不在於瞭解特定病患的習俗與健康信念，而應在獲取病患的信任，使病患能夠說出如何調整服務並共同協商出一個共識的方法，其沒權力決定個人應該做什麼或必須做什麼，病患才能決定他的需求，故承認病患的權力，給予平等和自決的空間才是文化安全的基礎。

　　這是種由服務提供者到服務接收者的權力轉換；文化安全提供了處於危機的原住民個人或社區重新獲得控制感的機會，因此在跨文化的關係脈絡中，文化安全的概念是重要的，特別是在殖民主義形成誤解和創傷的歷史脈絡中，原住民的服務使用者和非原住民的服務提供者間建立跨文化的互動，對達成政策有效性是重要的，文化安全的輸送系統能夠強化社區抗拒壓力的能力和復原力的建立。

　　由於文化不安全的實務會減少、貶低、去權（disempower）文化認同和個人的幸福感，文化安全才能是讓人們處在一個靈性、社會、生理、情緒都安全的環境，沒有攻擊性的挑戰，沒有對他們的認同、他們是誰、他們需求的否定（Williams, 1999; 引自 Fernando & Bennet, 2018）；因此文化安全是療癒的關鍵，以接納、信任、安全為基礎的關係是療癒過程的第一步，以下五個原則可達到文化安全的效果

（Bras coupé & Waters, 2009）（圖 11-6）：

圖 11-6　文化安全的五個原則

資料來源：作者自行繪製。

1. 協議共識（protocols）：指服務提供者對服務接收者的文化及其形式的尊重。
2. 個別知識（personal knowledge）：瞭解接收者的文化認同，也分享關於自己的訊息，創造一個具有公平和信任感的關係。
3. 過程核對（process）：與接收者共同學習、核對彼此的想法。
4. 正向目的（positive purpose）：根據接收者的價值、喜好、生活型態設定服務計畫，並確認互動過程產生積極的結果。
5. 伙伴關係（Partnership）：服務提供者與接收者發展伙伴關係，促進協同合作的服務。

　　除了前述原則，Brascoupé 與 Waters（2009）還提醒，文化安全概念提醒的是，應在服務過程中確實做到文化差異的可見性（visibility）及權力流動，並將服務落實於原住民族對公平、尊重、控制的要求；其並呼籲只有服務接受者才能定義文化安全是否落實及確定服務的成功與否。MMIWG（2018）也強調，使用原住民的語言、法律、協議、治理、靈性和宗教，只是文化安全的最低限度，因此持續的對第一線人員和管理者進行訓練，期待他們裝備好適切的能力、瞭解文化

安全的重要性，並在社會服務中整合原住民的價值和傳統，並以文化安全的方式參與原住民社區。

第三節　社會文化觀點的創傷知情照護

受暴婦女的創傷服務雖然存在已久，不過「創傷知情」（trauma-informed）在臺灣家暴防治場域裡卻是個新概念；由於「創傷知情」（trauma-informed）概念已成為改善家暴防治服務品質的趨勢，工作者具有「創傷知情照護」（trauma-informed care, [TIC]）、「創傷知情服務」（trauma-informed services, trauma-informed intervention）的能力，成為執行服務應有的知能基礎（沈慶鴻、王珮玲，2018；王珮玲等，2021），因此 2020 年起社團法人台灣防暴聯盟（防暴聯盟）與國立暨南國際大學家庭暴力研究中心（暨大家暴研究中心）積極推動創傷知情的理念倡議，2021 年還舉辦研討會、出版《創傷與暴力知情照護實務手冊》；財團法人兒童福利聯盟基金會（兒福聯盟）更成立「創傷知情照護研究中心」，提供創傷知情照護資源、辦理相關訓練及宣傳等，都對創傷知情概念的推動產生重要的影響力。

一、創傷知情

近年來「創傷知情」概念已成為改善家暴防治服務品質的新趨勢，許多國家的暴力防治計畫中都可看到創傷知情取向的服務受到重視，例如：澳洲政府家暴預防的國家行動計畫（2010-2013、2013-2016、2016-2019）中，就將發展創傷知情的支持性服務視為重要的行

動策略；歐盟的《伊斯坦堡公約》亦強調對於受暴婦女創傷的理解，能促進網絡專業人員提供被害人適切與自主的服務（Commonwealth of Australia, 2016）；聯合國相關組織（如 UN Women）在其服務方針提出的司法連續性（the justice continuum）概念中，也提醒工作者在與被害人初步接觸時，提供「創傷知情照護」（TIC）能讓被害人及兒童有選擇的權利，並增權被害人接受正式系統的服務（沈慶鴻、王珮玲，2018）。

特別是原住民社區成員長期經歷了集體的、代間的創傷和壓迫，這些歷史創傷和家暴、虐待、物質濫用間的連結是服務提供者需知情的（Blagg et al., 2018），因此認可創傷的影響、對創傷反應做最適切的回應，確保所有的服務程序、步驟是創傷知情取向（Trauma-informed approach）的，是受暴者服務介入至關重要的部分（Cripps et al., 2019; MMIWG, 2018）。

創傷（trauma）的產生，源於一個事件、一系列事件或環境使個人經驗到心理、情緒上的傷害及威脅，而對個人功能、身體、社會、情緒及心靈造成持續不利的結果（Substance Abuse and Mental Health Services Administration [SAMHSA], 2014），以及權能喪失（disempowerment）與失去連結（disconnection）的感受（施宏達、陳文琪、向淑容譯，2018）；故以被害人為中心、增強權能（empowering）為取向是創傷知情重要的內涵，而創傷知情照護（TIC）則須在理解案件特性與問題脈絡的前提下，瞭解被害人對暴力可能的反應；如此才能確保服務能夠納入被害人意見，促進被害人自主與自決（SAMHSA, 2014）。

創傷知情取向是指在服務過程中融入三個關鍵要素（4R），包括：

1. 瞭解（realizing）創傷的普遍性及創傷帶來的廣泛影響。

2. 辨識（recognizing）創傷如何影響個案、家庭或系統。

3. 將創傷相關的知識帶入實務並進行全面性的回應（responding）。

4. 阻止（resisting）個案再受創及工作人員出現替代性創傷。

而將此關鍵要素發展成創傷知情服務時，方案、組織或系統都應是創傷知情的，亦即工作人員及其他與系統有關的人員是瞭解創傷的普遍性影響、療癒（healing）的潛在性路徑、知悉創傷的症狀和徵兆，並能將與創傷有關的知識融入、整合成政策、程序、實務和場域中的回應（SAMHSA, 2014）。

二、社會文化觀點

由於疾病、創傷是文化性的（Brascoupé & Waters, 2009），創傷的影響、反應和求助行為都會被文化和環境脈絡所影響（表 11-4），因此在理解和治療創傷時，視野不能被窄化，認識「創傷」需在一個廣泛的社會文化中探索；由於一個包括生理心理社會（biopsychosocial）、人際、社區、社會（個別的或集體的社會價值）等特性的脈絡，會對創傷的立即或持續性產生影響，也會對創傷造成長期或短期的效果，因此為了更準確的瞭解創傷，需要關注創傷發生的脈絡。

美國物質濫用與心理健康服務部門（SAMHSA）在治療改善計畫中，為協助專業人員探索及瞭解創傷及創傷的影響，提出了一個社會具文化觀點（sociocultural perspective）、掌握社會生態的創傷知情照護服務架構，希望能透過社會文化的視角觀察和理解創傷（SAMHSA, 2014）。此觀點認為，不論哪種創傷——個人、團體或社區為基礎（community-based）的創傷，許多因素都會影響一個人對創傷的反應；例如：個人態度、發展因素（保護或危險因子）、生命

歷史、創傷類型和特性、創傷曝露的數量和時間、創傷事件的文化意義、失落累積的經驗和次數、可用的資源（如因應技巧、家庭支持）和社區反應等，都是一個人在不同時間點會對創傷做出不同反應的決定因子，因此創傷的社會文化視野十分重要；此模式不僅聚焦於跨層次的風險因子（risk factors），也強調保護或減少創傷影響的保護因子（protective factors）。

表 11-4　文化與創傷

文化與創傷 Culture and Trauma

✓ 有些族群、文化較易經驗到創傷，或發生某些特定的創傷事件。

✓ 面對軍事和政治暴力的人們之創傷壓力是高的。

✓ 文化影響人們對事件的知覺，也影響人們對創傷的解釋和意義。

✓ 某些創傷在某些文化下有較大的影響力，因為這些創傷可能代表了該文化中的重要事件，或破壞了該文化中的生活方式。

✓ 文化決定了可接受的創傷反應、形塑痛苦的表達方式，也顯著影響了人們如何透過行為、情緒、想法傳達創傷壓力。

✓ 創傷類型不同，呈現的創傷壓力症狀也不同。

✓ 文化影響了何種創傷能得到正式系統的關注、哪些症狀可獲得協助。

✓ 文化除了決定可被接受的求助形式和療癒實務，文化也能影響優勢力量的來源、提供獨特的因應策略和特定資源。

資料來源：SAMHSA（2014）。

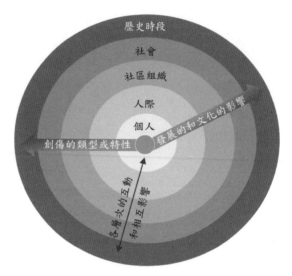

圖 11-7　瞭解創傷和創傷的社會生態模式

（ASocial-Ecological Model for Understanding Trauma and Its Effects）

資料來源：SAMHSA（2014）。

　　社會生態模式（social-ecological model）提供了一個系統架構來瞭解創傷，此架構強調雙向影響（bidirectional influence）（圖 11-7；表 11-5）；每一層代表不同的系統、每個系統都有特定的因子；例如：最內層的圈代表個人不同的發展階段和生理心理社會特性（biopsychosocial characteristics），到最外層反映不同時間階段重要性的歷史時段（period of time in history），每一層都有保護因子、也有引發負向效果的危險因子，並以較粗的線條代表關鍵的影響力（key influence）；這些都在說明倖存者的發展特性、創傷的類型和特性、事件脈絡顯著影響著創傷最初，及後續反應，以此提醒專業人員認識倖存者的處遇需求，選擇適切的預防、介入和處遇策略以提供希望和促進復原的方式。

表 11-5 瞭解創傷及其影響的社會──生態模式

（Understanding the Levels within the social-ecological Model of trauma and its effects）

個人因素	人際因素	社區和組織因素	社會因素	文化和發展因素	歷史時段因素
年齡 生理狀態 心理健康 氣質 教育 性別 因應型態 社經地位	家庭與同儕間的互動型態；父母／家庭的心理健康；父母創傷史；社交網絡	鄰里品質 學校系統 工作環境 服務品質和可近行； 信仰環境 交通便利性 社區社經條件 就業率	洲、聯邦法律 經濟社會政策 媒體 社會規範 司法系統	集體和個別的文化規範；族群文化次系統的規範；認知的和成熟的發展	例如： 退伍軍人返家的社會態度； 對診斷手冊 DSM 的社會態度

資料來源：SAMHSA（2014）。

社會生態取向（social-ecological approach）有三個重要的信念：

（一）環境因子大大影響情緒、身體和社會的健康。

（二）健康或生病的決定因子，與個人生理、行為和社會文化需求，及其可獲得資源間的適配度有關。

（三）統整個人、人際、社區等服務標的與系統間的互動關係，發展預防、介入和處遇之整合性策略。

而在建立創傷知情照護（TIC）時，除將社會生態取向納入成為理解創傷的架構，在專業人員的訓練課程、服務準則、政策、程序或組織環境裡，還需建立適切的實務回應機制，以在過程中引導處遇計畫，提供更適切、有效的服務（SAMHSA, 2014）。

加拿大 MMIWG（2018）在其調查報告中也指出，對被暴力傷害的原住民提供創傷知情取向的服務是必要的，也強調在所有的服務、

程序、實務中融入創傷知情是對正義（justice）的具體回應；認可創傷的影響、對創傷癥兆進行適切的反應、提供創傷知情的服務，是原住民服務方案中必要且可行的內容。

故以被害人為中心、增強權能（empowering）為取向是創傷知情的重要內涵，在理解案件特性與問題脈絡的前提下，瞭解受暴者對暴力可能的反應，才能確保服務能夠納入受暴者意見，促進受暴者自主與自決、協助其生活自立，發展符合受暴者立即與中長期需求的服務方案，協助其脫離暴力情境（UN Women, WHO et al., 2015，引自沈慶鴻、王珮玲，2018）。

第四節　原鄉親密關係暴力與增強權能

除了文化能力、創傷知情取向外，增強權能亦是服務原住民受暴婦女重要的策略，澳洲昆士蘭家庭部門（Queensland Dept. of Families, 2002）為解決原住民社區頻繁發生的家暴問題、確保受暴婦女能得到最好的服務，於是結合機構、專家、經驗豐富的實務工作者，歸納其數十年來投入家暴防治和協助原住民受暴婦女的經驗，形成服務的實務準則（the practice standards），增強權能即是其中重要的準則之一。

一、增強權能概念

「增強權能觀點」（empowerment perspective）係 1976 年因 Barbara Solomon 關切少數族群在美國之生活處境而提出的觀點，其修正傳統

社會工作忽略權力與資源結構的不當性、調整基變社會工作（radical social work）忽略案主立即性需求，並加入女性主義論述後，逐步形成了「增強權能觀點」（鄭麗珍，2003；Payne, 1997; Stanistreet et al., 2007）。近年來，「增強權能觀點」普遍被國內、外家暴工作者用來處理家暴問題，對受虐婦女增強權能成為家暴處遇服務的目標，以及家暴社工的重要任務（李開敏、陳淑芬，2006；游美貴，2008；Barkdull, 2009; Stanistreet et al., 2007）。

「增強權能觀點」認為，人之所以無法回應環境的要求，主要源於政治、經濟或各系統層次的限制和壓迫，以及長期的負向評價和對待，使得標籤、烙印和控制的影響力持續存在，而使人缺乏權能與資源來發展或實現自己（宋麗玉，2006；鄭麗珍，2003；Nelson et al., 2001; Payne, 1997）。故 Solomon 認為，改善無助感與去權（disempowered）狀態是增強權能的主因，透過意識覺醒使案主瞭解問題產生的原因，而以集體的聯合行動打破現存結構的不公平和壓迫，則是增強權能的重要目標（Payne, 1997; Stanistreet et al., 2007）。

由於原住民族的被殖民歷史、主流社會的同化政策，以及資源分配的不公平等，皆是導致了原住民族的去權和無助感，因此改善原住民案主的去權狀態、增加控制感、自我效能感成為原住民族社會工作實踐的依歸（王增勇，2001）；Shepherd（2001）、Jones（2008）皆認為，增強權能、優勢取向等強調復原力和社群感的模式十分適用於原住民社區。

二、增強權能策略

　　由於權力（power）是一種能力（ability），是一種能夠控制和影響資源以改善有害環境的能力（Chadiha et al., 2004）；因個體的權能感無法由他人創造，但可由他人增強（Boehm & Staples, 2004; 引自宋麗玉，2006）；故增強權能（empower）強調的是引發和增強個體本身的力量，及改變關於自我態度、價值和能力的信念，特別是一個人可以控制自己命運的信念（Chadiha et al., 2004）；而降低自責、改變個人對責任的假設、強化自我效能（self-efficacy），則是必要的做法（Everett et al., 2007）。

　　增強權能除了被認為是個認知的狀態，擁有關於自我態度、價值和能力的信念，特別是一個人可以控制自己命運的能力關於的信念（Chadiha et al., 2004）；也是一個改變的過程，具有控制的知覺感和能力感，並能將組織的目的和目標內化的過程，而降低自責、改變個人對責任的假設和自我效能（self-efficacy）的強化，則是必要的做法（Menon, 1991; 引自 Evetett et al., 2007）。

　　《社會工作辭典》（*Social Work Dictionary*）則認為增強權能是「幫助個人、家庭、社區增加個人的、人際的、社會經濟的優勢，提升其對環境影響力的過程」（Evetett et al., 2007）；由於增強權能具有多重取向的概念，應用在不同的領域和對象時也有不同的詮釋，不過對重要生活事件的「控制感」和「能力感」則是增強權能的核心概念，此一感受除了影響行動和信念，也影響了資源的分配（萬育維、王文娟，2002；Evetett et al., 2007）。

　　Evetett 等（2007）將增強權能的工作分為個人的增強權能和社會的增強權能兩種；個人的增強權能，相似於自我決定，主要在於發展

個人的能力（competence）；社會的增強權能，則聯結著社會正義，發生在一個較大的政治和社會脈絡中，其目標在帶動社會的改變，並影響資源的分配。

　　在個人增權部分，擁有正向自我概念和自我評估能力是改變受暴婦女的關鍵變項；透過治療師和案主的合作關係，「鼓勵案主做決定」對受暴者的增強權能相當重要（沈慶鴻，2001）。Chronister與 McWhirter（2003）則在協助家暴受虐婦女的過程中，發展了增強受虐婦女權能的協同、脈絡、勝任能力、覺察、社區化的 5C（collaboration、context、competence、consciousness、community） 策略。Chadiha 等（2004）曾針對美國黑人女性照顧者，提出三項增強權能策略：

策略一：經由說故事提升意識：當人們敘說自己的故事時，可重新覺
　　　　察這些經驗，籍由重新建構帶來改變的動力、找到面對逆境
　　　　的力量。

策略二：教導問題解決技巧：工作者可運用團體，進行團體對話和批
　　　　判，協助個案明確、具體的學習問題解決技巧，例如問題界
　　　　定、決定目標、訂定達到目標所需要的行動步驟，並指出達
　　　　成目標需要的資源。

策略三：教導倡議技巧和動員資源：此策略期望達到鉅視面的改變，
　　　　相信個案和工作者的合作能夠增強團體權能；此策略的倡議
　　　　類型包括自我倡議、行政和法規倡議及立法倡議，透過寫
　　　　信、打電話、遊說民意代表和決策者達到目的。

　　增強權能是過程、也是結果；從個人生命經驗的無力感出發，是增強權能處遇的焦點；在專業工作者的引導下，催化案主產生力量、教導與其生存有關的知識和技巧，肯定自我價值並連結其共同經驗，

向更大的社會層次爭權；因此力量的獲取不僅集中在個人微觀層面上的改變，也重視鉅視層面上的連結（Guiterrez, Parsons, & Cox, 1998;引自鄭麗珍，2003）。故增強權能處遇的結果，應可為案主帶來以下三層次的改變（鄭麗珍，2003）：

（一）個人層次：自我效能、內控信念、自我接納、有權力感，批判思考。

（二）人際層次：溝通技巧、尋求協助、問題解決、接近資源。

（三）社會政治層面：政治活動／參與、回饋、資源、影響力和行動力。

除了個人增權外，Rappaport（1987）進一步將組織與社區納入增強權能的對象，強調組織和社區透過增強權能的機制和過程，得到對自身事務的控制力；此過程有助於發展部落的力量、強化部落的自覺，促成可能的集體行動；而建立部落參與服務體系的決策、練習表達需求，更是增強權能的終極表現（引自王增勇，2001）。

對原住民組織增權的重要性，亦在 Nickson 等（2011）發展跨文化服務時不斷的被強調，在其研究反思中亦反覆提及，研究團隊所發展的跨文化反壓迫方案的成功，主要源自於原住民女性的熱情和力量，使其不僅完成了發展原住民復原工具的方案目標，更重要的是，此過程增加了草根組織和社區團體對家暴的回應。2001 年澳洲阿得雷德市原住民社區推動之「家庭幸福增強權能方案」（family wellbeing empowerment program），亦證明了增強權能取向的介入策略能有效增進原住民健康和幸福的社會能力（Tsey et al., 2007）；此方案透過社會凝聚和社群連結（bonding）有助於社區民眾們增強權能，並能藉由社區組織參與倡導活動的經驗，能有意義地促成結構上的改變。莊曉霞（2020）也強調原住民族的增權不能脫離生活脈絡，如果

切割生活場域中的角色、切割關係，將遠離部落和關係中的族人。

　　總之，「增強權能觀點」不僅能用在個別案主上，也是落實組織方案計畫的服務策略、重要原則；由於長期的被殖民歷史、主流社會的歧視和同化政策，以及資源分配的不平等，都形成原住民的無助感和低自尊，故改善原住民的去權狀態、增加控制感、自我效能感，成為原住民社會工作實踐社會正義的依歸；透過增強權能策略改善原住民個案和部落的不公平處境，期待能在工作者的引導下，不僅為個案個人帶來微觀層次的改變（具自我效能、能自我接納、有權力感等），也能催化其與鉅視層次的連結，為其帶來人際（如尋求協助和問題解決、接近資源的能力）和社會（如能參與活動、提供回饋、展現行動力）兩面向上的變化。

……

　　專業人員的「質」與「量」是家暴防治成效的關鍵因素，減少異動、深化社工專業，才能提升家暴防治服務的品質與有效性，且因以社政為主、社工為家暴防治的個管中心，故社工人員的教育和訓練至關重要，除了學校教育外，繼續教育的強化是實務場域應持續提供、鞏固的支持力量；從文化能力到文化安全、從對個人的增強權能到對組織的增強權能、從對創傷症狀的介入到創傷知情，皆是培育優質多元文化能力工作者重要的養分。

　　由於優質的社工處遇服務來自於優質的社工人員，在專業能力的建構外，改善原鄉社工的勞動條件、減低實務困境更是政府、社工專業、機構需要努力的方向；由於實務能力是個累積、不斷深化的過程，唯有看見原鄉地理位置、交通及專業資源上的差異，給予原鄉社工所需的資源和支持，才有減少異動、醞釀原鄉知識深化，創造在地服務模式的可能性。

討論與反思

一、在大學專業人員的養成階段，如何強化學生投入原鄉工作的意願
　　和能力？

二、讀完本章後，不論你是助人專業科系的學生，或已在實務場域服
　　務的助人工作者，你如何增進自己的文化能力？如何增進服務對
　　象的文化安全？

三、除了暴力傷害，原鄉受暴婦女、相對人都承受著殖民歷史、不當
　　政策及歧視的創傷，因此為提供創傷知情照顧，原鄉家暴機構應
　　準備怎樣的組織環境、規劃創傷知情的服務程序？

參考書目

中文部分

丁文彬（2004）。*影響婚姻暴力事件受害者因應策略之探討──以花蓮縣為例*〔未出版碩士論文〕。慈濟大學社會工作研究所。

內政部戶政司（2022）。人口統計資料。https://www.ris.gov.tw/app/portal/346

方秋梅、謝臥龍（2017）。家庭暴力加害人簡易型處遇計畫」發展的價值與意義。*諮商心理與復健諮商學報*，*30*，121-150。

王美懿（2009）。*身為家庭暴力加害人處遇計畫的「加害人」：一個解釋性互動論的研究*〔未出版碩士論文〕。高雄醫學院醫學社會學研究所。

王美懿、林東龍、王增勇（2010）。「病人」、「犯人」或「個人」？：男性家暴「加害人」之再認識。*社會政策與社會工作學刊*，*14*(2)，147-193。

王珮玲、吳書昀（2016）。*105 年度「建立性別暴力防治衡量指數暨大眾態度信念調查委託科技研究計畫」結案報告*。衛生福利部委託研究。

王珮玲、沈慶鴻、韋愛梅（2021）。*親密關係暴力：理論、政策與實務*。巨流。

王珮玲、黃志忠（2005）。*家庭暴力加害人處遇模式成效評估之研究*。內政部委託研究。

王翊涵（2018）。防暴意識的部落紮根──原鄉部落家庭暴力防治預防性服務方案的推展。在黃源協、詹宜璋（主編），*原住民族福利、福祉與部落治理*（頁 157-184）。雙葉。

王鈺婷（2012）。*專業助人工作者介入亂倫家庭之文化議題：以三個泰雅族家庭為例*〔未出版碩士論文〕。國立暨南國際大學輔導與諮商研究所。

王增勇（2001）。建構以部落為主體的原住民家庭暴力防制體系──加拿大經驗。*社會工作學刊*，*8*，49-72。

王增勇（2010）。災後重建中的助人關係與原住民主體──原住民要回到誰的家。*台灣社會研究季刊*，*78*，437-449。

王增勇、郭孟佳（2020）。歷史創傷與原住民族社工的實踐：如何以故事解讀原住民族家庭暴力。*社區發展季刊*，*169*，271-284。

王增勇、陳秋瑩、林美薰（2006）。原住民婦女與家庭暴力社工的相遇：一個弱勢者保護弱勢者的制度？。*性別平等教育季刊*，*37*，36-45。

王燦槐、王鈺婷（2010）。*制定台灣原住民部落社會服務政策的歷程研究：*

以桃園縣原民鄉兒少虐待事件安置流程之建構為例。第六屆兩岸四地公共管理學術研討會，高雄市，臺灣。

包正豪（2012）。原鄉的基層社區治理：宜蘭縣南澳鄉 K 村的個案研究。台灣原住民族研究季刊，5(1)，73-98。

包正豪（2017 年 8 月 21 日）。福利殖民主義謀殺了原住民經濟。中時新聞網。https://www.chinatimes.com/opinion/20170821001760-262110?chdtv

司法院（2022）。地方法院核發保護令內容－依年度／月份。https://www.judicial.gov.tw/tw/lp-1268-1.html

行政院（2018）。改善原鄉健康不平等。https://www.ey.gov.tw/Page/5A8A0CB5B41DA11E/dcef57a2-e619-40fa-b992-455260a27a23

吳柳嬌（2004）。婚姻暴力的成因與處遇之研究〔未出版博士論文〕。國立中山大學中山學術研究所。

宋麗玉（2006）。增強權能量表之發展與驗證。社會政策與社會工作學刊，10(2)，49-86。

宋麗玉（2013）。婚姻暴力受虐婦女之處遇模式與成效：華人文化與經驗。雙葉。

李偉、林明傑（2012）。實施家庭暴力家害人關心訪視成效之研究：以嘉義市兩位個案研究為例。社區發展季刊，138，292-310。

李開敏、陳淑芬（2006）。受暴婦女的充權：社工復原力訓練及督導之整合模式。應用心理研究，35，183-206。

沈勝昂、林明傑（2004）。婚姻暴力加害人分類之研究。中華心理衛生學刊，17(2)，67-92。

沈慶鴻（1997）。婚姻暴力代間傳遞之分析研究〔未出版博士論文〕。國立彰化師範大學輔導與諮商學系。

沈慶鴻（2001）。婚姻暴力案主諮商治療因素之研究。彰化師大輔導學報，22，157-192。

沈慶鴻（2009）。弱勢社工服務弱勢案主？！——婚暴社工實務困境之研究。社會政策與社會工作學刊，13(2)，71-142。

沈慶鴻（2011）。社會工作者跨文化服務經驗之探討：以大陸籍婚姻暴力受虐婦女處遇服務為例。中華心理衛生學刊，24(3)，457-484。

沈慶鴻（2014a）。親密關係暴力之特性與形成脈絡：原住民受虐婦女觀點。在黃源協（主編），部落、家庭與照顧：原住民族生活經驗（頁 104-134）。雙葉。

沈慶鴻（2014b）。親密關係暴力防治之現況檢視：原住民觀點。在黃源協

（主編），部落、家庭與照顧：原住民族生活經驗（頁 135-162）。雙葉。

沈慶鴻（2016）。從「家暴處遇」到「家庭處遇」：原鄉部落親密關係暴力「以家庭為中心」之網絡整合行動。科技部研究報告。

沈慶鴻（2018）。「你了解我的明白？」：原鄉親密關係暴力之知覺檢視。在黃源協、詹宜璋（主編），原住民族福利、福祉與部落治理（頁 123-156）。雙葉。

沈慶鴻（2019）。「高危機、低意願」：親密關係暴力高危機案主受助經驗之探索。社會政策與社會工作學刊，23(1)，1-44。

沈慶鴻、王珮玲（2018）。親密關係暴力現況問題暨防治成效研究。衛生福利部委託研究。

沈慶鴻、郭豐榮（2005）。強制戒癮家暴加害人飲酒經驗、戒癮態度及暴力行為之研究。中華心理衛生學刊，18(4)，31-53。

沈慶鴻、戴如玎、林妍廷、陳麗娟（2020）。原鄉網絡合作的建構歷程與服務成效：以屏東縣家暴個案「以家庭為中心」個案服務理念之落實為例。社區發展季刊，169，154-172。

周月清（1994）。臺灣受虐婦女社會支持探討之研究。婦女與兩性研究，5，69-108。

周月清（1995）。婚姻暴力：理論分析與社會工作處遇。巨流。

林文玲、梁文鶯（2014）。原鄉地區兒少性侵案例。社會工作倫理案例彙編（頁 1-16），中華民國社會工作師公會全國聯合會。

林怡亭（2018 年 07 月 05 日）。男性關懷專線：竟是求助婚姻問題最多！https://info.babyhome.com.tw/article/18774

林芳如（2008）。不同族群警察處理原住民家庭暴力事件之研究——以新城分局為例〔未出版碩士論文〕。國立臺北大學犯罪學研究所。

林津如、黃靜薇（2010）。失竊的世代？漢人家庭意識型態符碼與原住民族兒童保護。台灣社會研究季刊，77，59-96。

林勝義（2013）。社會工作概論。五南。

邱惟真、阮祺文（2016）。家庭暴力相對人整合性方案之發展與建構：以中區防暴中心為例。弘光學報，79，103-115。

施正鋒（2002）。原住民族的歷史重建。http://faculty.ndhu.edu.tw/~cfshih/conference-papers/20020302.htm

施正鋒（2011）。多元文化主義與原住民族教育——東華大學三年的觀察。台灣原住民族研究學報，1(4)，1-53。

施養正（2019 年 4 月 8 日）。社工人力不足，教部落實培育考試。https://udn.

com/news/story/6885/3743580

洪翠苹（2008）。家庭暴力防治法於原住民部落施行狀況之探究－以部落資源網絡者角度觀之〔未出版碩士論文〕。國立中正大學犯罪防治所。

原住民族委員會（2019）。*108 年度補助直轄市及縣（市）政府推動原住民族家庭服務中心實施計畫*。https://www.ipb.ntpc.gov.tw/uploadfiles/annex/20190403082855_1.pdf

夏曉鵑（2010）。失神的酒以酒為鑑初探原住民社會資本主義化過程。*台灣社會研究季刊，77*，5-58。

翁瑞美（2004）。*班級法庭對國小學生法治知能及其相關影響之行動研究*〔未出版碩士論文〕。國立中山大學教育研究所。

馬宗潔（2004）。當原住民遇到非原住民。*東吳社會工作學報，10*，35-72。

國家發展委員會（2017）。部落健康營造計畫。https://ws.ndc.gov.tw/Download.ashx?u=LzAwMS9hZG1pbmlzdHJhdG9yLzEwL3JlbGZpbGUvMC8xMjU0OS9kYzRkM2I5MC04NmU5LTQzZmUtOTA3Ny1lZmYzMDM5YzAyOTgucGRm&n=6KGb55Sf56aP5Yip6YOo44CM6YOo6JC95YGl5bq354ef6YCg6KiI55Wr44CNLnBkZg%3D%3D&icon=..pdf

張憶純（2015）。原住民婦女遭受家庭暴力問題之探討：以某泰雅部落為例。*社區發展季刊，149*，260-268。

張錦麗、王珮玲（2013）。*編撰台灣性別暴力防治倡議史*。內政部委託研究。

張錦麗、王珮玲、吳書昀（2015）。「*建立性別暴力防治衡量指標委託科技研究計畫*」全程執行總報告。衛生福利部委託研究。

教育部（2022）。111 學年大專院校原住民專班名單。https://indigenous.moe.gov.tw/aboriginal

莊俐昕、黃源協（2014）。原住民家庭非正式支持與福利資源使用。在黃源協（主編），*部落、家庭與照顧：原住民族生活經驗*（頁 43-76）。雙葉。

莊俐昕、黃源協（2019）。原住民族幸福感之研究：對原住民族社會政策與社會工作的意涵。*台大社會工作學刊，39*，105-152。

莊雅婷、陳秉華、林淑君（2012）。國小教師與諮商專業人員參與多元文化能力訓練之需求與助益性評估。*教育理論與實踐學刊，25*，1-28。

莊曉霞（2009）。原住民社會工作之反思。*台灣社會工作學刊，6*，147-168。

許俊才、顏成仁、涂志雄（2012）。社區賦權的實踐與反思；以屏東排灣族部落為例。*台灣社區工作與社區研究學刊，2*(2)，29-63。

許華孚、卓雅苹（2010）。原住民地區修復式正義之實踐與啟發。*警學叢刊，41*(5)，275-299。

連姿婷、沈瓊桃（2014）。親密伴侶暴力被害人保護服務方案結果評估。亞洲家庭暴力與性侵害期刊，*10*(2)，1-34。

郭俊巖、賴秦瑩（2019）。原住民族家庭服務中心的專業功能：一個實務上的觀察。台灣社區工作與社區研究學刊，*9*(1)，165-180。

陳又敬、鄧煌發、董道星（2019）。親密關係暴力之理論探討。台灣性學學刊，*25*(1)，61-100。

陳依潔（2008）。*跨文化社會工作者的服務經驗與反思*〔未出版碩士論文〕。國立臺灣師範大學社會工作研究所。

陳芬苓、黃翠紋、嚴祥鸞（2010）。家庭暴力防治政策成效分析。行政院研考會委託研究。

陳秋瑩、王增勇、林美薰、楊翠娟、宋鴻樟（2006）。原鄉家庭暴力及受暴婦女求助行為之探討——比較原漢之差異。台灣衛誌，*25*(1)，65-74。

陳若璋（1992）。台灣婚姻暴力高危險因子之探討。台大社會學刊，*21*，123-160。

陳淑娟（2004）。*排灣族婦女遭受婚姻身體暴力及其相關因素之探討*〔未出版碩士論文〕。高雄醫學大學護理學研究所。

陳淑媛（2010 年 4 月 1 日）。*從家暴案件探討社會支持對原住民婦女兒童人權之提昇*。2010 年世界公民人權高峰會，臺北市，臺灣。http://www.worldcitizens.org.tw/awc2010/ch/F/F_d_page.php?pid=222

陳慈立（2014）。台灣原住民族飲酒相關健康問題的政治經濟分析。台灣社會研究季刊，*97*，247-282。

陳慈敏（2007）。*阿里山鄉原住民婦女婚暴受虐之生活經驗探究*〔未出版碩士論文〕。國立嘉義大學家庭教育研究所。

陳穆儀（2001）。*從社工員的實務經驗思考原住民社會工作教學內涵*〔未出版碩士論文〕。國立暨南國際大學社會政策與社會工作學系。

陳麗欣（2014）。對社工專業職場安全感之看法與其未來從事社工專業意願之研究。社區發展季刊，*147*，248-262。

游美貴（2006）。*從不同族群受虐婦女需求談婦女庇護服務轉型*。社工與多元族群服務研討會，臺北市，臺灣。

游美貴（2008）。*從庇護婦女發展婚姻暴力被害人保護工作*。2008 年家庭暴力防治法十週年回顧與展望——從各國經驗談台灣推動家庭暴力防治工作之過去、現在和未來研討會，臺北市，臺灣。

游美貴（2014）。臺灣家庭暴力防治服務方案的實施與轉變之探討。台大社工學刊，*29*，53-96。

游美貴（2015）。家庭暴力防治：社工對被害人的服務實務。洪葉文化。

猶浩‧彼厚（2004）。殖民主義式的暴力宰製與臺灣的生態浩劫。道雜誌，18，40-49。

童伊迪（2014）。原住民族家庭暨婦女中心功能的省思：在地社會工作觀點。在黃源協（主編），部落、家庭與照顧：原住民族生活經驗（頁163-190）。雙葉。

黃同弘（2005）。殖民文化下的台灣原住民：文明的他者。經典電子雜誌，84，1845系列。http://www.rhythmsmonthly.com/?p=3713

黃志中（2011）。家庭暴力相對人服務方案發展沿革與對家暴工作影響。家庭暴力相對人預防性服務方案推廣暨成果發表會手冊（頁174-178）。內政部。

黃尚文（2015）。遭受家庭暴力經驗與復原歷程的探究：以兩位阿美族女性為例〔未出版碩士論文〕。國立東華大學課程與潛能開發學系。

黃盈豪（2005）。社會工作在原住民部落之實踐與反思：我在大安溪流域泰雅部落工作站之經驗〔未出版碩士論文〕。東吳大學社會工作學系。

黃淑玲（2000）。變調的 ngasal：婚姻、家庭、性行業及四個泰雅族聚落婦女1960-1998。台灣社會學研究，4，97-144。

黃淑玲、林方皓、吳佩玲（2001）。都市原住民婚暴狀況及社區處遇初探：以台北市某社區為例。本土心理學研究，15，113-159。

黃源協、莊正中、童伊迪、侯建州（2008）。建立原住民族社會安全體系之規劃。行政院原住民族委員會委託研究。

黃源協、莊俐昕（2014）。原住民族家庭生活狀況及福利需求。在黃源協（主編），部落、家庭與照顧：原住民族生活經驗（頁12-42）。雙葉。

黃源協、莊俐昕（2015）。原住民族家庭服務中心評鑑計畫104年度評鑑報告。原住民族委員會委託。

黃源協、莊俐昕（2018）。原住民的幸福感圖像──對原住民族社會工作的意涵，在黃源協、詹宜璋（主編），原住民族福利、福祉與部落治理（頁81-122）。雙葉。

黃源協、童伊迪（2010）。拉進差距──台灣原住民家庭服務送之現況與展望。台灣原住民族研究季刊，3(4)，145-166。

黃源協、詹宜璋（2000）。建構山地鄉原住民社會工作體系之研究。行政院原住民族委員會委託研究。

黃增樟（2005）。原住民家庭暴力與警察回應之探討──以花蓮東賽德克地區為例〔未出版碩士論文〕。國立東華大學公共行政研究所。

楊美賞（2003）。原住民婦女健康問題：婚姻暴力與心理健康。*社區發展季刊*，*101*，343-346。

萬育維、王文娟（2002）。早期療育中心角色與定位。*兒童福利期刊*，*3*，201-236。

萬育維、曾梅玲、鄭惠美（2009）。從部落工作經驗建構原住民社會工作教育的內涵。*社區發展季刊*，*127*，89-98。

詹宜璋（2009）。專業知識與文化知識之衝突與轉化：原住民族社會工作者專業實踐的反思。*社區發展季刊*，*127*，113-119。

詹宜璋（2011）。原住民對族群社會福利的經驗認知與發展期待。*台灣原住民族研究季刊*，*4(4)*，85-104。

詹宜璋（2018）。部落組織辦理老人日間關懷方案之經驗詮釋與服務展望。在黃源協、詹宜璋（主編），*原住民族福利、福祉與部落治理*（頁215-246）。雙葉。

廖珮如、唐文慧（2014）。家暴丈夫委屈有理？從張德正事件看「家暴防治」*體制*。https://twstreetcorner.org/2014/03/10/liaopeiru-tangwenhui/comment-page-1/。

維基百科（2022a）。*美國*。https://zh.wikipedia.org/wiki/ 美國

維基百科（2022b）。*加拿大*。https://zh.wikipedia.org/wiki/ 加拿大

維基百科（2022c）。*澳洲*。https://zh.wikipedia.org/wiki/ 澳大利亞

劉秀娟譯（1996）。*家庭暴力*（Gelles, R. J. &Corness, C. P. 著）。揚智。

劉淑瓊、王珮玲（2012）。家庭暴力安全防護網成效評估計畫。內政部 100 年委託研究。

劉鶴群、侯念祖、陳竹上（2011）。原住民族權利論述與台灣原住民福利服務的內涵與發展。在李明政（主編），*多元文化社會工作*（頁219-254）。松慧。

潘淑滿（2007）。*親密暴力：多重身分與權力流動*。心理。

潘淑滿、林東龍、林雅容、陳幸容（2017）。*105 年度臺灣婦女親密關係暴力統計資料調查*。衛生福利部 105 年委託研究。

潘雅惠、陳建宏（2009）。*修復式司法運用於家庭暴力事件之探討*。司法周刊，1461-1463。http://readopac3.ncl.edu.tw/nclserialFront/search/search_result.jsp?la=ch&search_type=adv&dtdId=000040&sort_index=PD&sort_type=1&search_index=AU&search_mode=&search_value=

蔡燦君、沈佩秦（2011）。台中市婚姻暴力加害人訪視社會工作方案之成效。*亞洲家庭暴力與性侵害期刊*，*7(2)*，55-66。

衛生福利部（2014）。研商原鄉地區家庭暴力及性侵害防治工作執行困境與改善策略會議紀錄。衛生福利部。

衛生福利部（2017年7月5日）。「男性關懷專線」——專人守候，話解渡過。https://www.mohw.gov.tw/cp-16-36734-1.html

衛生福利部（2018）。全國通報之親密關係暴力被害人：國籍及族別統計。衛生福利部。

衛生福利部（2018）。淬煉前行：臺灣家庭暴力防治大事記（二版）。衛生福利部。

衛生福利部（2020a）。家庭暴力被害人保護扶助人次。https://dep.mohw.gov.tw/DOS/cp-2981-14056-113.html

衛生福利部（2020b）。家庭暴力加害人處遇統計。https://dep.mohw.gov.tw/dos/cp-2981-14063-113.html

衛生福利部（2022）。家庭暴力事件通報案件統計。https://dep.mohw.gov.tw/DOS/cp-2981-14056-113.html

鄭青玫（2011）。開放式強制處遇團體之療效、反療效因素及其對男性婚暴者停止暴力的轉化歷程之初探研究〔未出版博士論文〕。國立彰化師範大學輔導與諮商學系。

鄭瑞隆、王文中（2002）。家庭暴力加害人特質與處遇評估工具之研究。內政部委託研究報告。

鄭麗珍（2003）。增強權能理論與倡導。在宋麗玉、施教裕、曾華源、鄭麗珍（合著），社會工作理論——處遇模式與案例分析（頁407-440）。洪葉文化。

鄭麗珍、李明政（2010）。臺灣原住民族社會福利與健康政策評估。在黃樹民、張英華（主編），臺灣原住民政策變遷與社會發展（頁181-258）。中央研究院民族學研究所。

總統府（2020）。還原真相、實現正義：總統府原住民族歷史正義與轉型正義委員會三年成果專輯。總統府原住民族歷史正義與轉型正義委員會。

謝宏林（2010）。家庭暴力加害人處遇成效之意涵〔未出版博士論文〕。東海大學社會工作學系。

謝欣芸（2011）。原部部落社工專業實踐經驗：以台灣東部 Pinaski 部落為例〔未出版碩士論文〕。國立臺灣師範大學社會工作學研究所。

鍾美玲（2009）。非原住民社會工作者文化能力之研究——以原鄉地區公部門社會工作者為例〔未出版碩士論文〕。國立暨南國際大學社會政策與社會工作學系。

簡春安（2002）。*家庭暴力被害人保護方案之初探研究*。內政部家庭暴力暨
　　性侵害防治委員會委託研究。

顏婉娟（2000）。*烏來泰雅族婦女飲酒經驗之探討*〔未出版碩士論文〕。國立
　　陽明大學社區護理研究所。

英文部分

Administration for Children and Families (2008). *Improving the well-being of
　　Children-Native American healthy marriage initiative*. http://www.acf.hhs.
　　gov/grants/closed/HHS-2008-ACF-ANA-NI-0021.html

Anson, O. & S. Sagy (1995). Marital Violence: Comparing women in violentand
　　non-violent union. *Human Relations, 48*(3), 285-305.

Australia Bureau of Statistic (2016). *Personal safety survey*. https://www.abs.gov.
　　au/AUSSTATS/abs@.nsf/DetailsPage/4906.02016?OpenDo

Australian Bureau of Statistics (2019). *National Aboriginal and Torres Strait
　　Islander Social Survey, 2014-15*. https://www.abs.gov.au/ausstats/abs@.nsf/
　　Lookup/by%20Subject/4714.0~2014-15~Media%20Release~Aboriginal%20
　　women%27s%20experiences%20of%20family%20violence%20(Media%20
　　Release)~10101

Balfour, G. (2008). Falling between the cracks of retributive and restorative
　　justice: The victimization and punishment of aboriginal women. *Feminist
　　Criminology, 3*, 101-119.

Barkdull, K. (2009). Exploring intersections of identity with native American
　　women leaders. *Journal of Women and Social Work, 24*(2), 120-136.

Baskin, C. & Sinclair, D. (2015). Social work and indigenous peoples in Canada.
　　Encyclopedia of Social Work. http://socialwork.oxfordre.com/view/10.1093/
　　acrefore/9780199975839.001.0001/acrefore-9780199975839-e-953

Black, M. C., Basile, K. C., Breiding, M. J., Smith, S. G., Walter, M. L., Merrick,
　　M. T., Chen, J., & Stevens, M. R. (2011). *The National Intimate Partner and
　　Sexual Violence Survey (NISVS): 2010 Summary Report*. https://www.cdc.
　　gov/violenceprevention/pdf/nisvs_report2010-a.pdf

Blagg, H., Williams, E., Cummings, E., Hovane.,V., Torres, M., & Woodley, K. N.
　　(2018). *Innovative models in addressing violence against Indigenous women:
　　Key findings and future directions*. ANROWS. https://www.anrows.org.au/
　　publication/innovative-models-in-addressing-violence-against-indigenous-

women-key-findings-and-future-directions/

Bopp, M., Bopp, J., & Lane, P. (2003). *Aboriginal domestic violence in Canada*. http://www.ahf.ca/downloads/domestic-violence.pdf

Bowes, A. M. & Dar, N. S. (2000). Researching social care for minority ethnic older people: Implications of some Scottish Research. *British Journal of Social Work, 30*, 305-321.

Boyce, J. (2014). *Victimization of Aboriginal people in Canada, 2014*. https://www150.statcan.gc.ca/n1/pub/85-002-x/2016001/article/14631-eng.htm

Brascoupé, S. & Waters, C. (2009). Cultural Safety Exploring the Applicability of the Concept of Cultural Safety to Aboriginal Health and Community Wellness. *Journal of Aboriginal Health, 5*(2), 6-41.

Breiding, M. J., Basile, K. C., Smith, S. G., Black, M. C., & Mahendra, R. (2015). *Intimate partner violence surveillance uniform definitions and recommeended recommended data elements*. https://www.cdc.gov/violenceprevention/pdf/ipv/intimatepartnerviolence.pdf

Brownridge, D. A. (2008). Understanding the elevated of partner violence against aboriginal women: Acomparison of two nationally representative surveys of Canada. *Journal Family Violence, 23*, 353-367.

Brownridge, D. A., Taillieu, T., Afifi, T., Chan, K. L., Emery, C., Lavoie, J., & Elgar, F. (2017). Child maltreatment and intimate partner violence among indigenous and non-indigenous Canadians. *Journal of Family Violence, 32*, 607-619.

Burnette, C. (2015). *Disentangling indigenous women's experience with intimate partner violence in the United States*. https://ojs.uwindsor.ca/index.php/csw/article/view/5913

Carden, A. S. (1994). Wife abuse and the wife abuser: Review and recommendations. *The Counseling Psychologist, 22* (4): 539-582.

Chadiha, L. A., Adams, P., Biegel, D. E., Auslander, W., & Gutiérrez, L. (2004). empowerment AfricanAmerican women informal caregivers: A synthesis and practice strategies. *Social Work, 49*(1), 97-106.

Cheers, B., Binell, M., Coleman, H., Gentle, I., Miller, G., Taylor, J., & Weetra, C., (2006). Family violence an Australian indigenous community tells its story. *International Social Work, 49*, 51-63.

Chronister, K. M. & Mc Whirter, E. H. (2003). Applying Social Cognitive Career

Theory to the Empowerment of Battered Women. *Journal of Counseling and Development, 81*, 418-425.

Clement, K. A. (2020). *The Victimization of Native American Women in the United States: The Impact and Potential Underlying Factors*. https://red.library.usd.edu/honors-thesis/92

Coleman, H. &. Unrau, Y. A. (2001). Revamping family preservation services for native families. *Journal of Ethic & Cultural Diversity in Social Work, 10*(1), 49-60.

Collins, P. H. (2000). Gender, Black Feminism, and Black Political Economy. *AAPSS, 568*(1), 41-53.

Cook Ross Inc (2002). Cultural competence learning guide. *The Building Blocks of Cultural Compentence*. https://www.crculturevision.com/Documents/CultureVisionCulturalCompetenceLearningGuide.pdf

Cotter, A. (2022). *Experiences of discrimination among the Black and Indigenous populations in Canada, 2019*. https://www.proquest.com/openview/2192a108c008a5fa4c6a1b9b3178eae6/1?pq-origsite=gscholar&cbl=44168

Council of Australia government (2010). *National plan to reduce violence against women and their children 2010-2022*. https://www.dss.gov.au/women/programs-services/reducing-violence/the-national-plan-to-reduce-violence-against-women-and-their-children-2010-2022

Crenshaw, K. (1989). Demarginalizing the Intersection of Race and Sex: A Black Feminist Critique of Antidiscrimination Doctrine, Feminist Theory and Antiracist Politics. https://chicagounbound.uchicago.edu/cgi/viewcontent.cgi?article=1052&context=uclf

Crenshaw, K. (1991). Mapping the Margins: Intersectionality, Identity Politics, and Violence against Women of Color. *Stanford Law Review, 43*(6), 1241-1299.

Cripps, K. & Addams, M. (2014). Family violence: Pathways forward. In Dudgeon, P., Milroy, H., & Walker, R. (Eds.). *Working Together: Aboriginal and Torres Strait islander mental health and wellbeing principles and practice* (2nds). https://www.telethonkids.org.au/globalassets/media/documents/aboriginal-health/working-together

Cripps, K., Diemer, K., Honey, N., Muckle, J., Morgan, J., Parkes, A., Politoff, V., Powell, A., Stubbs, J., Ward., A., & Webster, K. (2019). *Attituded towards Violence against Women and Gender equality among Aboriginal People and*

Torres Strait Islanders: Findings from the 2017 National Community Attitudes towards Violence against Women Survey (NCAS). https://ncas.anrows.org.au/wp-content/uploads/2019/05/2017-NCAS-ATSI-Sub-Report.pdf

Crisp, C. & Van Den Bergh, N. (2004). Defining culturally competencepractice with sexual minorities: Implications for social work education and practice. *Journal of Social Work, 40*(2), 221-238.

Daoud, N., Smylie, J., Urquia M., Allan, B., & O'Campo, P. (2013). The contribution of socio-economic position to the excess of violence and intimate partner violence among aboriginal versus non-aboriginal women in Canada. *Canadian Journal of Public Health, 104*(4), 278-282.

Department of Families, Domestic Violence Prevention Branch. (2002). *Practice standards for working with women affected by domestic and families Violence*. https://www.communities.qld.gov.au/resources/communityservices/violenceprevention/practice-standards.pdf

Department of Health New South Wales (2016). *Aboriginal family health strategy 2011-2016: Responding to family violence in aboriginal communities*. http://www.health.nsw.gov.au/aboriginal/Publications/pub-family.pdf

Dutton, D. G. (2006). *Rethinking domestic violence*. UBC Press.

Evans-Campbell, T., Lindhorst, T., Huang, B., & Walters, K. L. (2006). International violence in the lives of urban American Indian and Alaska native women: Implications for health, mental health and help-seeking. *American Journal of Public Health, 96*(8),1416-1422.

Everett, J. E., Homstead, K., & Drisko, J. (2007). Frontline worker perceptions of the empowerment process in community-based agencies. *Social Work, 52*(2), 161-170.

Fairchild, D. G., Fairchild, M. W., & Stoner, S. (1998). Prevalence of adult domestic violence among women seeking routine care in a native American health care facility. *American Journal of Public Health, 88*(10), 1515-1517.

Fiolet, R., Tarzia, L., Owen, R., Eccles, C., Nicholson, K., Owen, M., Fry, S., Jasmine, K., & Hegarty, K. (2019). Indigenous Perspectives on Help-Seeking for Family Violence: Voices From an Australian Community. *Journal of Interpersonal of Violence*, 1-9.

FVRAP-FVPP (2007). *Evaluation of the FaCSIAfamily violence programs: Family violence regional activities program-family violence partnership program*.

http://www.finance.gov.au/oea/docs/FVP-report.pdf.

Goldstein, B. P. (2002). Catch 22-black workers'role in equal opportunities for black service users. *British Journal of Social Work, 32*, 765-778.

Gondolf, E. W. (1997). *Multi-site evaluation of batterer intervention systems: A summary of findings for a 12-month follow-up.* Indiana University of Pennsylvania, Mid-Atlantic Addiction Training Institute, MAATI. http://www.iup.edu/maati/publications/12month.

Gustafson, D. T. & Iluebbey, V. (2013). Traditional discipline or domestic violence: Participatory action research with Sudanese refugee community. *Journal of Cultural Diversity, 20*(2), 51-56.

Hart, A. & Dargan, A. (2014). *Cultural Competence.* https://education.nt.gov.au/__data/assets/pdf_file/0008/268820/General_Principles_of_Practice_and_Cultural_Competence.pdf

Hartmen, J. L. (2020). Seeking Justice: How VAWA Reduced the Stronghold Over American Indian and Alaska Native Women. *Violence Against Women*, 1-17.

Hay, D. G., Green,E., Orr, J. J., & Flowers, L. (2007). Advocacy counseling for female survivors of partner abuse: Implications for counselor education. *Counselor Education and Supervision, 46*(3), 184-198.

Hoffart, R. & Jones, N. A. (2018). Intimate partner violence and intergenerational trauma among indigenous women. *International Criminal Justice Review, 28*(1), 25-44.

Hollensherd, J. H., Dai, Y., Ragsdale, M. K., Massy, E., & Scott, R. (2006). Relationship between two types of help seeking behavior in domestic violence victims. *Journal of Family Violence, 21*, 271-279.

Hyman, I., Forte, T., Du Mont, J., Romans, S., & Cohen, M. M. (2009). Help-seeking behavior for intimate partner violence among racial minority women in Canada. *Women's Health Issues, 19*, 101-108.

Indigenous and Northern Affairs Canada (2016). *Preventing violence against indigenous women and girls.* https://www.aadnc-aandc.gc.ca/eng/1424878959521/1446129894865

Jiliet, B. (1999). The impact of a batterer's program on battered women. *Violence Against Women, 5*(1), 25-42.

Jones, C. M., Merrick, M. T., & Houry, D. E. (2019). Identifying and Preventing Adverse Childhood Experiences. *JAMA, 323*(1), 25-26.

Jones, L. (2008). The distinctive characteristics and needs of domestic violence victims in a native American community. *Journal Family Violence, 23*, 113-118.

Kemmis, S. (2006). Participatory action research and the public sphere. *Educational Action Research, 14*(4), 459-476.

Klynveld Peat Marwick Goerdeler (2016). *The cost of violence against women and their children in Australia*. https://www.dss.gov.au/sites/default/files/documents/08_2016/the_cost_of_violence_against_women_and_their_children_in_australia_-_summary_report_may_2016.pdf

Kulkarni, S. J. (2018). Intersectional trauma-informed intimate partner violence (IPV) services: Narrowing the gap between IPV service delivery and survivor needs. *Journal of Family Violence, 34*, 55-64.

Laird, S. E. (2008). *Anti-oppressive social work: A guide for developing cultural competence*. Sage.

Larsen, A. C. & Petersen, A. (2001). Rethinking responses to domestic violence in Australian indigenous communities. *Journal of Social Welfare and Family Law, 23*(2), 121-134.

Lee, J., Weaver, C., & Hrostowski, H. (2011). Psychological empowerment and child welfare worker outcomes: A path analysis. *Child Youth Care Forum, 40*, 479-497.

Liang, B., Goodman, L., Tummala-Narra, P., & Weintraub, S. (2005). A theoretical framework for understanding help-seeking process among survivors of intimate partner violence. *American Journal of Community Psychology, 36*(1/2), 71-83.

Longclaws, L., Rosebush, P., & Barkwell, L. (1994). Report of the Waywayseecappo First Nation domestic violence project. *The Canadian Journal of Native Studies, 14*(2), 342-375.

Lu, Y. E., Lum, D., & Chen, S. (2001).Cultural competency and achieving styles in clinical socialwork: Aconceptual and empirical exploration. *Journal of Ethnic & Cultural Diversity in Social Work, 9*(3/4), 1-32.

Manon Lamontagne (2011). *Violence Against Aboriginal Women: scan and report*. Candian Womem's Foundation. https://canadianwomen.org/wp-content/uploads/2017/09/PDF-VP-Resources-Lamontagne_CWF_Aboriginal-Women_Final_2011.pdf

Maschi, T., Baer, J., Morrissey, M. B., & Moreno, C. (2013). The aftermath of childhood trauma on late life mental and physical health: A review of the literature. *Traumatology, 19*(1), 49-64.

McCall, L. (2005). The Complexity of Intersectionality. *Sign, 30*(3), 1771-1800.

Melanie, J. & Smith, T. (2011). *Violence against aboriginal women and child welfareconnections paper and annotated bibliography*. Ontario Native Women's Association. http://www.onwa.ca/article/about-us-3.asp

Möeller-Leimküehler, M. A. (2002). Barriers to help seeking by men: A review of sociocultural and clinical with particular reference to depression. *Journal of Affective Disorder, 71*, 1-9.

Muehlenhard, C. L., Goggins, M. F., Jones, J. M., & Satterfield, A. T. (1991). Sexual violence and coercion in close relationship. In Mckinney, K. & Sprecher, S. (Eds.), *Sexuality of Close Relationships* (pp. 87-103). Lawrence Erlbaum.

Mullen, E. J., Bellamy, J. L., & Blesdsoe, S. E. (2008). Implementing evidence-based social work practice. *Research on Social Work Practice, 18*(4), 325-338.

National Aboriginal Circle Against Family Violence (2016). *Policies and procedures guidelines for shelters*. https://endvaw.ca/wp-content/uploads/2016/05/Policies-and-Procedures-Guidelines-for-Shelters-National-Aboriginal-Circle-Against-Family-Violence-Canada-2014.pdf

National Centre for Domestic Violence (2017, Feb 6). *News*. http://www.ncdv.org.uk/news/

National Congressof American Indians Policy Research Center (2018). Research Policy Update: Violence Againgst American Indian Women and Girls. Nation Congress of American Indians. https://www.ncai.org/policy-research-center/research-data/prc-publications/VAWA_Data_Brief__FINAL_2_1_2018.pdf

National Congress of Americans Indians (2020). Indian Country Demographics. https://www.ncai.org/about-tribes/demographics

National Inquiry into Missing and Murdered Indigenious Women and Girls (2018). *Reclaiming power and place: Executive Summary of the Final Report of National Inquiry into Missing and Murdered Indigenious Women and Girls*. https://www.mmiwg-ffada.ca/final-report/

National Network to End Domestic violence (2017, Feb 24). *News*. http://nnedv.

org/news/5446-housing-legislation-will-help-more-victims-find-safe-housing-options.html

Naved, P. T., Azim, S., Bhuiya, A., & Persson, L. A. (2006). Physical violence by husbands: Magnitude, disclosure and help-seeking behavior of women in Bangladesh. *Social Science & Medicine, 62*, 2917-2929.

Nelson, B. J. (1980). Help-seeking from public authorities: Who arrives at the agency door? *Policy Science, 12*, 175-192.

Nelson, G., Lord, J., & Ochocka, J. (2001). Empowerment and mental health in community: Narratives of psychiatric consumer/survivors. *Journal and Applied Social Psychology, 11*, 125-142.

Nickson, A., Dunstan, J., Esperanza, Z., & Barker, S. (2011). Indigenous practice approaches to women, violence, and healing using community development: Apartnership between indigenous and non-indigenous workers. *Australian Social Work, 64*(1), 84-95.

Niolon, P. H., Kearns, M., Dills, J., Rambo, K., Irving, S., Armstead, T., & Gilbert, L. (2017). *Preventing intimate partner violence across the lifespan: A technical package of programs, policies, and practices.* National Center for Injury Prevention and Control, Centers for Disease Control and Prevention. https://www.cdc.gov/violenceprevention/pdf/ipv-technicalpackages.pdf

Northern Territory Government (2017). *Domestic, family &sexual violence Reduction framework.* https://territoryfamilies.nt.gov.au/__data/assets/pdf_file/0006/464775/Domestic,-Family-and-Sexual-Violence-Reduction-Framework.pdf

Norton, C. L., Russell, A., Wisner, B., & Uriarte, J. (2011). Reflective teaching in social work education: Finding from a participatory action research study. *Social Work Education, 30*(4), 392-407.

Nstional Amerivan of Social Work (2015). *Standards and indicators for cultural competence in social work practice.* https://www.socialworkers.org/LinkClick.aspx?fileticket=7dVckZAYUmk%3d&portalid=0

Oetzel, J. & Duran, B. (2004). Intimate partner violence in American and/ or Alaska native communities: Asocial ecological framework of determinants and interventions. *The Journal of the National Center, 11*(3), 49-68.

Oka, M. & Whiting, J. B. (2011). Contemporary MFT theories and intimate partner violence: A review of systemic treatments. *Journal of Couple and*

Relationship Therapy, 10, 34-52.

Palmer, J. & Chino, M. (2016). Interpersonal Violence in American Indian and Alaska Native Communities. In C. A. Cuevas & C. M. Rennison (Eds), *The Wiley-Blackwell Handbook on the Psychology of Violence*. West Sussex, UK: Wiley-Blackwell.

Paymar, M. (2000). *Violence no more: Helping men end domestic abuse*. Hunter House.

Payne, M. (1997). *Modern social work theory* (2nd ed.). Macmillan Press LTD.

Pedersen, J. S., Malcoe, L. H., & Pulkingham, J. (2013). Explaining aboriginal/non aboriginal inequalities in postseparation violence against Canadian women application of a structural violence approach. *Violence against Women, 19*(8), 1034-1058.

Peled, E., Eisikovits, Z., Enosh, G., & Winstock, Z. (2000). Choice and empowerment for battered women who stay: Toward a constructivist model. *Social Work, 45*(1), 9-22.

Petretic-Jackson, P. A., Witte, T. H., & Jackson, T. L. (2002).Battered women: Treatment goals and treatment planning, in RobertsA. R. (Ed.). *Handbook of domestic violence intervention strategies: Policies, program, and legal remedies*. Oxford University.

Puchala, C., PaulS., Kennedy, C., & Mehl-Madrona, L. (2010). Using traditional spirituality to reduce domestic violence within aboriginal communities. *The Journal of Alternative and Complementary Medicine, 16*(1), 89-96.

Rawsthorne, M. (2010). *Aboriginal women against violence project: Evaluation report*. University of Sydney. https://ses.library.usyd.edu.au/ bitstream/2123/6267/1/AWAV%20Evaluation%20report%20library.pdf

Rosay, A. B. (2016). *Violence Against American Indian and Alaska Native Women and Men*. https://nij.ojp.gov/topics/articles/violence-against-american-indian-and-alaska-native-women-and-men#sidebar-differences-between-nisvs-ncvs

Rosenbaum, A. & O'Leary, K. D. (1981). Children: The unintended victims of marital violence. *American Journal of Orthopsychiatry, 51*(4), 692-699.

Semiatin, J. N., Torres, S., LaMotte, A. D., Portnoy, G. A., & Murphy, C. M. (2017). Trauma exposure, PTSD symptoms, and presenting clinical problems among male perpetrators of intimate partner violence. *Psychology of Violence, 7*(1), 91-100.

Shepherd, J. (2001). Where do you go when it's 40 below? Domestic violence among rural Alaska native women. *Journal of Women and Social Work, 16*(4), 488-510.

Sinclair, R. (2019). Aboriginal social work education in Canada: Decolonizing pedagogy for the seventh generation. *First Peoples Child & Family Review, 1*(1), 49-62.

Sookraj, D., Hutchinson, P., Evans, M., & Murphy, M. A. (2012). Aboriginal organizationalresponse to the need for culturally appropriate services in three small Canadian cities. *Journal of Social Work, 12*(2), 136-157.

Stanistreet, D., Swami, V., Pope, D., Bambra, C., & Scott-Samuel, A. (2007). Women's empowerment and violence death among women and men in Europe: An ecological study. *Journal of Men's Health and Gender, 4*(3), 257-265.

Statistics Canada (2019). *Spoual Violence in Canada.* https://www150.statcan. gc.ca/n1/daily-quotidien/211006/dq211006b-eng.htm

Tarshis, S., Alaggia, R., & Logie, C. H. (2021). Intersectional and Trauma-Informed Approaches to Employments Services: Insights from Intimate Partner Violence (IPV) Service Providers. *Violence Against Women*, 1-24.

Taylor, Z. (2007). Value, theories and methods in social work education: A culturally transferable core. *International Social Work, 42*(3), 309-318.

Teasly, M. L. (2005). Perceived levels of cultural competence through social work education and professional development for urban school social works. *Journal of Social Work Education, 41*, 85-98.

Tjaden, P. & Thoennes, N. (2000). *Full report of the prevalence, incidence, and consequences of violence against Women.* https://www.ncjrs.gov/pdffiles1/ nij/183781.pdf

Tsey, K., Wilson, A., Haswell-Elkins, M.,Whiteside, M., McCalman, J., Cadeet-James, Y., & Wenitong, M. (2007). Empowerment-based research methods: A 10-year approach to enhancing indigenous social and emotional welling. *Australasian Psychiatry, 15*, 34-38.

UN Women (2016). *Global database on violence against women.* http://evaw-global-database.unwomen.org/en

Valencia-Weber, G. & Zuni, C. P. (1995). Domestic violence and tribal protection of indigenous women in the United States.St. *John's Law Review, 69*(1), 69-

169.

Velonis, A., Daoud, N., Matheson, F., Woodhall-Melnik, Hamilton-Wright, S., & O'Campo, P. (2015). Strategizing Safety: Theoretical Frameworks to Understand Women's Decision Making in the Face of Partner Violence and Social Inequities. *Journal of Interpersonal Violence, 32*(21). https://www. researchgate.net/publication/281260745_Strategizing_Safety_Theoretical_ Frameworks_to_Understand_Women%27s_Decision_Making_in_the_Face_ of_Partner_Violence_and_Social_Inequities

Victorian Aboriginal Child Care Agency (2008). *Aboriginal cultural competenceframework*. https://www.childabuseroyalcommission.gov.au/sites/ default/files/VAC.0001.002.0001.pdf

Voith, L. A., Logan-Greene, P., Strodthoff, T., Bender, A. E. (2018). A Paradigm Shift in Batterer Intervention Programming: A Need to Address Unresolved Trauma. *Trauma Violence Abuse, 21*(4), 691-705.

Wahab, S. & Olson, L. (2004). Intimate partner violence and sexual assault in native American communities. *Trauma, Violence & Abuse, 5*(4),353-366.

Walker (2015). *Violence against American Indian and Alaska Native Women: Jonit Stakeholder Submisssion to the United Nations*, Universal Periodic Review of United States of America. JS19_UPR22_USA_E_Main.pdf. https://nij. ojp.gov/topics/articles/violence-against-american-indian-and-alaska-native- women-and-men

World Health Organization (2018). *A global knowledge platform for preventing violence*. http://apps.who.int/violence-info/intimate-partner-violence

Yang, M. S., Yand, M. J., Change, S. J., Chen, S. G., & Ko, Y. C. (2006). Intimate partner violence and minor psychiatric morbidity of aboriginal Taiwanese women. *Public Health Reports, 121*, 453-459.

國立暨南國際大學人文學院家庭暴力研究中心

審查結果通知

作者：沈慶鴻

稿件名稱：「原鄉親密關係暴力：現象探討與社工實務」

沈慶鴻老師道鑒：

　　承蒙　台端賜稿，至為感謝。尊著經本中心送請 2 位相關領域

學者匿名審查，結果為：

第一位審查委員：修改後推薦
第二位審查委員：推薦
學術專書審查結果：修改後推薦

請您參酌審查委員之審查意見。耑此，敬頌　時祺

國立暨南國際大學人文學院家庭暴力研究中心　敬上

中　華　民　國　一　一　○　年　九　月　二　十　三　日

Intersectionality of Intimate Partner Violence: Indigenous Communities and Social Work Practices in Taiwan

Ching-Hung Shen

Abstract

Intimate partner violence has existed since ancient times domestically and abroad, and women have continued facing the harm of violence for a long time. In the face of "double oppression" of gender and ethnic group, indigenous women have become the "most disadvantaged population among the disadvantaged." This situation should be noticed and understood. This book focuses on the intimate partner violence of indigenous communities in Taiwan. Based on foreign and domestic research findings about violence investigations, there is an intersectionality between intimate partner violence in indigenous communities and colonial experience and social structure. This book guides readers to learn more about the indigenous survivors of violence and their perpetrators, as well as provides information on the current situation and best practices of the social work in the prevention and control of intimate partner violence in indigenous communities.

This book isbased on the author's integrated research project of indigenous communities sponsored by the Ministry of Science and Technology. This book sums up the author's research findings for 10 years since the author initiated the research on indigenous communities (2011-2021), as well as recorded the practical attempts, reading, and visits for the prevention and control of violence.

The content includes the results of 4 research projects sponsored by Ministry of Science and Technology and 6 academic publications. "Every scholar is obligated to leave traces for the future," which is the starting point of enriching local knowledge. Therefore, recording the work experiences in indigenous communities and establishing evidence-based knowledge are important tasks and missions for researchers. Moreover, in order to express gratitude to tribal leaders, elders, village chiefs and representatives, and local workers in different fields (social work, police affairs, medical care, employment, education, and religion) who shared their practical wisdom, the life observations from restaurants and B&B, and the life experiences shared by the female victims of violence, the author is glad to share these materials with more friends who are concerned about the issues of indigenous communities. It is expected that this book can help all the readers in expanding their horizons and creating a trauma- and violence-informed environment.

Key Words: best practice, indigenous community, intimate partner violence, intersectionality, social work practice

Contents